Einstellungstest
Fachinformatiker / Fachinformatikerin

Kurt Guth
Marcus Mery

Einstellungstest Fachinformatiker / Fachinformatikerin

Fit für den Eignungstest im Auswahlverfahren

AUSBILDUNGS Park

Kurt Guth • Marcus Mery
Einstellungstest Fachinformatiker / Fachinformatikerin: Fit für den Eignungstest im Auswahlverfahren | Wissen, Mathe, Sprache, Logik, Konzentration, Merkfähigkeit und mehr | Über 800 Aufgaben mit allen Lösungswegen

Ausgabe 2026

2. Auflage

Gestaltung: bitpublishing / s.b. design
Lektorat: Andreas Mohr

Bildnachweis:
Archiv des Verlages
Umschlagfoto: © pressmaster – Adobe.com
S. 21 (Lotuseffekt): https://commons.wikimedia.org/wiki/File:Lotoseffekt.jpg; VoDeTan2; CC BY-SA 3.0; (https://creativecommons.org/licenses/by-sa/3.0/legalcode); Original entfärbt, beschnitten
S. 24 (Anne Will): https://commons.wikimedia.org/wiki/File:081110_Anne_Will.jpg; Michael von Aichberger; CC BY 3.0 (https://creativecommons.org/licenses/by/3.0/legalcode); Original entfärbt, beschnitten
S. 298 (Ute Ackermann): © Yuri Arcurs – Fotolia.com
S. 298 (Eveline Fritsch): © creative studio – Fotolia.com
S. 298 (Peter Reinken): © FOTO-RAMMINGER – Fotolia.com
S. 298 (Tim Lorenz): © drubig-photo – Fotolia.com

Bibliografische Information der Deutschen Nationalbibliothek –
Die Deutsche Nationalbibliothek verzeichnet diese Publikation in der Deutschen Nationalbibliografie; detaillierte bibliografische Daten sind im Internet über http://dnb.dnb.de abrufbar.

S. 298 (Silke Männing): © fotum – Fotolia.com
S. 300 (Pierre Frey): © iofoto – Fotolia.com
S. 300 (Henrike Otter): © Robert Kneschke – Fotolia.com
S. 300 ff (Raimund Breit): © Stephen Orsillo – Fotolia.com
S. 300 ff (Margot Ebert): © Dron – Fotolia.com
S. 300 ff (Enrico Felici): © Robert Kneschke – Fotolia.com
S. 300 ff (Bella Fontanella): © Jonas Glaubitz – Fotolia.com
S. 300 ff (Ernst Kirsch): © Robert Kneschke – Fotolia.com
S. 300 ff (Helena König): © iofoto – Fotolia.com
S. 300 ff (Martin Ecker): © Andrew Lever – Fotolia.com
S. 300 ff (Olivia Adam): © Manuel Tennert – Fotolia.com

Gedruckt auf chlorfrei gebleichtem Papier

Bettinastraße 69, 63067 Offenbach am Main
Printed in Germany

Satz: bitpublishing, Schwalbach
Druck: mediaprint solutions, Paderborn

ISBN 978-3-95624-112-3

1622 – AP EFI – 5k27

Inhaltsverzeichnis

Vorwort

Autos fahren autonom, Roboter betreuen Pflegebedürftige, Smartphones steuern Haushaltsgeräte: Die digitale Revolution ist im vollen Gange. Nicht von ungefähr sind die wertvollsten Unternehmen an der Börse heute keine Industriekonzerne mehr, sondern Technologiegiganten, die ihr Geld im Internet und mit Computern verdienen.

Auch der Arbeitsmarkt verändert sich: Viele Jobs werden künftig von Algorithmen und intelligenten Maschinen erledigt. Im Gegenzug steigt der Bedarf nach Fachkräften, die sich mit digitaler Technik auskennen. Software programmieren? Netzwerke einrichten? IT-Systeme schützen? Nichts leichter als das – für Fachinformatiker und Fachinformatikerinnen.

Was bringt Ihnen dieses Buch?

Mit diesem Buch haben Sie alles zur Hand, was Sie brauchen, um sich auf computergestützte und schriftliche Einstellungstests im Auswahlverfahren für Fachinformatiker vorzubereiten. Sie lernen klassische und ungewöhnliche Aufgabentypen kennen, erfahren die besten Lösungsstrategien und machen sich mit der Prüfungssituation vertraut.

Auf den folgenden Seiten finden Sie eine Fülle typischer Aufgaben aus allen wichtigen Testbereichen: Allgemeinbildung, fachbezogenes Wissen, Sprachbeherrschung, Mathematik, Logik, visuelles Denkvermögen, Konzentration und Merkfähigkeit. Der Lösungsteil am Schluss jedes Kapitels liefert nicht nur die richtigen Antworten, sondern erklärt auch die Lösungswege kompakt und verständlich. Dazu erhalten Sie Tipps und Tricks, um knifflige Aufgaben geschickt zu „knacken".

Eine grobe Richtschnur zur Einordnung Ihrer Ergebnisse: 50–60 % richtig gelöste Aufgaben können als ausreichend gelten, 60–70 % als befriedigend, 70–85 % als gut und höhere Werte als hervorragend – erfahrungsgemäß schafft das allerdings kaum jemand.

Wir wünschen Ihnen viel Erfolg!

Ihr Ausbildungspark-Team

Kontakt

Ausbildungspark Verlag GmbH
Kundenbetreuung
Bettinastraße 69
63067 Offenbach am Main

Telefon +49 (69) 40 56 49 73
Telefax +49 (69) 43 05 86 02
kontakt@ausbildungspark.com
www.ausbildungspark.com

10 Tipps für den Testerfolg

- **1. Gut vorbereiten.**
  Beginnen Sie rechtzeitig mit der Vorbereitung, portionieren Sie den Lernstoff in kleine Einheiten, planen Sie Pausenzeiten ein. Wer sich in den letzten Tagen vor dem Test zu viel zumutet, läuft Gefahr, das Gelernte weder zu verstehen noch zu behalten.

- **2. Informieren.**
  Fragen Sie frühzeitig nach: Welche Hilfsmittel (z. B. Taschenrechner) dürfen Sie benutzen? Welche Materialien (z. B. Stift, Papier, Lineal) müssen Sie mitbringen, welche werden Ihnen gestellt?

- **3. Entspannungshilfen finden.**
  Eignen Sie sich Entspannungstechniken an, zum Beispiel Atemübungen oder autogenes Training. Am Prüfungstag lassen sich Denkblockaden damit leichter überwinden.

- **4. Aufgeräumt ankommen.**
  Erscheinen Sie ausgeschlafen und pünktlich, achten Sie auf Ihren äußeren Eindruck – die Prüfer tun es auch. Und vergessen Sie das Frühstück nicht: Wer mit nüchternem Magen in die Prüfung startet, baut schneller ab und ist weniger leistungsfähig.

- **5. Lieber einmal mehr fragen.**
  Nutzen Sie die Möglichkeit, den Testleitern Fragen zu stellen, um Unklarheiten auszuräumen.

- **6. Aufgabenstellungen aufmerksam lesen.**
  Studieren Sie die Fragen und Bearbeitungshinweise sorgfältig. Manchmal sind kleine Finten eingebaut, die den unkonzentrierten Teilnehmer entlarven.

- **7. Zügig arbeiten.**
  Behalten Sie die Uhr im Auge und teilen Sie sich Ihre Zeit gut ein. Oft steigt das Schwierigkeitsniveau innerhalb einer Aufgabenkategorie zum Ende hin an. Eventuell hilft es, zuerst in jeder Kategorie die einfachen

Aufgaben zu lösen. Planen Sie etwas Zeit ein, um Ihre Antworten auf Flüchtigkeitsfehler und andere kleine Patzer zu kontrollieren.

- **8. Nicht verrückt machen lassen.**
  Der Test ist in der vorgegebenen Zeit beim besten Willen nicht zu schaffen? Dieser Eindruck kann völlig richtig sein. Viele Prüfungen sind so konzipiert, dass kaum jemand im vorgegebenen Zeitrahmen alle Aufgaben korrekt lösen kann. So wird zugleich das Arbeitsverhalten unter Druck getestet.

- **9. Nicht festbeißen.**
  Anstatt minutenlang an einer Aufgabe zu verzweifeln, gehen Sie lieber zur nächsten über. Mit den übersprungenen Fragen können Sie sich – angefangen bei der leichtesten – später noch beschäftigen. So manch kniffliger Fall entpuppt sich als leichte Übung, wenn die erste Anspannung überwunden ist.

- **10. Zur Not einfach raten.**
  Die schlechteste Antwort ist meistens keine Antwort: Falsche Lösungen werden nur selten mit Punktabzügen bestraft. Bei Multiple-Choice-Aufgaben mit mehreren Antwortvorschlägen lässt sich das richtige Ergebnis einkreisen, indem man die falschen Lösungen eine nach der anderen aussortiert.

Allgemeinwissen

Staat und Politik

Bearbeitungszeit 5 Minuten

Beantworten Sie bitte die folgenden Aufgaben, indem Sie jeweils den richtigen Lösungsbuchstaben markieren.

1) Zur Veränderung eines länderbezogenen Bundesgesetzes bedarf es nicht nur der Zustimmung des Bundestages, sondern auch der des ...?

A. Innenministers.
B. Bundestagspräsidenten.
C. Bundesrates.
D. Justizministers.
E. Keine Antwort ist richtig.

2) Welches politische System hat die Bundesrepublik Deutschland?

A. Parlamentarische Demokratie
B. Parlamentarische Monarchie
C. Militärdiktatur
D. Sozialismus
E. Keine Antwort ist richtig.

3) Wie viele Jahre beträgt die Amtszeit des Bundeskanzlers?

A. 3
B. 4
C. 5
D. 6
E. Keine Antwort ist richtig.

4) Wer war der erste sozialdemokratische Kanzler der Bundesrepublik Deutschland?

A. Ludwig Erhard
B. Kurt Georg Kiesinger
C. Helmut Schmidt
D. Willy Brandt
E. Keine Antwort ist richtig.

5) Wer verabschiedet den Haushalt der Bundesrepublik Deutschland?

A. Bundesrat
B. Bundestag
C. Bundeskabinett
D. Finanzminister
E. Keine Antwort ist richtig.

6) Wie wird ein Direktkandidat für den Bundestag gewählt?

A. Mit der Erststimme
B. Mit der Zweitstimme
C. Von der Bundesversammlung
D. Von der jeweiligen Partei
E. Keine Antwort ist richtig.

7) Wo residiert der französische Staatspräsident?

A. Montparnasse
B. Louvre
C. Bastille
D. Élysée-Palast
E. Keine Antwort ist richtig.

8) Welches Land ist kein Mitglied der Europäischen Union?

A. Schweden
B. Rumänien
C. Portugal
D. Albanien
E. Keine Antwort ist richtig.

9) Wofür steht der Begriff „Arabischer Frühling“?

A. Für einen Wirtschaftsaufschwung
B. Für ein Naturphänomen
C. Für Massenproteste
D. Für ein Staatenbündnis
E. Keine Antwort ist richtig.

10) Welche politische Philosophie bezeichnet wörtlich die „Herrschaftslosigkeit“?

A. Ethnokratie
B. Sozialismus
C. Anarchie
D. Liberalismus
E. Keine Antwort ist richtig.

Wirtschaft und Gesellschaft *Bearbeitungszeit 5 Minuten*

Beantworten Sie bitte die folgenden Aufgaben, indem Sie jeweils den richtigen Lösungsbuchstaben markieren.

11) Was bedeutet der Begriff „Fusion“ im wirtschaftlichen Sinne?

A. Feindliche Übernahme eines Unternehmens
B. Freundliche Übernahme eines Unternehmens
C. Zusammenschluss von Unternehmen
D. Unternehmensfinanzierung
E. Keine Antwort ist richtig.

12) Worauf zielt eine auf „shareholder value“ fokussierte Unternehmenspolitik ab?

A. Effektives Krisenmanagement
B. Maximierung des Kurswerts der Unternehmensanteile (Aktien)
C. Kundenorientierte Produktentwicklung
D. Langfristigen Geschäftserfolg
E. Keine Antwort ist richtig.

13) Wo hat die Deutsche Bundesbank ihren Sitz?

A. Karlsruhe
B. Berlin
C. Frankfurt
D. Düsseldorf
E. Keine Antwort ist richtig.

14) Welche Messe findet nicht am angegebenen Standort statt?

A. Die Frankfurter Buchmesse in Frankfurt am Main
B. Die Internationale Funkausstellung in Berlin
C. Die gamescom in Köln
D. Die Internationale Automobil-Ausstellung (IAA) in Stuttgart
E. Keine Antwort ist richtig.

15) Was verbirgt sich hinter dem Begriff „Dow-Jones-Index“?

A. Australischer Aktienindex
B. Asiatischer Aktienindex
C. Europäischer Aktienindex
D. US-amerikanischer Aktienindex
E. Keine Antwort ist richtig.

16) Was sind Devisen?

A. Inländische Geldscheine
B. Inländische Zahlungsmittel
C. Inländische Münzen
D. Forderungen, die in einer Fremdwährung bestehen
E. Keine Antwort ist richtig.

17) Welche Aussage zu Angebot und Nachfrage in einer Marktwirtschaft ist falsch?

A. Verkaufspreise werden in der Marktwirtschaft durch den Mechanismus von Angebot und Nachfrage bestimmt.
B. Bei einem Angebotsüberhang ist das Angebot größer als die Nachfrage.
C. Bei einem Nachfrageüberhang ist die Nachfrage kleiner als das Angebot.
D. Bei einem Nachfrageüberhang ist die Nachfrage größer als das Angebot.
E. Keine Antwort ist richtig.

18) Wie lautet die Bezeichnung für den bargeldlosen Zahlungsverkehr?

A. EC-Karte
B. Kreditkarte
C. Sparbuch
D. Giroverkehr
E. Keine Antwort ist richtig.

19) Beim viralen Marketing …?

A. werden fremde Kampagnen ungeniert nachgeahmt.
B. empört sich die Öffentlichkeit über den Urheber der Marketingaktion.
C. verbreiten sich Botschaften rasch von Mensch zu Mensch.
D. wird ein schädliches Produkt mit irreführenden Aussagen beworben.
E. Keine Antwort ist richtig.

20) Wofür steht das Kürzel „B2C"?

A. Business-to-Consumer
B. Bank-to-Client
C. Business-to-Corporate
D. Bank-to-Credit
E. Keine Antwort ist richtig.

Geschichte

Bearbeitungszeit 5 Minuten

Beantworten Sie bitte die folgenden Aufgaben, indem Sie jeweils den richtigen Lösungsbuchstaben markieren.

21) Wer war der „Sonnenkönig"?

A. Philipp I.
B. Karl IV.
C. Ludwig XIV.
D. Heinrich III.
E. Keine Antwort ist richtig.

22) Wann ungefähr begann das Mittelalter?

A. Im 18. Jahrhundert
B. Im 12. Jahrhundert
C. Nach den Kreuzzügen
D. Mit der Völkerwanderung
E. Keine Antwort ist richtig.

23) Wann landete Kolumbus erstmals in der Neuen Welt?

A. 1392
B. 1492
C. 1592
D. 1692
E. Keine Antwort ist richtig.

24) Wer eroberte 1453 die Stadt Konstantinopel?

A. Die Kreuzritter
B. Die Vandalen
C. Die Spanier
D. Die Osmanen
E. Keine Antwort ist richtig.

25) 1770 betrat der Seefahrer James Cook die Ostküste ...?

A. Indiens.
B. Südafrikas.
C. Kanadas.
D. Australiens.
E. Keine Antwort ist richtig.

26) Der „Deutsche Herbst" war ...?

A. 1968.
B. 1972.
C. 1977.
D. 1979.
E. Keine Antwort ist richtig.

27) Welches Datum steht für den Fall der Berliner Mauer?

A. 9. November 1989
B. 9. November 1990
C. 9. Oktober 1989
D. 9. Oktober 1990
E. Keine Antwort ist richtig.

28) Konrad Zuse entwickelte ...?

A. die erste Mikrowelle.
B. den ersten Computer.
C. die erste Gefriertruhe.
D. den ersten Katalysator.
E. Keine Antwort ist richtig.

29) Nikolaus Kopernikus stellte im 16. Jahrhundert die damals revolutionäre Behauptung auf, …?

A. den ersten Planeten außerhalb unseres Sonnensystems entdeckt zu haben.

B. dass es Wasser auf dem Mars gibt.

C. ein Schwarzes Loch entdeckt zu haben.

D. dass sich die Erde um die Sonne dreht.

E. Keine Antwort ist richtig.

30) Zu welcher Stilgruppe der bildenden Kunst zählte Claude Monet?

A. Realismus

B. Symbolismus

C. Impressionismus

D. Expressionismus

E. Keine Antwort ist richtig.

Geografie und Landeskunde *Bearbeitungszeit 5 Minuten*

Beantworten Sie bitte die folgenden Aufgaben, indem Sie jeweils den richtigen Lösungsbuchstaben markieren.

31) Welche Stadt gehört nicht zum Ruhrgebiet?

A. Dortmund
B. Gelsenkirchen
C. Mönchengladbach
D. Duisburg
E. Keine Antwort ist richtig.

32) Durch welches Bundesland fließt der Neckar?

A. Bayern
B. Baden-Württemberg
C. Thüringen
D. Rheinland-Pfalz
E. Keine Antwort ist richtig.

33) An wie viele Länder grenzt Deutschland?

A. 5
B. 9
C. 11
D. 14
E. Keine Antwort ist richtig.

34) Welche Stadt liegt nicht in Bayern?

A. Augsburg
B. Regensburg
C. Oldenburg
D. Würzburg
E. Keine Antwort ist richtig.

35) Wie heißt die Landeshauptstadt von Brandenburg?

A. Potsdam
B. Cottbus
C. Frankfurt (Oder)
D. Eisenhüttenstadt
E. Keine Antwort ist richtig.

36) Welches Meer existiert geografisch nicht?

A. Mittelmeer
B. Rotes Meer
C. Schwarzes Meer
D. Graues Meer
E. Keine Antwort ist richtig.

37) Welches ist der längste Fluss Europas?

A. Donau
B. Elbe
C. Wolga
D. Rhein
E. Keine Antwort ist richtig.

38) Die dunkelgraue Fläche ist das Staatsgebiet ...?

A. von Laos.
B. Kambodschas.
C. Vietnams.
D. Thailands.
E. Keine Antwort ist richtig.

39) Wie heißt die Hauptstadt von Estland?

A. Riga
B. Tallinn
C. Oslo
D. Helsinki
E. Keine Antwort ist richtig.

40) Welcher Anteil der Erdoberfläche ist ungefähr mit Wasser bedeckt?

A. 30 %
B. 50 %
C. 70 %
D. 90 %
E. Keine Antwort ist richtig.

Mathematik

Bearbeitungszeit 5 Minuten

Beantworten Sie bitte die folgenden Aufgaben, indem Sie jeweils den richtigen Lösungsbuchstaben markieren.

41) Wofür steht dieses Zeichen?

A. Unendlichkeit
B. Promille
C. Statistische Wahrscheinlichkeit
D. Kaufmännische Rundung
E. Keine Antwort ist richtig.

42) Die Kreiszahl π beginnt mit …?

A. 2,14
B. 3,14
C. 2,17
D. 3,17
E. Keine Antwort ist richtig.

43) Welcher geometrischen Form entspricht eine handelsübliche Konservendose?

A. Prisma
B. Pyramide
C. Zylinder
D. Kegel
E. Keine Antwort ist richtig.

44) Welche Punkte kennt die Mathematik nicht?

A. Nullstellen
B. Tiefpunkte
C. Angelpunkte
D. Scheitelpunkte
E. Keine Antwort ist richtig.

45) Die eingezeichneten Geraden EC und HF sind …?

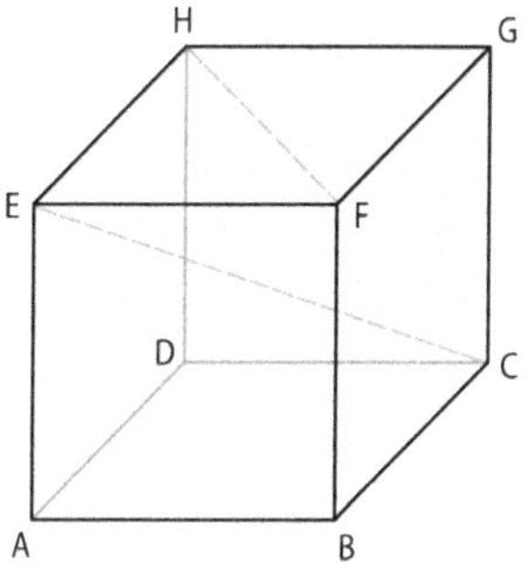

A. Sekanten.
B. Passanten.
C. Katheten.
D. Diagonalen.
E. Keine Antwort ist richtig.

46) Welches Symbol ordnet ein Objekt einer Menge zu?

A. Σ
B. $\in$
C. Π
D. $\int$
E. Keine Antwort ist richtig.

47) Welches Objekt des linearen Raums wird als Pfeil dargestellt?

A. Vektor
B. Skalar
C. Intervall
D. Integral
E. Keine Antwort ist richtig.

48) Wer einen Logarithmus berechnet, der bestimmt …?

A. die Basis zu einer Potenz.
B. die Basis zu einem Exponenten.
C. den Exponenten zu einer Basis.
D. die Potenz zu einem Exponenten.
E. Keine Antwort ist richtig.

49) Welche mathematische Spezialdisziplin beschäftigt sich mit dem „Gefangenendilemma"?

A. Die Stochastik
B. Die Analysis
C. Die Trigonometrie
D. Die Spieltheorie
E. Keine Antwort ist richtig.

50) Die Fibonacci-Folge, eine bekannte Zahlenreihe, ist nach einem bestimmten Prinzip aufgebaut und beginnt mit: 0, 1, 1, 2, 3, 5, …?

A. 7, 11, 13, …
B. 8, 13, 21, …
C. 3, 2, 1, …
D. 5, 7, 11, …
E. Keine Antwort ist richtig.

Naturwissenschaften

Bearbeitungszeit 5 Minuten

Beantworten Sie bitte die folgenden Aufgaben, indem Sie jeweils den richtigen Lösungsbuchstaben markieren.

51) Wer stellte die Relativitätstheorie auf?

A. Max Born
B. Albert Einstein
C. Wolfgang Pauli
D. Niels Bohr
E. Keine Antwort ist richtig.

52) Wie heißt die am schnellsten wachsende Pflanze der Welt?

A. Ackerwinde
B. Riesenbambus
C. Sommerflieder
D. Indisches Springkraut
E. Keine Antwort ist richtig.

53) Die Höcker eines Kamels dienen ...?

A. als Wasserspeicher.
B. zum Schutz vor Parasiten.
C. als Fettspeicher.
D. zur Belüftung des Rumpfes.
E. Keine Antwort ist richtig.

54) Wasser, das vom Blatt abperlt – diese Selbstreinigungsfähigkeit mancher Pflanzen ist allgemein bekannt als ...?

A. Perlwirkung.
B. Lotuseffekt.
C. Teflonformel.
D. Gummiprinzip.
E. Keine Antwort ist richtig.

55) Was ist ein Molekül?

A. Gruppe von Metallen
B. Gruppe von Elementen
C. Gruppe von Atomen
D. Gruppe von Protonen
E. Keine Antwort ist richtig.

56) Wie heißt das abgebildete Biomolekül?

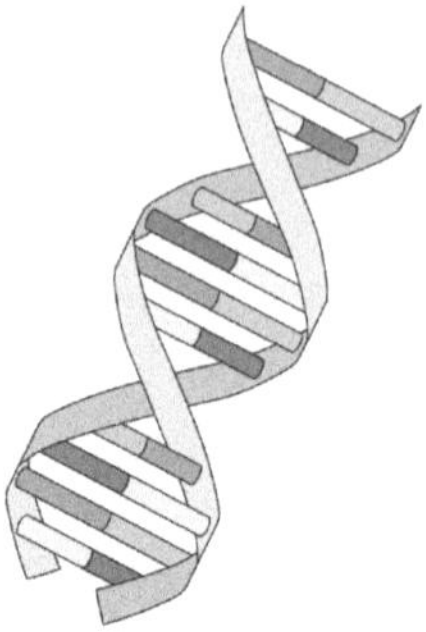

A. Insulin
B. Glutamat
C. DNA
D. Adrenalin
E. Keine Antwort ist richtig.

57) Wer konstruierte das erste funktionierende „perpetuum mobile"?

A. Sir Isaac Newton
B. Max Planck
C. Albert Einstein
D. Niemand kann ein „perpetuum mobile" konstruieren.
E. Keine Antwort ist richtig.

58) Als der härteste natürliche Stoff gilt …?

A. Diamant.
B. Quarz.
C. Gold.
D. Titan.
E. Keine Antwort ist richtig.

59) Wie lange braucht das Licht, um von der Sonne zur Erde zu gelangen?

A. 8 Minuten 19 Sekunden
B. 13 Minuten 24 Sekunden
C. 1 Stunden 2 Minuten
D. 1 Stunden 8 Minuten
E. Keine Antwort ist richtig.

60) Was sind Ionen?

A. Atome eines chemischen Elements aus der Gruppe der Actinoide
B. Elektrisch geladene Atome oder Moleküle
C. Teilchen, die keine Elektrizität leiten
D. Ionen sind Elektronen.
E. Keine Antwort ist richtig.

Medien und Kultur

Bearbeitungszeit 5 Minuten

Beantworten Sie bitte die folgenden Aufgaben, indem Sie jeweils den richtigen Lösungsbuchstaben markieren.

61) In Entenhausen leben …?

A. Fix und Foxi.
B. Dick und Doof.
C. Donald und Dagobert Duck.
D. Clever & Smart.
E. Keine Antwort ist richtig.

62) Bunte Haare, große Augen – charakteristische Figurenmerkmale in japanischen Comics, den so genannten …?

A. Makis.
B. Fugus.
C. Tangos.
D. Mangas.
E. Keine Antwort ist richtig.

63) Bundeskanzler Willy Brandt drückte auf der Deutschen Funk-Ausstellung 1967 auf einen kleinen roten Knopf und startete damit …?

A. das Farbfernsehen.
B. die Datenfernübertragung per Telefax.
C. den ersten deutschen TV-Satelliten.
D. den Vorläufer des Internets.
E. Keine Antwort ist richtig.

64) Wer schrieb die „Blechtrommel"?

A. Franz Kafka
B. Friedrich Schiller
C. Heinrich Böll
D. Günter Grass
E. Keine Antwort ist richtig.

65) Welches Kürzel steht für einen Computergrafik-Standard?

A. VGA
B. VGB
C. BKB
D. TKK
E. Keine Antwort ist richtig.

66) Welche tragische Figur der griechischen Mythologie tötet seinen Vater und heiratet seine Mutter?

A. Herakles
B. Zeus
C. Homer
D. Ödipus
E. Keine Antwort ist richtig.

67) Wer ist kein Mitglied der Zeichentrick-Familie „Die Simpsons"?

A. Homer
B. Marge
C. Bart
D. Ned
E. Keine Antwort ist richtig.

68) Wie heißt diese Moderatorin?

A. Caren Miosga
B. Anne Will
C. Sandra Maischberger
D. Judith Rakers
E. Keine Antwort ist richtig.

69) Wann startete der erste private TV-Sender in Deutschland den Betrieb?

A. 1950
B. 1969
C. 1984
D. 1991
E. Keine Antwort ist richtig.

70) Wofür steht das Kürzel RGB?

A. Rot Gelb Blau
B. Rot Grün Blau
C. Rot Grün Braun
D. Rot Grau Blau
E. Keine Antwort ist richtig.

Abkürzungen

Bearbeitungszeit 5 Minuten

Beantworten Sie bitte die folgenden Aufgaben, indem Sie jeweils den richtigen Lösungsbuchstaben markieren.

71) Was bedeutet die Abkürzung „www"?

A. World Wide Walking
B. World Wide Watchers
C. World Wide Web
D. World Wide Wireless
E. Keine Antwort ist richtig.

72) Was bedeutet die Abkürzung „p. a."?

A. Per annum
B. Und so weiter
C. Prozent
D. Perfekt angezogen
E. Keine Antwort ist richtig.

73) Wofür steht die Abkürzung „IHK"?

A. Internationale Handelskommission
B. Industrie- und Handelsabkommen
C. Internationale Handelskammer
D. Industrie- und Handelskammer
E. Keine Antwort ist richtig.

74) Wofür steht die Abkürzung „WLAN"?

A. Für ein mit Glasfaserkabeln verbundenes Netzwerk
B. Für das Internet
C. Für das Mobiltelefon
D. Für ein drahtloses lokales Netzwerk
E. Keine Antwort ist richtig.

75) Wofür steht die Abkürzung „DIN"?

A. Deutsches Institut für Normung
B. Deutsche Industrie für Normung
C. Deutsche Industrienorm
D. Deutscher Index für Normung
E. Keine Antwort ist richtig.

76) Was bedeutet die Abkürzung „html"?

A. Hypertext Manual Link
B. Hypertext Markup Language
C. High Technical Module
D. High Technical Modus Language
E. Keine Antwort ist richtig.

77) Was bedeutet die Abkürzung „GmbH"?

A. Gemeinschaft musisch begabter Handwerker
B. Gericht mit besonderer Handhabe
C. Gesellschaft mit beschränkter Haftung
D. Grundlage militärisch bedingter Handlungen
E. Keine Antwort ist richtig.

78) Was bedeutet die Abkürzung „AZ"?

A. Arbeitszeit
B. Aktenzeichen
C. Automobilzulassung
D. Anwohnerzone
E. Keine Antwort ist richtig.

79) Was bedeutet die Abkürzung „MdB"?

A. Mitglied des Bundestags
B. mit der Bahn
C. Meister des Bösen
D. Ministerium der Bundesregierung
E. Keine Antwort ist richtig.

80) Wofür steht die Abkürzung „CPU"?

A. Critical Processing Unit
B. Central Processing Unity
C. Central Processing Unit
D. Control Process Unit
E. Keine Antwort ist richtig.

Begriffe einsetzen

Bearbeitungszeit 5 Minuten

Welcher Begriff ergänzt den Satz sachlich korrekt?

Bearbeiten Sie bitte die folgenden Aufgaben, indem Sie jeweils den richtigen Lösungsbuchstaben markieren.

81) Eine _____ kann man nur durch 1 und sich selbst teilen.

A. Primzahl
B. Kubikzahl
C. Quadratwurzel
D. Potenz
E. Keine Antwort ist richtig.

82) Die _____ des Menschen ist unantastbar. (Artikel 1, Satz 1 des Grundgesetzes)

A. Freiheit
B. Seele
C. Ehre
D. Würde
E. Keine Antwort ist richtig.

83) Die vier Grundbausteine der _____ sind Adenin, Thymin, Cytosin und Guanin.

A. Erde
B. DNA
C. Photosynthese
D. Viren
E. Keine Antwort ist richtig.

84) Die menschlichen _____ sind in Chromosomen gebündelt.

A. Blutkörperchen
B. Erbinformationen
C. Zellen
D. Nervenbahnen
E. Keine Antwort ist richtig.

85) Alle Tiere haben _____.

A. Nasen
B. Ohren
C. Lungen
D. einen Stoffwechsel
E. Keine Antwort ist richtig.

86) Ohne _____ kann Eisen nicht rosten.

A. Kohlenstoff
B. Stickstoff
C. Sauerstoff
D. Wasserstoff
E. Keine Antwort ist richtig.

87) Vitamin D kann der menschliche Körper mithilfe von ____ selbst bilden.

A. Sonnenlicht
B. Mineralwasser
C. sportlicher Betätigung
D. Getreideprodukten
E. Keine Antwort ist richtig.

88) Mit einem ____ misst man die Luftfeuchtigkeit.

A. Nanometer
B. Manometer
C. Hygrometer
D. Thermometer
E. Keine Antwort ist richtig.

89) ____ sind Lösungen mit einem niedrigen pH-Wert.

A. Emulsionen
B. Basen
C. Säuren
D. Laugen
E. Keine Antwort ist richtig.

90) Eine passive Impfung enthält ____.

A. Gegengift.
B. tote Krankheitserreger.
C. lebende Krankheitserreger.
D. Antikörper.
E. Keine Antwort ist richtig.

Lösungen: Allgemeinwissen

1) C
2) A
3) B
4) D
5) B
6) A
7) D
8) D
9) C
10) C
11) C
12) B
13) C
14) D
15) D
16) D
17) C
18) D
19) C
20) A
21) C
22) D
23) B
24) D
25) D
26) C
27) A
28) B
29) D
30) C
31) C
32) B
33) B
34) C
35) A
36) D
37) C
38) C
39) B
40) C
41) A
42) B
43) C
44) C
45) D
46) B
47) A
48) C
49) D
50) B
51) B
52) B
53) C
54) B
55) C
56) C
57) D
58) A
59) A
60) B
61) C
62) D
63) A
64) D
65) A
66) D
67) D
68) B
69) C
70) B
71) C
72) A
73) D
74) D
75) A
76) B
77) C
78) B
79) A
80) C
81) A
82) D
83) B
84) B
85) D
86) C
87) A
88) C
89) C
90) D

Staat und Politik (Aufgaben 1–10)

Zu 1) C. Bundesrates.

Als Gremium der Bundesländer entscheidet der Bundesrat an allen Bundesgesetzgebungen mit, welche die Bundesländer betreffen.

Zu 2) A. Parlamentarische Demokratie

In einer parlamentarischen Demokratie werden die wichtigsten politischen Entscheidungen von einem Parlament getroffen, das aus einer freien Volkswahl hervorgegangen ist und daraus seine Legitimation ableitet. Die parlamentarische Demokratie ist eine repräsentative Demokratie: Die gewählten Abgeordneten sollen das Volk vertreten, von dem als Souverän die Staatsgewalt ausgeht.

Zu 3) B. 4

Eine reguläre Amtsperiode des Bundeskanzlers dauert vier Jahre, anschließend ist eine Wiederwahl möglich. Der Kanzler kann jedoch auch vorzeitig abgewählt werden – durch ein Misstrauensvotum der Bundestags-Mehrheit.

Zu 4) D. Willy Brandt

Willy Brandt war von 1969 bis 1974 der erste Bundeskanzler der SPD, nach den drei CDU-Kanzlern Konrad Adenauer (1949–1963), Ludwig Erhard (1963–1966) und Kurt Georg Kiesinger (1966–1969).

Zu 5) B. Bundestag

Der Finanzminister legt jährlich einen Haushaltsentwurf vor, den der Bundestag ohne Zustimmung des Bundesrates beschließt. Die Debatte über den Haushalt ist traditionell eine Generaldebatte zur Regierungspolitik: Die Opposition kritisiert Mängel und Fehler der Bundesregierung, diese verteidigt sich ihrerseits mit Angriffen auf die Opposition.

Zu 6) A. Mit der Erststimme

Für die Bundestagswahl hat jeder Wähler zwei Stimmen. Die Erststimme zählt für den Direktkandidaten im Wahlkreis und die Zweitstimme für die Landesliste der Partei.

Zu 7) D. Élysée-Palast

Der Amtssitz des französischen Staatspräsidenten ist der Élysée-Palast in Paris. Er wurde 1718 bis 1722 erbaut und befindet sich unweit der Champs-Élysées.

Zu 8) D. Albanien

Albanien ist kein Mitglied der Europäischen Union, die aktuell (Stand 2025) folgende 27 Staaten umfasst: Belgien, Bulgarien, Dänemark, Deutschland,

Estland, Finnland, Frankreich, Griechenland, Irland, Italien, Kroatien, Lettland, Litauen, Luxemburg, Malta, Niederlande, Österreich, Polen, Portugal, Rumänien, Schweden, Slowakei, Slowenien, Spanien, Tschechien, Ungarn und die Republik Zypern.

Zu 9) C. Für Massenproteste

Als „Arabischen Frühling" oder „Arabellion" bezeichnet man eine Reihe von Massenprotesten in arabischen und nordafrikanischen Ländern. 2010 stürzte das tunesische Volk den Präsidenten Zine el-Abidine Ben Ali, danach gab es auch in Ägypten, Libyen, Syrien, dem Jemen und weiteren Staaten Aufstände gegen die bisherigen Machthaber. Die erhoffte Demokratisierung blieb jedoch vielerorts aus.

Zu 10) C. Anarchie

„Anarchie" stammt vom altgriechischen „anarchia" und bedeutet wörtlich „Herrschaftslosigkeit". In der politischen Philosophie der Anarchie gibt es keine steuernde Zentralgewalt, keinen Staat. Der Anarchismus setzt sich (je nach Denkschule) das utopistische Ziel, soziale Ordnung nur durch die Gesellschaft selbst herzustellen, ohne Machtausübung durch Autoritäten. Landläufig wird Anarchie häufig mit Chaos und Gesetzlosigkeit gleichgesetzt.

Wirtschaft und Gesellschaft (Aufgaben 11–20)

Zu 11) C. Zusammenschluss von Unternehmen

Eine Fusion ist ein Zusammenschluss von Unternehmen und somit eine mögliche Ursache einer Marktkonzentration. Ursprünglich bezeichnete man so nur den rechtlichen Tatbestand einer Verschmelzung zweier Unternehmen. Im heutigen Sprachgebrauch bezieht sich der Begriff aber auf jeden Zusammenschluss zweier etwa gleichwertiger Unternehmen, unabhängig von der rechtlichen Ausgestaltung. Mittlerweile hat sich auch im deutschsprachigen Raum die englische Bezeichnung „Mergers & Acquisitions" („Zusammenschlüsse und Übernahmen"), kurz „M&A", eingebürgert. Fusionen können die Folgen feindlicher und freundlicher Übernahmen sein.

Zu 12) B. Maximierung des Kurswerts der Unternehmensanteile (Aktien)

Eine auf „shareholder value" abzielende Unternehmenspolitik versucht, den Kurswert der Unternehmensanteile zu maximieren. Damit steigt der Vermögenswert („value"), den ein

Anteilseigner („shareholder") des Unternehmens besitzt. Dieser Wert ergibt sich, indem man die Anzahl der vom jeweiligen Eigner gehaltenen Aktien mit dem Kurswert der Aktie multipliziert.

Zu 13) C. Frankfurt

Die Deutsche Bundesbank ist die Zentralbank der Bundesrepublik. Sie hat ihren Sitz in Frankfurt am Main und ist Teil des europäischen Systems der Zentralbanken. Nachdem 1999 die Währungshoheit auf die Europäische Zentralbank überging, haben sich ihre Aufgabenbereiche wesentlich verkleinert.

Zu 14) D. Die Internationale Automobil-Ausstellung (IAA) in Stuttgart

In Deutschland werden viele international bedeutende Messen veranstaltet. Frankfurt am Main beheimatet zum Beispiel die Frankfurter Buchmesse, Berlin die Internationale Funk-Ausstellung und Köln die Computerspielmesse gamescom. Stuttgart ist zwar auch eine Messestadt, die Internationale Automobil-Ausstellung (IAA) findet jedoch ab 2021 in München statt.

Zu 15) D. US-amerikanischer Aktienindex

Der in Europa als „Dow-Jones-Index" bekannte Aktienindex heißt eigentlich „Dow Jones Industrial Average" (DJIA). Er ist einer von mehreren Aktienindizes, die von den Gründern des Wall Street Journals und des Dow Jones-Verlagshauses geschaffen wurden. Der Dow-Jones-Index, erstmals veröffentlicht im Jahr 1896, ist nach dem „Dow Jones Transportation Average" der älteste noch bestehende Aktienindex der USA. Als Leitindex der New York Stock Exchange repräsentiert er heute die Anleihen der 30 größten US-Unternehmen.

Zu 16) D. Forderungen, die in einer Fremdwährung bestehen

Devisen sind Forderungen, die in einer Fremdwährung bestehen. Dazu zählen beispielsweise ausländische Konten, Wertpapiere und Banknoten.

Zu 17) C. Bei einem Nachfrageüberhang ist die Nachfrage kleiner als das Angebot.

Bei einem Nachfrageüberhang gibt es auf einem Markt mehr Käufer als Verkäufer. Umgekehrt spricht man von einem Angebotsüberhang, wenn es mehr Verkäufer als Käufer gibt. Als „Nachfrage" bezeichnet man die Gütermenge, die die Nachfragenden (die Konsumenten) zu einem bestimmten Preis erwerben wollen. Faktoren wie veränderte Lebensumstände, höhere Einkommen oder neue Moden können ein Nachfragewachstum auslösen – somit wird das Angebot (die Waren) knapper und letztlich teurer. Angeregt durch die höheren Preise, werden nun weitere Anbieter in den Markt eintreten oder bestehende Anbieter ihr Angebot ausweiten. In diesem freien Spiel des Marktes bildet sich schließlich ein neues Gleichgewicht mit anderen Preisen und Umsätzen.

Zu 18) D. Giroverkehr

Giroverkehr ist der bargeldlose Zahlungs- und Abrechnungsverkehr bei einem Kreditinstitut durch Gutschrift oder Lastschrift auf ein Girokonto. Dem Giroverkehr liegt das von der Deutschen Reichsbank im 19. Jahrhundert gegründete Gironetz zugrunde, das den bargeldlosen Zahlungsverkehr zwischen den einzelnen Banken ermöglicht.

Zu 19) C. verbreiten sich Botschaften rasch von Mensch zu Mensch.

Beim viralen Marketing verbreiten sich produkt- oder dienstleistungsbezogene Botschaften rasch von Mensch zu Mensch – wie Krankheitserreger bei einer Epidemie. Die virale Information wird zunächst vom Urheber in einem ausgewählten zielgruppenrelevanten Umfeld platziert, beispielsweise in sozialen Netzwerken oder Online-Foren. Diesen Vorgang nennt man „Seeding" („Impfen", „Aussäen"). Im Erfolgsfall wird der Inhalt über Hinweise und Empfehlungen schnell von Nutzer zu Nutzer weitergegeben.

Zu 20) A. Business-to-Consumer

„B2C" steht im Marketing für „Business-to-Consumer" bzw. „Business-to-Client" („Unternehmen an Konsumenten/Kunden"): Gemeint sind die geschäftlichen und kommunikativen Beziehungen von Unternehmen zu Privatpersonen. Analog dazu bezeichnet das Kürzel „B2B" („Business-to-Business") die Beziehungen zwischen Unternehmen.

Geschichte (Aufgaben 21–30)

Zu 21) C. Ludwig XIV.

Ludwig XIV. (1638–1715), als Fünfjähriger zum König von Frankreich gekrönt, zählt zu den prägnantesten Vertretern des höfischen Absolutismus. Für ihn stand der Monarch im Zentrum des Staates wie die Sonne im Sonnensystem, die Ludwig XIV. zum Symbol seiner Herrschaft und Strahlkraft machte. Von seinem ausschweifenden Lebensstil, von seinem Hang zu Prunk und Pracht zeugt unter anderem die gigantische Schlossanlage von Versailles, die er sich als Regierungssitz bauen ließ.

Zu 22) D. Mit der Völkerwanderung

Der Beginn des Mittelalters wird von Historikern recht unterschiedlich datiert. Einigkeit besteht jedoch darin, welche Vorgänge im 4. und 5. Jahrhundert n. Chr. den Übergang von der Spätantike zum Frühmittelalter markieren: nämlich die Völkerwanderung, der Untergang des (west-)römischen Reiches und der Zerfall der politisch-kulturellen Einheit des Mittelmeerraums.

Zu 23) B. 1492

Am 12. Oktober 1492 erreichten die Schiffe des Christoph Kolumbus Amerika. Kolumbus ging zuerst auf einer Insel der Bahamas an Land, die er „San Salvador" taufte. Wie heute bekannt ist, wurde der amerikanische Kontinent schon rund 500 Jahre vor Kolumbus von Leif Eriksson oder anderen Isländern entdeckt. Dennoch gilt Kolumbus bis heute als Entdecker Amerikas, da erst seine Reisen zur dauerhaften Kolonisierung und Besiedlung durch Menschen anderer Kontinente führten. Da dies mit einer zum Teil äußerst gewaltsamen Verdrängung der Ureinwohner einherging, wird die historische Rolle des Kolumbus bis heute kontrovers diskutiert.

Zu 24) D. Die Osmanen

1453 eroberte ein osmanisches Heer unter Sultan Mehmed II. die Metropole Konstantinopel, das heutige Istanbul. Das Ereignis festigte den Rang des Osmanischen Reiches als Großmacht – und beendete das Byzantinische Reich, welches im Jahr 395 aus der Osthälfte des Römischen Reiches hervorgegangen war.

Zu 25) D. Australiens.

Der Brite James Cook (1728–1779) landete am 29. April 1770 mit der Mannschaft seines Segelschiffs „Endeavour" an der australischen Südostküste – als erster Europäer. Einige Wochen später nahm er das Land unter dem Namen „New South Wales" in den Besitz der britischen Krone. Der gleichnamige Bundestaat ist heute der bevölkerungsreichste Australiens: Hier leben 7,5 Millionen Einwohner, ein Drittel der australischen Gesamtbevölkerung.

Zu 26) C. 1977.

Der „Deutsche Herbst" steht für die politische Krise in Deutschland im Herbst 1977, ausgelöst durch den Linksterrorismus der Roten Armee Fraktion (RAF). Am 5. September entführten RAF-Mitglieder den Arbeitgeberpräsidenten Hanns Martin Schleyer, um ihre inhaftierten RAF-Genossen Andreas Baader, Gudrun Ensslin, Jan-Carl Raspe und Irmgard Möller freizupressen. Mit dem gleichen Ziel entführten palästinensische Terroristen am 13. Oktober die Lufthansa-Maschine „Landshut". Als die Spezialeinheit GSG 9 die „Landshut"-Geiseln am 18. Oktober befreite, nahmen sich Baader, Ensslin und Raspe das Leben, woraufhin Schleyer erschossen wurde.

Zu 27) A. 9. November 1989

Die Berliner Mauer trennte vom 13. August 1961 bis zum 9. November 1989 West-Berlin vom Ostteil der Stadt und vom umgebenden Gebiet der DDR. Sie war eines der bekanntesten Symbole für den Kalten Krieg und die Teilung Deutschlands.

Zu 28) B. den ersten Computer.

Der Unternehmer, Ingenieur und Erfinder Konrad Zuse (1910–1995) konstruierte verschiedene Computermodelle, darunter 1941 die sogenannte „Z3". Die Maschine gilt als erster funktionstüchtiger Computer der Welt, der mit binärer Gleitkommarechnung arbeitete.

Zu 29) D. dass sich die Erde um die Sonne dreht.

Nikolaus Kopernikus (1473–1543) kritisierte das seit der Antike gültige, von der Kirche vertretene geozentrische Weltbild, wonach die Erde den Mittelpunkt des Weltalls bildet, umkreist von der Sonne und den anderen Planeten. Stattdessen vertrat er die Ansicht, die Erde bewege sich mitsamt den übrigen Planeten um die Sonne. Dieses Modell bezeichnet man als heliozentrisches oder auch „kopernikanisches" Weltbild.

Zu 30) C. Impressionismus

Der Impressionismus war eine Stilrichtung der Malerei im späten 19. Jahrhundert, die sich von Frankreich aus weltweit verbreitete. Wichtige Vertreter des Impressionismus waren Claude Monet, Edouard Manet, Pierre-Auguste Renoir, Alfred Sisley und Edgar Degas.

Geografie und Landeskunde (Aufgaben 31–40)

Zu 31) C. Mönchengladbach

Dortmund, Gelsenkirchen und Duisburg sind Metropolen des Ruhrgebiets, einem Ballungsraum, der im Wesentlichen aus zahlreichen zusammengewachsenen Großstädten besteht. Der Namensgeber, die Ruhr, ist ein Nebenfluss des Rheins. Mönchengladbach liegt in der Region Niederrhein.

Zu 32) B. Baden-Württemberg

Der Neckar ist ein 367 km langer Nebenfluss des Rheins. Er verläuft überwiegend durch Baden-Württemberg und bildet auf einem kurzen Streckenabschnitt die Landesgrenze mit Hessen.

Zu 33) B. 9

Deutschland hat gemeinsame Grenzen mit neun weiteren Ländern. Im Uhrzeigersinn: Dänemark, Polen, Tschechien, Österreich, Schweiz, Frankreich, Luxemburg, Belgien, Niederlande.

Zu 34) C. Oldenburg

Die Orte A, B und D sind allesamt bayerische Großstädte: Augsburg ist die Hauptstadt des Regierungsbezirks Schwaben, Regensburg die Hauptstadt des Regierungsbezirks Oberpfalz und Würzburg die Hauptstadt des Regierungsbezirks Unterfranken. Oldenburg ist eine kreisfreie Stadt in Niedersachsen.

Zu 35) A. Potsdam

Potsdam, die Landeshauptstadt von Brandenburg mit rund 180.000 Einwohnern, schließt unmittelbar im Südwesten an die deutsche Hauptstadt Berlin an. Als ehemalige preußische Residenzstadt verfügt die Stadt über zahlreiche Kulturdenkmäler wie z. B. das Schloss Sanssouci. Auch das Filmstudio Babelsberg befindet sich hier.

Zu 36) D. Graues Meer

Das „Graue Meer" ist zwar als fiktives Gewässer aus Bildern und Gedichten bekannt, aber geografisch nicht existent.

Zu 37) C. Wolga

Die Wolga ist mit 3.534 km Länge der längste und wasserreichste Fluss Europas. Sie verläuft im europäischen Teil Russlands und mündet ins Kaspische Meer. Der zweitlängste Fluss ist die Donau mit 2.888 km.

Zu 38) C. Vietnams.

Die Sozialistische Republik Vietnam ist ein Küstenstaat in Südostasien mit über 95 Millionen Einwohnern. Er grenzt an die Länder Kambodscha, Laos und China, ans Südchinesische Meer und an den Golf von Thailand.

Zu 39) **B.** Tallinn

Estland ist ein nordeuropäischer Staat mit der Hauptstadt Tallinn. Er grenzt im Süden an Lettland, im Osten an Russland sowie im Norden und Westen an die Ostsee. Estland wurde 1940 von der Sowjetunion annektiert und stellte erst 1991 nach einem mehrjährigen Prozess der Loslösung von der Sowjetunion seine Souveränität wieder her.

Zu 40) **C.** 70 %

Die Erdoberfläche misst rund 510 Millionen Quadratkilometer. Davon sind knapp 71 % von Wasser bedeckt, der Rest ist Landmasse.

Mathematik (Aufgaben 41–50)

Zu 41) **A.** Unendlichkeit

Die liegende Acht ist seit dem 17. Jahrhundert als mathematisches Symbol für Unendlichkeit bekannt.

Zu 42) **B.** 3,14

Die Kreiszahl π (Pi) bezeichnet das Verhältnis des Kreisumfangs zu seinem Durchmesser. Sie hat unendlich viele Dezimalstellen und beginnt mit 3,141.

Zu 43) **C.** Zylinder

Eine Konservendose besteht aus einem Mantel und zwei kreisförmigen, parallelen Flächen (Grund- und Deckfläche). In der Geometrie heißen solche Körper „Zylinder". Ein Prisma besitzt zwei parallele Vielecke als Grund- und Deckfläche, ein Kegel verfügt über eine kreisförmige Grundfläche und eine Spitze, eine Pyramide hat eine mehreckige Grundfläche und eine Spitze.

Zu 44) **C.** Angelpunkte

Die Vorschläge A, B und D bezeichnen im mathematischen Teilgebiet der Analysis verschiedene Abschnitte eines Funktionsgraphen: nämlich seine niedrigsten Punkte (Tiefpunkte), seine Schnittpunkte mit der y-Achse (Nullstellen) sowie seine Hoch- und Tiefpunkte (Scheitelpunkte). Angelpunkte hingegen kennt man in der Mechanik: So heißen feststehende Punkte, um die sich ein Körper unter Krafteinwirkung drehen kann.

Zu 45) **D.** Diagonalen.

In der ebenen Geometrie ist eine Diagonale definiert als Gerade, die zwei nicht benachbarte Ecken eines Vielecks miteinander verbindet (z. B. H und F). In der Raumgeometrie sind Diagonalen Verbindungsstrecken zwischen zwei Ecken eines Körpers, die nicht in derselben Ebene liegen (z. B. E und C).

Zu 46) B. ∈

Es handelt sich um das Zeichen ∈. Der Ausdruck „$x \in M$" besagt beispielsweise, dass x zur Menge M gehört. ∑ ist das mathematische Summenzeichen, Π ist das Produktzeichen und ∫ kennzeichnet ein Integral.

Zu 47) A. Vektor

Lineare Räume oder auch Vektorräume stehen im Zentrum der linearen Algebra. Die pfeilförmig dargestellten Vektoren besitzen eine Länge und eine Richtung; sie können mit anderen Vektoren addiert und mit Zahlenwerten (Skalaren) multipliziert werden.

Zu 48) C. den Exponenten zu einer Basis.

Das Logarithmieren ist eine Umkehr des Potenzierens: Man berechnet, welcher Exponent mit einer bekannten Basis zu einem bekannten Ergebnis führt. Bei der Gleichung $2^x = 8$ erhält man den Logarithmus $x = \log_2 8 = 3$, sprich: Der Logarithmus von 8 zur Basis 2 ist 3.

Zu 49) D. Die Spieltheorie

Die Spieltheorie erforscht rationales Entscheidungsverhalten und modelliert dazu Entscheidungssituationen mit mehreren Beteiligten. Beim „Gefangenendilemma" werden zwei Gefangene einer gemeinsamen Tat beschuldigt und stehen getrennt voneinander vor der Wahl, zu schweigen oder auszusagen. Abhängig von den Entscheidungen beider fallen ihre Haftstrafen kürzer oder länger aus. Das Dilemma besteht in der unbekannten Reaktion des Komplizen: Gesteht er oder schweigt er?

Zu 50) B. 8, 13, 21, …

Namensgeber der Fibonacci-Folge ist der italienische Mathematiker Leonardo Fibonnacci (1170–1240), der damit das Wachstum einer Kaninchenpopulation berechnete. Jedes Glied dieser unendlichen Reihe berechnet sich, indem man jeweils die beiden vorangegangenen Zahlen addiert: $0 + 1 = 1$, $1 + 1 = 2$, $1 + 2 = 3$, $2 + 3 = 5$, $3 + 5 = 8$ usw.

Naturwissenschaften (Aufgaben 51–60)

Zu 51) B. Albert Einstein

Die Relativitätstheorie umfasst zwei von Albert Einstein geschaffene physikalische Theorien, die sich mit der Struktur von Raum und Zeit befassen. Die spezielle Relativitätstheorie beschreibt das Verhalten von Raum und Zeit aus der Sicht von Beobachtern, die sich relativ zueinander bewegen, und die damit verbundenen Phänomene. Darauf aufbauend führt die allgemeine Relativitätstheorie die Gravitation auf eine Krümmung von Raum und Zeit zurück, verursacht unter anderem durch die beteiligten Massen.

Zu 52) B. Riesenbambus

Die am schnellsten wachsende Pflanze der Welt ist der Riesenbambus: In der Wachstumsphase erreicht er ein tägliches Längenwachstum von bis zu 70 Zentimetern. Der Riesenbambus stammt ursprünglich aus Südostasien, findet sich mittlerweile aber auch in vielen mitteleuropäischen Gärten als Zierpflanze.

Zu 53) C. als Fettspeicher.

Entgegen der landläufigen Meinung speichern die Kamelhöcker kein Wasser, sondern Fett. Und da Fett ein schlechter Wärmeleiter ist, wirken die Höcker außerdem isolierend: Tagsüber schützen sie vor extremer Hitze, nachts vor großer Kälte.

Zu 54) B. Lotuseffekt.

In den 70er-Jahren entdeckten Wissenschaftler die Selbstreinigungsfähigkeit der Lotospflanze: Ihre Blätter sind immer sauber. Grund dafür sind winzige noppenartige Nanostrukturen auf der Blattoberfläche, die auftreffendes Wasser abperlen lassen, wodurch Schmutzpartikel entfernt werden. Die Industrie übertrug dieses Prinzip selbstreinigender Oberflächen auf Produkte wie Fassadenfarben oder Gläser und vermarktet sie mit dem Begriff Lotuseffekt.

Zu 55) C. Gruppe von Atomen

Ein Molekül ist ein Teilchen, das aus mindestens zwei Atomen besteht, welche durch eine chemische Bindung verbunden sind. Moleküle sind die kleinsten Teilchen, die die Eigenschaften des zugrunde liegenden Stoffes haben. Es gibt Moleküle wie Sauerstoff (O_2), die aus einem einzigen Element aufgebaut sind – in diesem Fall den beiden O-Atomen. Die meisten Moleküle sind aber Verbindungen aus Nichtmetallen mit einem weiteren Nichtmetall, Halbmetall oder Metall.

Zu 56) C. DNA

Es handelt sich um die DNA („deoxyribonucleic acid", dt. „Desoxyribonukleinsäure" oder auch DNS). Die DNA ist die Trägerin der Erbinformationen in Lebewesen und manchen Virenarten. Im Normalzustand liegt sie in Form einer Doppelhelix vor, zu der sich zwei Makromolekül-Stränge schraubenartig umwinden.

Zu 57) D. Niemand kann ein „perpetuum mobile" konstruieren.

Ein „perpetuum mobile" ist ein Apparat, der – einmal in Gang gesetzt – ewig in Bewegung bleibt und ohne Zuführung von Energie Arbeit verrichtet. Den Gesetzen der Physik zufolge ist dies unmöglich.

Zu 58) A. Diamant.

Diamant gilt als härtester natürlich vorkommender Stoff. In der zehnstufigen Mohs-Härteskala – nach dem Geologen Friedrich Mohs (1773–1839) – erhält Diamant den Höchstwert 10, Quarz liegt bei 7, Titan bei 6 und Gold bei 2,5–3.

Zu 59) A. 8 Minuten 19 Sekunden

Die Sonne ist im Schnitt 149,6 Millionen Kilometer von der Erde entfernt, das Licht hat eine Geschwindigkeit von 299.792,458 Kilometern pro Sekunde. Das bedeutet, dass das Licht 499 Sekunden benötigt, um von der Sonne zur Erde zu gelangen, also 8 Minuten und 19 Sekunden.

Zu 60) B. Elektrisch geladene Atome oder Moleküle

Atome oder Moleküle besitzen im neutralen Zustand genauso viele Protonen wie Elektronen. Verliert oder gewinnt nun ein Atom bzw. Molekül ein oder mehrere Elektronen gegenüber dem Normalzustand, entsteht eine elektrische Ladung und somit ein Ion: Bei Elektronenmangel ist dieses Ion positiv, bei Elektronenüberschuss negativ geladen.

Medien und Kultur (Aufgaben 61–70)

Zu 61) C. Donald und Dagobert Duck.

Entenhausen ist eine Schöpfung der Disney-Comics und die Heimat berühmter Disney-Charaktere wie Dagobert Duck, Donald Duck und seiner Neffen Tick, Trick und Track. Die deutschen Ausgaben siedeln – anders als die meisten ausländischen Fassungen – auch Micky Maus und Goofy in Entenhausen an. Um die Comics hat sich mit dem „Donaldismus" eine eigene (pseudo-)wissenschaftliche Disziplin gebildet, deren

Vertreter die realen Vorbilder des Städtchens zumeist in Kalifornien vermuten.

Zu 62) D. Mangas.

Ein extravagantes Haarstyling und große Augen sind typische Stilmittel des modernen Mangas, des japanischen Comics, der sich auch in Deutschland großer Beliebtheit erfreut. Der Tango ist ein Tanz, als Makis bezeichnet man verschiedene Tierarten und Fugu ist eine Spezialität der japanischen Küche – bestehend aus dem Muskelfleisch von Kugelfischen.

Zu 63) A. das Farbfernsehen.

Durch einen demonstrativen Knopfdruck gab Willy Brandt (1913–1992) auf der 25. Großen Deutschen Funk-Ausstellung 1967 das Signal zur Umstellung auf das Farbfernsehen. Seitdem werden in Deutschland Fernsehsendungen in Farbe ausgestrahlt. Kuriosum am Rande: Bereits kurz bevor Brandt den Knopf drückte, stellten die Techniker auf das Farbsignal um – dies wurde nachträglich mit der hohen Empfindlichkeit des Schalters zu begründen versucht.

Zu 64) D. Günter Grass

Günter Grass (1927–2015) gilt als einer der bedeutendsten deutschsprachigen Autoren der Gegenwart. Im Jahr 1999 erhielt er den Nobelpreis für Literatur. „Die Blechtrommel", sein bekanntestes Werk, erschien 1959.

Zu 65) A. VGA

VGA steht für „Video Graphics Array": einen von IBM entwickelten Computergrafik-Standard mit festen Vorgaben für Bildauflösung, Wiederholfrequenz und Farb-Bit-Tiefe. VGA-Grafikkarten unterstützen über 260.000 mögliche Farben.

Zu 66) D. Ödipus

Ohne seine Eltern zu kennen, tötet Ödipus in der griechischen Mythologie erst den Vater und heiratet dann seine Mutter – wie es ihm ein Orakel vorhergesagt hatte. In Bezug darauf sprach der Psychoanalytiker Sigmund Freud vom „Ödipus-Komplex", wonach Jungen eine unbewusste sexuelle Zuneigung zur Mutter entwickeln, verbunden mit feindseligen Gefühlen gegen den Vater. Zeus ist der oberste griechische Gott, Herkules ein griechischer Sagenheld und Homer der Autor der antiken Epen „Odyssee" und „Ilias".

Zu 67) D. Ned

„Die Simpsons" ist eine Cartoon-Serie um die Familie Simpson – dazu gehören Vater Homer, Mutter Marge und die Kinder Bart, Lisa und Maggie. Ned ist der Vorname des gottesfürchtigen Nachbarn Flanders. Erfunden wurden die Figuren vom US-amerikanischen Illustrator und Autor Matt Groening. „Die Simpsons" zählt zu den erfolgreichsten Zeichentrickserien überhaupt; als eigenständige Serie startete sie 1989 im US-Fernsehen.

Zu 68) B. Anne Will

Das Foto zeigt die deutsche Fernsehjournalistin Anne Will (geboren 1966). Bekanntheit erlangte sie vor allem als Moderatorin der 2007 gestarteten und nach ihr benannten ARD-Talkshow. Will moderierte 1999 als erste Frau die ARD-„Sportschau" und war von 2001 bis 2007 Nachrichtensprecherin der „Tagesthemen".

Zu 69) C. 1984

Am 1. Januar 1984 startete das Kabelpilotprojekt Ludwigshafen, mit dem man das Kabelfernsehen und die dadurch mögliche Sendervielfalt erproben wollte. Beteiligt waren sowohl öffentlich-rechtliche als auch private Sender, darunter die Programmgesellschaft für Kabel- und Satellitenrundfunk, die sich 1985 in Sat.1 umbenannte. Am 2. Januar 1984 ging RTLplus auf Sendung.

Zu 70) B. Rot Grün Blau

RGB steht für die Grundfarben Rot, Grün und Blau. Im RGB-Farbraum werden alle Farben durch ein bestimmtes Mischungsverhältnis dieser Grundfarben dargestellt. Durch das RGB-Verfahren lassen sich beispielsweise Grafiken auf einem Computermonitor abbilden.

Abkürzungen (Aufgaben 71–80)

Zu 71) C. World Wide Web

Die Buchstabenfolge „www" steht für „World Wide Web" – einen über das Internet abrufbaren Dienst, der 1993 weltweit zur allgemeinen Nutzung freigegeben wurde. Das World Wide Web wird häufig mit dem Internet gleichgesetzt, obwohl es jünger ist und nur eine mögliche Nutzungsart des Internets darstellt.

Zu 72) A. Per annum

Die Abkürzung „p. a." bedeutet „pro anno" bzw. „per annum", auf Deutsch „pro Jahr, auf das Jahr bezogen". Die Angabe ist vor allem im Geschäftsleben gebräuchlich, insbesondere im Finanzbereich. Unter anderem werden Zinsen oft mit dem Zusatz „p. a." angegeben, um zu verdeutlichen, dass es sich um einen jährlichen Zinssatz handelt.

Zu 73) D. Industrie- und Handelskammer

Die Industrie- und Handelskammern (IHKs) sind Interessensgemeinschaften der deutschen Wirtschaft. Sie vertreten ihre Mitgliedsunternehmen gegenüber dem Staat und in der Öffentlichkeit. Bundesweit gibt es 79 regionale Kammern; ihre Dachorganisation ist der Deutsche Industrie- und Handelskammertag (DIHK). Alle Unternehmen sind zur Mitgliedschaft in der zuständigen regionalen IHK verpflichtet, ausgenommen reine Handwerksbetriebe, Landwirtschaften und Freiberufler.

Zu 74) D. Für ein drahtloses lokales Netzwerk

„WLAN" (auch „Wireless LAN" oder „W-LAN") steht für „Wireless Local Area Network", auf Deutsch „drahtloses lokales Netzwerk". Damit bezeichnet man ein Funknetz, das einen schnurlosen Internetzugang über Geräte wie PCs, Laptops und Smartphones ermöglicht. Im Allgemeinen ist dafür eine WLAN-Karte und -Schaltstelle erforderlich. Um WLANs gegen unbefugte Zugriffe abzusichern, verwendet man kryptografische Verschlüsselungen.

Zu 75) A. Deutsches Institut für Normung

Die Abkürzung DIN bedeutete früher „Deutsche Industrie-Norm", seit 1975 steht sie für das Deutsche Institut für Normung e. V.: eine Einrichtung, die verbindliche Standards für Güter und Arbeitsabläufe in Industrie, Handel, Handwerk und Wissenschaft erarbeitet – die sogenannten DIN-Normen. Die Bandbreite dieser Vorgaben reicht vom DIN-Papierformat über Gestaltungsregeln in der Textverarbeitung bis hin zu Qualitätsrichtlinien für Schrauben und Muttern in der Raumfahrt.

Zu 76) B. Hypertext Markup Language

Das Kürzel „html" steht für „Hypertext Markup Language", auf Deutsch „Hypertext-Auszeichnungssprache": Dabei handelt es sich um eine textbasierte Beschreibungssprache für Dokumente im World Wide Web, die durch einen Webbrowser dargestellt werden können. Die Auszeichnungssprache dient der Strukturierung von Inhalten wie Texten, Bildern und Hyperlinks. Die allermeisten Webseiten im Internet sind mit HTML gestaltet.

Zu 77) C. Gesellschaft mit beschränkter Haftung

Eine Gesellschaft mit beschränkter Haftung (GmbH) wird von juristischen oder natürlichen Personen durch einen notariell beurkundeten Gesellschaftsvertrag gegründet. Die Kapitaleinlagen der Gesellschafter bilden das Stammkapital der Gesellschaft, die eine eigene Rechtspersönlichkeit darstellt. Für die Verbindlichkeiten der Gesellschaft haften die Gesellschafter nur mit der geleisteten Kapitaleinlage, nicht mit ihrem Privatvermögen.

Zu 78) B. Aktenzeichen

„AZ" oder auch „Az." steht für „Aktenzeichen", die Signatur einer Akte. Ein Aktenzeichen muss sich jederzeit eindeutig einer bestimmten Akte zuordnen lassen und darf folgerichtig nur ein einziges Mal vergeben werden. Das Aktenzeichen wird anhand von Aktenplan und Aktenverzeichnis systematisch zugeordnet und ist Bestandteil des Geschäftszeichens.

Zu 79) A. Mitglied des Bundestags

„MdB" ist die Abkürzung von „Mitglied des Bundestages" – so lautet die amtliche Bezeichnung für die Abgeordneten des bundesdeutschen Parlaments.

Zu 80) C. Central Processing Unit

„CPU" steht für „Central Processing Unit" („zentrale Verarbeitungseinheit"): Gemeint ist der Hauptprozessor des Computers, der den gesamten Rechner steuert und Berechnungen bzw. Programme ausführt. Der Prozessor befindet sich in einem Sockel oder, direkt auf die Leiterplatte gelötet, auf dem Motherboard.

Begriffe einsetzen (Aufgaben 81–90)

Zu 81) A. Primzahl

Primzahlen sind nur durch 1 und sich selbst ohne Rest teilbar. Die Primzahlen bis 100 lauten: 2, 3, 5, 7, 11, 13, 17, 19, 23, 29, 31, 37, 41, 43, 47, 53, 59, 61, 67, 71, 73, 79, 83, 89, 97.

Zu 82) D. Würde

Artikel 1 des Grundgesetzes lautet: „Die Würde des Menschen ist unantastbar. Sie zu achten und zu schützen ist Verpflichtung aller staatlichen Gewalt."

Zu 83) B. DNA

Die DNA ist die Trägerin der Erbinformationen in Lebewesen und manchen Virenarten. Im Normalzustand liegt sie in Form einer Doppelhelix vor, zu der sich zwei Makromolekül-

Stränge schraubenartig umwinden. Ihre Grundbausteine sind die vier Nukleinbasen Adenin, Thymin, Cytosin und Guanin.

Zu 84) B. Erbinformationen

Die menschlichen Erbinformationen sind in den Genen codiert. Mehrere Gene reihen sich jeweils zu einem langen, dünnen Faden aneinander, der wiederum zu einer kompakten Struktur, einem Chromosom aufgewickelt ist. Der Mensch besitzt 23 verschiedene Chromosomenpaare, also insgesamt 46 Chromosomen. Darunter findet sich nur bei Frauen ein xx-Chromosomenpaar und ausschließlich bei Männern ein xy-Paar.

Zu 85) D. einen Stoffwechsel

Einem Tier, das weder Nase, noch Ohren oder Lunge besitzt, begegnet man recht häufig – dem Regenwurm. Wie alle anderen Lebewesen hat er jedoch einen Stoffwechsel, das heißt: Sein Organismus wandelt chemische Stoffe in andere Stoffe um, die er braucht, um seine Körpersubstanz zu erhalten, Energie zu gewinnen und seine Körperfunktionen aufrechtzuerhalten. Ein weiterer Stoffwechsel-Prozess ist die Umwandlung schädlicher Stoffe in ausscheidbare Stoffe.

Zu 86) C. Sauerstoff

Rost entsteht, wenn Eisen oder Stahl in Gegenwart von Wasser mit Sauerstoff oxidiert. Dabei verliert das Metall Elektronen an eine Wasser-Sauerstoff-Verbindung, wodurch sich seine Eigenschaften und seine Funktionalität verändern. Man nennt diesen Prozess auch Korrosion.

Zu 87) A. Sonnenlicht

Die Substanz Cholecalciferol – auch als Vitamin D bekannt – kann der menschliche Körper in der Haut selbst herstellen. Eine Voraussetzung dafür ist die Einwirkung von UVB-Strahlung, wie sie im Sonnenlicht vorkommt. Vitamin D übernimmt wichtige Aufgaben im Organismus, beispielsweise beim Knochenaufbau.

Zu 88) C. Hygrometer

Zur Bestimmung der Luftfeuchtigkeit nutzt man ein Hygrometer. Der Name des Instruments setzt sich zusammen aus den altgriechischen Wörtern „hygrós" („feucht", „nass") und „métron" („Maß", „Maßstab"). Mit einem Thermometer misst man Temperaturen, mit einem Manometer Drücke. Das Nanometer ist eine Längeneinheit und entspricht einem milliardstel Meter.

Zu 89) C. Säuren

Der pH-Wert gibt an, wie sauer bzw. basisch eine wässrige Lösung ist. Niedrige Werte haben beispielsweise Zitronensaft (pH-Wert 2,4), Magensäure (1–1,5) und Batteriesäure (<1). Am anderen Ende der Skala finden sich Basen wie Seife (9–10), Bleichmittel (12,5) oder Natronlauge (13,5–14). Emulsionen sind Gemische zweier normalerweise nicht mischbarer Flüssigkeiten (ohne sichtbare Entmischung), „Lauge" ist ein umgangssprachlicher Ausdruck für eine bestimmte Art von Basen.

Zu 90) D. Antikörper.

Bei aktiven Impfungen verabreicht man lebende oder tote Krankheitserreger, die das Immunsystem zur Bildung eigener Antikörper anregen. Bei passiven Immunisierungen enthält der Impfstoff selbst die benötigten Antikörper, das Immunsystem bleibt „passiv". Streng medizinisch ist dieses Verfahren keine Impfung im eigentlichen Sinne.

Fachbezogenes Wissen

IT-Kenntnisse

Bearbeitungszeit 20 Minuten

Beantworten Sie bitte die folgenden Aufgaben, indem Sie jeweils den richtigen Lösungsbuchstaben markieren.

1) Was ist ein Motherboard?

A. Die Schnittstelle zu einem Server
B. Der Sockel zum Einsetzen der Grafikkarte
C. Die Hauptplatine zur Unterbringung der Komponenten
D. Ein Computergehäuse
E. Keine Antwort ist richtig.

2) Welche Aussage über temporäre Dateien stimmt nicht?

A. Temporäre Dateien werden vom Arbeitsspeicher auf die Festplatte ausgelagert, um ihn zu entlasten.
B. Temporäre Dateien können viel Speicherplatz auf der Festplatte beanspruchen.
C. Temporäre Dateien kann man bedenkenlos löschen.
D. Temporäre Dateien werden in der Regel automatisch gelöscht.
E. Keine Antwort ist richtig.

3) Was sind Cookies?

A. Schadprogramme, die den Computer infizieren
B. Nützliche Programme, die im Lieferumfang des Betriebssystems kostenlos enthalten sind
C. Informationseinheiten zur Personalisierung von Websites
D. Textbausteine in Programmiersprache, mit denen man selbst eigene kleine Programme entwickeln kann
E. Keine Antwort ist richtig.

4) Per Drag & Drop lassen sich …?

A. Computer schnell auseinanderbauen und wieder zusammensetzen.
B. Objekte auf grafischen Benutzeroberflächen einfach verschieben.
C. Peripheriegeräte problemlos anschließen.
D. Kabel- leicht durch Funkverbindungen ersetzen.
E. Keine Antwort ist richtig.

5) Worauf bezieht sich in der IT-Sprache die Angabe „3 GHz"?

A. Bildschirmauflösung der Grafikkarte
B. Speicherkapazität der Festplatte
C. Geschwindigkeit des Prozessors
D. Kapazität des Hauptspeichers
E. Keine Antwort ist richtig.

6) Welche Funktion hat der Hauptprozessor eines Computers?

A. Der Prozessor ist ein Datenspeicher.
B. Der Prozessor ist das Herzstück eines Computers und steuert die Bestandteile.
C. Der Prozessor ist ein Gerät zur Unterstützung der Stromversorgung.
D. Der Prozessor fährt den Computer hoch.
E. Keine Antwort ist richtig.

7) Was ist ein Frame in Bezug auf HTML-Seiten?

A. Eine Suchmaske
B. Der Seitenkopf
C. Eine Laufschrift
D. Ein Teilbereich einer HTML-Seite
E. Keine Antwort ist richtig.

8) Was verstehen Sie unter „SQL"?

A. Eine Datenbanksprache
B. Eine Bildbearbeitungssoftware
C. Ein Textverarbeitungsprogramm
D. Eine Tabellenkalkulationssoftware
E. Keine Antwort ist richtig.

9) Was wird in der IT unter „Partitionierung" verstanden?

A. Die Vorabversion eines Computerprogramms
B. Die einzelnen Musiktracks auf einer CD
C. Die vollständige Löschung der Festplatte
D. Die Aufteilung eines Speichermediums in mehrere Bereiche
E. Keine Antwort ist richtig.

10) Ahmt eine Website das Aussehen einer anderen Seite nach, um Zugangs- oder andere Daten in Erfahrung zu bringen, nennt man das …?

A. „Phishing".
B. „Pulling".
C. „Stalking".
D. „Hitchhiking".
E. Keine Antwort ist richtig.

11) Was bezeichnet man mit dem Begriff „open source"?

A. Hardwarekomponenten, die sehr einfach gewartet werden können

B. Nachrichten, die über Links einfach nachrecherchiert werden können

C. Software, die kostenlos weiterentwickelt und -verteilt werden darf

D. Hard- und Software, die nicht von einem Markenhersteller stammt

E. Keine Antwort ist richtig.

12) Wie wird die Vorabversion eines Computerprogramms genannt?

A. Testversion

B. Betaversion

C. Vollversion

D. Open Source Version

E. Keine Antwort ist richtig.

13) Aus wie vielen Bits besteht ein Byte?

A. 6

B. 7

C. 8

D. 9

E. Keine Antwort ist richtig.

14) Ein Bit ist die kleinste Informationseinheit in der Computertechnik und kann ...?

A. entweder den Wert 0 oder 1 annehmen.

B. entweder den Wert 0 oder 9 annehmen.

C. aus einer Zahl zwischen 0 und 8 bestehen.

D. aus 8 Bytes bestehen.

E. Keine Antwort ist richtig.

15) Welche Aussage zur Firewall ist richtig?

A. Eine Firewall ist ein Programm, das Schutz vor unberechtigtem Zugriff aus dem Internet bietet.

B. Eine Firewall kann nur zwischen zwei WAN-Netzwerken („Wide Area Networks") geschaltet werden.

C. Eine Firewall muss zwischen ein LAN- („Local Area Network") und ein WAN-Netzwerk („Wide Area Network") geschaltet werden.

D. Eine Firewall kann nur zwischen zwei LAN-Netzwerken („Local Area Networks") geschaltet werden.

E. Keine Antwort ist richtig.

16) In welchem Code werden Informationen auf dem PC verarbeitet?

A. In Radianten
B. Im alphanumerischen Code
C. Im Binärcode
D. Im Hexadezimalcode
E. Keine Antwort ist richtig.

17) Wobei handelt es sich um ein Peripheriegerät?

A. Soundkarte
B. Grafikkarte
C. Drucker
D. Firewire
E. Keine Antwort ist richtig.

18) Wie nennt sich der Verhaltenskatalog für Nutzer eines Internet-Forums?

A. Web-Gesetze
B. Netiquette
C. Online-Knigge
D. Netzgebote
E. Keine Antwort ist richtig.

19) Welche Komponente fällt aus der Reihe?

A. Festplatte
B. CD-ROM
C. USB-Stick
D. Arbeitsspeicher
E. Keine Antwort ist richtig.

20) Wofür steht das Kürzel „http" in Web-Adressen?

A. Teil des Browser-Quellcodes
B. Druckunterstützung der aufgerufenen Website
C. Verwendung eines bestimmten Protokolls zur Datenübertragung
D. Nichts, es ist ein mittlerweile überflüssiges Überbleibsel aus den Anfangszeiten des Internets.
E. Keine Antwort ist richtig.

21) Welche Aussage zur IP-Adresse ist falsch?

A. Eine IP-Adresse dient der Identifikation in einem Netzwerk.
B. Eine IP-Adresse besteht aus Zahlen und Punkten bzw. Zahlen, Buchstaben und Doppelpunkten.
C. Eine IP-Adresse könnte lauten: 162.22.106.80
D. Die IP-Adresse ist ein 30 Bit langes Datenwort.
E. Keine Antwort ist richtig.

22) Was verstehen Sie unter „ASCII"?

A. Ein Programmiercode speziell zur Tabellenkalkulation
B. Eine Programmiersprache für Webseiten
C. Eine Zeichenkodierung, mit der Computer operieren
D. Eine gängige Schriftart in der Textverarbeitung
E. Keine Antwort ist richtig.

23) Was verstehen Sie unter „SATA"?

A. Einen besonderen Prozessor
B. Ein Grafikformat
C. Eine Computerschnittstelle
D. Ein Internetprotokoll
E. Keine Antwort ist richtig.

24) Wofür steht im IT-Bereich die Bezeichnung „ROM"?

A. „ROM" ist die englische Abkürzung für „Arbeitsspeicher".
B. „ROM" ist die englische Abkürzung für „Hauptspeicher".
C. Unter „ROM" wird ein Speicher verstanden, der sowohl beschreibbar als auch lesbar ist.
D. Unter „ROM" wird ein Speicher verstanden, der nur lesbar ist.
E. Keine Antwort ist richtig.

25) Was wird unter dem Begriff „TCP/IP" verstanden?

A. Das TCP/IP ist eine Benutzerkennung im Internet.
B. Das TCP/IP ist ein Netzwerkprotokoll, das ausschließlich für das Internet eingesetzt werden kann.
C. Das TCP/IP ist eine neue Computer-Generation.
D. Das TCP/IP ist ein Netzwerkprotokoll, das beispielsweise für den Austausch von Daten im Internet benötigt wird.
E. Keine Antwort ist richtig.

26) Was gehört nicht zum Anwendungsgebiet von JavaScript?

A. Laufschriften
B. Senden und Empfangen von Daten, ohne dass der Browser die Seite neu laden muss
C. Plausibilitätsprüfung von Formulareingaben
D. Tabellenkalkulation
E. Keine Antwort ist richtig.

27) Welches ist keine Programmiersprache?

A. Pascal
B. Basic
C. C++
D. Amiga
E. Keine Antwort ist richtig.

28) Welche Aussage zum Begriff „Cache" ist richtig?

A. Ein Cache ist ein Ort auf der Festplatte, wo alle Programme abgelegt sind.

B. „Cache" ist eine andere Bezeichnung für „Arbeitsspeicher".

C. Caches sind kleine Dateien, die benötigt werden, um in das Internet gelangen zu können.

D. Caches sind Zwischenspeicher, durch die bereits aufgerufene Inhalte beim nächsten Aufruf schneller beschafft werden können.

E. Keine Antwort ist richtig.

29) Welches Dateiformat fällt aus der Reihe?

A. .jpg

B. .exe

C. .com

D. .bat

E. Keine Antwort ist richtig.

30) Bei welcher der folgenden Variablen handelt es sich um den Datentyp „Integer"?

A. 80

B. Mutter

C. 12.12.1990

D. 60,7

E. Keine Antwort ist richtig.

31) Was ist ein Compiler?

A. Ein Compiler überträgt einen Assemblercode in eine höhere Programmiersprache.

B. Ein Compiler führt einen Quellcode aus, ohne ihn in Maschinensprache zu übersetzen.

C. Ein Compiler übersetzt eine höhere Programmiersprache in Maschinensprache.

D. Ein Compiler ist identisch mit einem Interpreter.

E. Keine Antwort ist richtig.

32) Wer auf „Cloud Computing" setzt, der …?

A. sichert sämtliche wichtigen Daten in einer zentralen Speichereinheit.

B. interessiert sich für Designer-PCs.

C. greift über das Internet auf Daten und Anwendungen zu.

D. eröffnet einen Online-Shop.

E. Keine Antwort ist richtig.

33) Aus welcher Programmiersprache stammt der Befehl „Print A$"?

A. Basic

B. Pascal

C. SQL

D. C

E. Keine Antwort ist richtig.

34) Welche Funktion hat ein Makro in Anwendungsprogrammen?

A. Eine Folge von Eingaben und/oder Befehlen wird überprüft.
B. Eine Folge von Eingaben und/oder Befehlen wird ausgeführt.
C. Die Funktion einer Programmiersprache
D. Makros dienen in der Regel zur Komprimierung von Daten.
E. Keine Antwort ist richtig.

35) Wofür steht in der IT-Sprache der Begriff „Client"?

A. Für einen Rechner, der sich in einer untergeordneten Struktur befindet
B. Für einen Rechner, der sich in einer übergeordneten Struktur befindet
C. Für einen Rechner, der als Server betrieben wird
D. Für ein Netzwerk mit mehreren Rechnern
E. Keine Antwort ist richtig.

36) Wofür steht in der IT-Sprache der Begriff „Host"?

A. Für einen Rechner, der sich in einer untergeordneten Struktur befindet
B. Für einen Rechner, der als Server betrieben wird
C. Für einen Rechner, der als Client betrieben wird
D. Für ein Netzwerk mit mehreren Rechnern
E. Keine Antwort ist richtig.

37) Mit einem CMS werden ...?

A. Geräte an einen PC angeschlossen.
B. E-Mail-Konten überwacht und unerwünschte Mails gefiltert.
C. Prozessorgeschwindigkeiten erhöht.
D. Inhalte erstellt und bearbeitet.
E. Keine Antwort ist richtig.

38) Was zeichnet eine höhere Programmiersprache aus?

A. Eine stark komprimierte Syntax
B. Prozessornahe Befehle erhöhen die Geschwindigkeit.
C. Die Syntax ist oft an die menschlichen Denkgewohnheiten angepasst.
D. Lauffähigkeit nur auf einem bestimmten Prozessortyp
E. Keine Antwort ist richtig.

39) Welche Funktion hat eine For-Next-Schleife?

A. Die For-Next-Schleife ermöglicht das Ausführen von Anweisungen mit einer bestimmten Anzahl von Wiederholungen.

B. Die For-Next-Schleife läuft so lange, bis eine bestimmte Bedingung erfüllt ist.

C. Die For-Next-Schleife läuft so lange, bis eine bestimmte Bedingung nicht erfüllt ist.

D. Es handelt sich um eine Endlosschleife.

E. Keine Antwort ist richtig.

40) Welche Aussage zur Assemblersprache ist korrekt?

A. Assemblersprache ist für alle Prozessoren identisch.

B. Assemblersprache repräsentiert die Maschinensprache einer spezifischen Prozessorarchitektur in einer für den Menschen lesbaren Form.

C. Assemblersprache zeichnet sich dadurch aus, dass sie sehr einfach zu programmieren ist.

D. Anhand von Assemblersprache lassen sich nur beschränkte Funktionen des Computers nutzen.

E. Keine Antwort ist richtig.

Piktogramme *Bearbeitungszeit 5 Minuten*

Beantworten Sie bitte die folgenden Aufgaben, indem Sie jeweils den richtigen Lösungsbuchstaben markieren.

41) Was bedeutet dieses Piktogramm?

A. Datei öffnen
B. Akte anlegen
C. Bitte umblättern
D. Fenster schließen
E. Keine Antwort ist richtig.

42) Was bedeutet dieses Piktogramm?

A. Drucken
B. In den Vordergrund holen
C. Vergleichen
D. Kopieren
E. Keine Antwort ist richtig.

43) Was bedeutet dieses Piktogramm?

A. Speicherkarte einlegen
B. Gehäuse schließen
C. Datei speichern
D. Ladevorgang läuft
E. Keine Antwort ist richtig.

44) Was bedeutet dieses Piktogramm?

A. Gerät ist metallfrei
B. Nicht biegen
C. Querstrebe gut befestigen
D. Nicht in der Nähe von Magnetfeldern aufbewahren
E. Keine Antwort ist richtig.

45) Was bedeutet dieses Piktogramm?

A. USB-Steckplatz
B. Mittlerer Anschluss aktiv
C. Vorfahrt im Datenverkehr
D. Verzeichnisstruktur anzeigen
E. Keine Antwort ist richtig.

46) Was bedeutet dieses Piktogramm?

A. Eingabe bestätigen
B. Letzten Arbeitsschritt rückgängig machen
C. Grafik spiegeln
D. Spracherkennung aktiv
E. Keine Antwort ist richtig.

47) Was bedeutet dieses Piktogramm?

:-)

A. Smile
B. Vorigen Wert abziehen
C. Operation bestätigen
D. Absatz einfügen
E. Keine Antwort ist richtig.

48) Was zeigt dieses Zeichen an?

A. Eine öffentliche Toilette
B. Ein WLAN-Signal
C. Eine Sammelstelle
D. Einen Aussichtspunkt
E. Keine Antwort ist richtig.

49) Was bedeutet dieses Piktogramm?

A. Play
B. Vorwärts spulen
C. Medium auswerfen
D. Pause
E. Keine Antwort ist richtig.

50) Was bedeutet dieses Piktogramm?

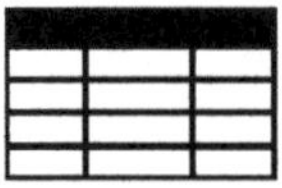

A. Daten ordnen
B. Zellen verbinden
C. Rahmen zeichnen
D. Tabelle einfügen
E. Keine Antwort ist richtig.

Technisches Verständnis *Bearbeitungszeit 10 Minuten*

Beantworten Sie bitte die folgenden Aufgaben, indem Sie jeweils den richtigen Lösungsbuchstaben markieren.

51) An einem Schwingungsdiagramm lässt sich ablesen, wie hoch die Frequenz eines Tons ist, d. h. wie oft sich eine (Schall-)Schwingung pro Zeiteinheit wiederholt. Hohe Frequenzen bedeuten dabei hohe Töne. Welche Töne sind gleich hoch?

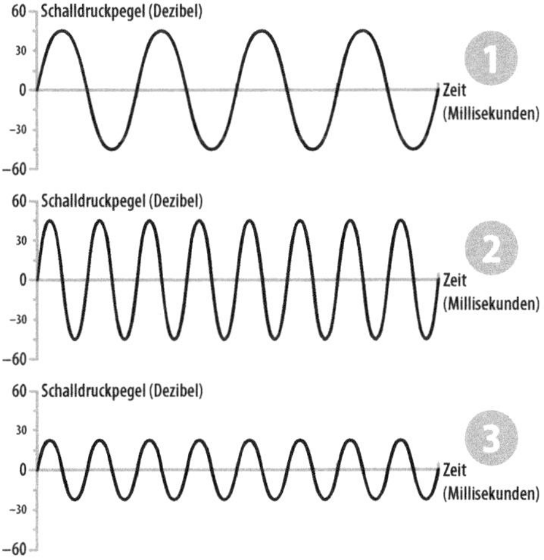

A. Ton 1 und Ton 2

B. Ton 1 und Ton 3

C. Ton 2 und Ton 3

D. Alle Töne sind verschieden hoch.

E. Keine Antwort ist richtig.

52) Welches der beiden Boote bewegt sich vorwärts?

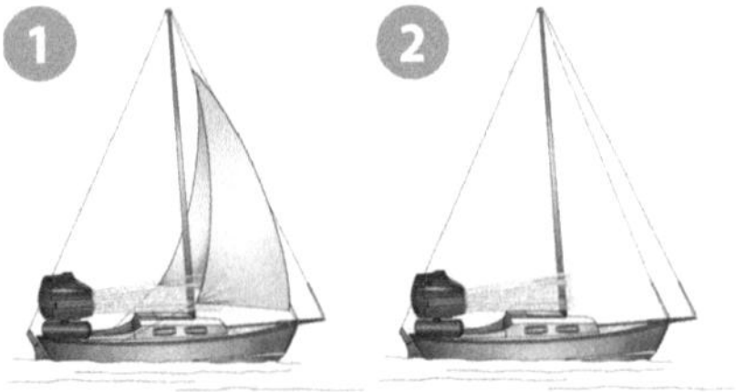

A. Boot 1 fährt vorwärts.
B. Boot 2 fährt vorwärts.
C. Beide Boote fahren vorwärts.
D. Keines der Boote fährt vorwärts.
E. Keine Antwort ist richtig.

53) Die drei Glühlampen A, B und C brennen gleich hell. Was geschieht, wenn in folgender Schaltung Glühlampe A defekt ist, so dass sie erlischt?

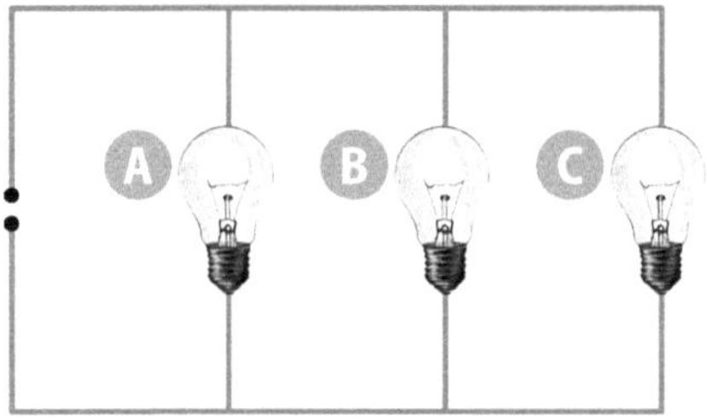

A. Die Glühlampen B und C erlöschen ebenfalls.
B. Die Glühlampen B und C leuchten heller als zuvor.
C. Die Glühlampen B und C leuchten unverändert weiter.
D. Die Glühlampe B leuchtet ein wenig heller als C.
E. Keine Antwort ist richtig.

54) Welches Rad dreht sich am schnellsten?

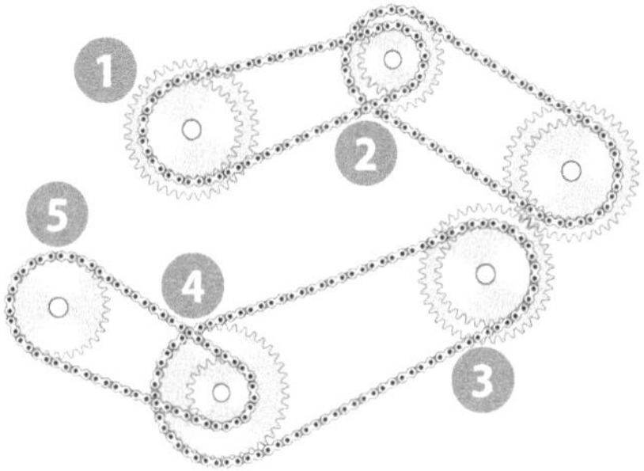

A. Rad 1
B. Rad 2
C. Rad 5
D. Rad 4
E. Keine Antwort ist richtig.

55) Die Kette wird im Uhrzeigersinn gedreht. Überlegen Sie, ob sich das angehängte Gewicht bewegt und wenn ja, in welche Richtung!

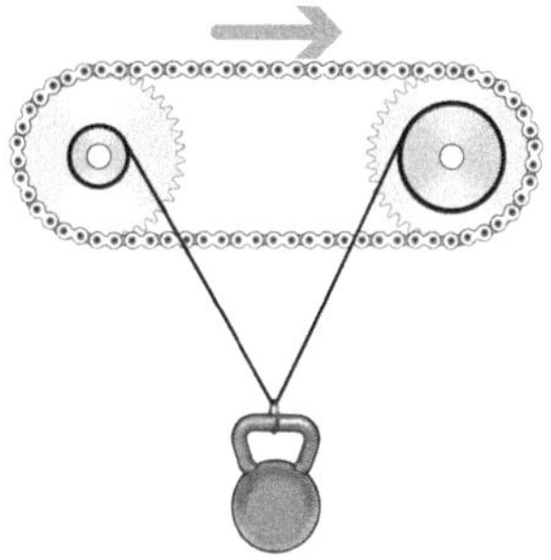

A. Das Gewicht bewegt sich nicht.
B. Das Gewicht bewegt sich nach oben.
C. Das Gewicht bewegt sich nach unten.
D. Das Gewicht bewegt sich erst nach oben und anschließend nach unten.
E. Keine Antwort ist richtig.

56) Welche der Räder drehen sich in die gleiche Richtung wie Rad 1?

A. 3, 4 und 8
B. 2, 4 und 6
C. 4, 6 und 8
D. 3, 6 und 7
E. Keine Antwort ist richtig.

57) Ihnen liegen vier Kontaktanschlüsse 1 bis 4 vor. Welche zwei Kontaktanschlüsse müssen kurzgeschlossen werden, damit zwei der vier Lampen möglichst hell leuchten?

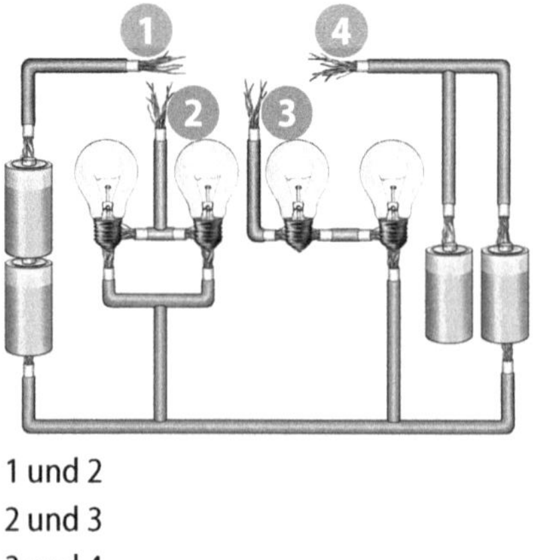

A. 1 und 2
B. 2 und 3
C. 3 und 4
D. 1 und 4
E. Keine Antwort ist richtig.

58) An zwei unterschiedliche Federsysteme werden identische Stahlkugeln angehängt. Alle Federn sind gleich und können als masselos angenommen werden. Welche der Federn wird am schwächsten gedehnt?

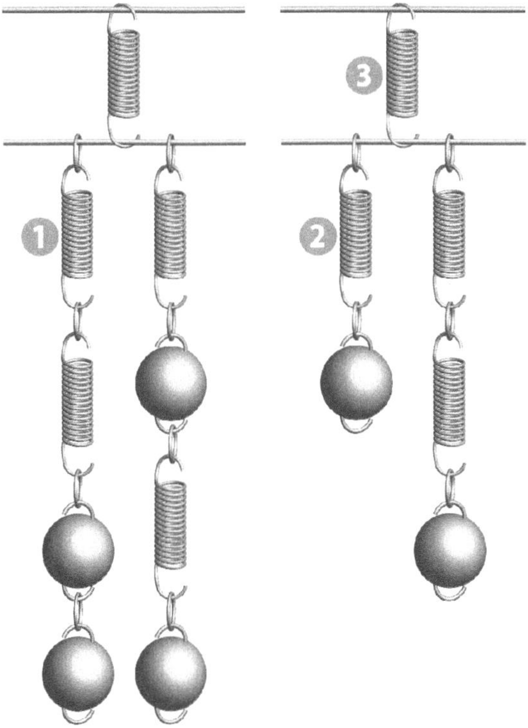

A. Feder 1 wird am schwächsten gedehnt.
B. Feder 2 wird am schwächsten gedehnt.
C. Feder 3 wird am schwächsten gedehnt.
D. Alle Federn werden gleich stark gedehnt.
E. Keine Antwort ist richtig.

59) Das Licht einer Glühlampe wird durch eine Sammellinse auf eine Leinwand projiziert. Welches Lichtbündel kommt zuerst an?

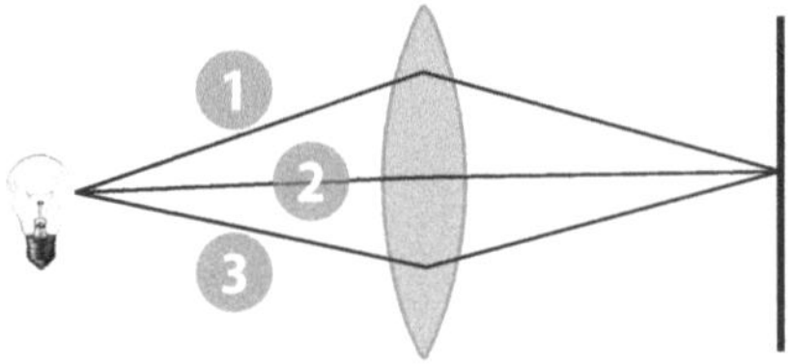

A. Lichtbündel 3 kommt zuerst an.
B. Die Lichtbündel 1 und 3 kommen zuerst an.
C. Lichtbündel 2 kommt zuerst an.
D. Alle Lichtbündel kommen gleichzeitig an.
E. Keine Antwort ist richtig.

60) Was geschieht, wenn die rechte Kugel auf die anderen Kugeln prallt?

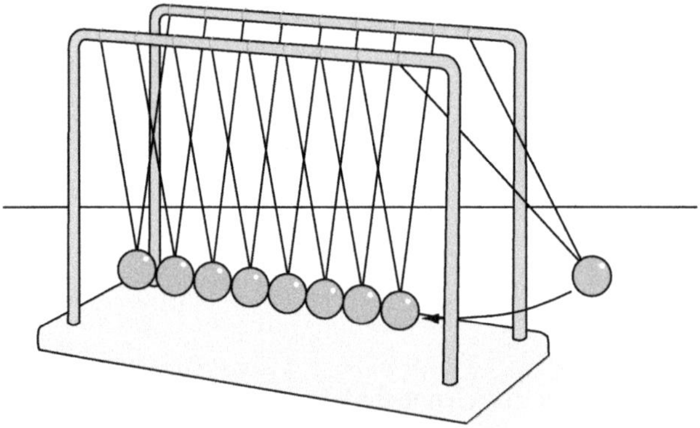

A. Alle anderen Kugeln bewegen sich nach links.
B. Nur die äußere linke Kugel bewegt sich nach links.
C. Keine Kugel bewegt sich mehr.
D. Die rechte Kugel prallt ab und schwingt noch einige Zeit nach.
E. Keine Antwort ist richtig.

Logikgatter

Bearbeitungszeit 5 Minuten

Logikgatter sind Bauelemente aus der Digitaltechnik, die Signale nach logischen Regeln verarbeiten. Meist haben sie zwei Eingänge und einen Ausgang: Alle können genau zwei Zustände einnehmen, aktiv oder inaktiv. Je nach Gattertyp besteht zwischen Ein- und Ausgangszustand eine bestimmte Beziehung.

Gattertypen

Name	Symbol	Funktionsweise
AND (und)	A, B – & – X	Ausgang X ist aktiv, wenn beide Eingänge A und B aktiv sind.
OR (oder)	A, B – ≥1 – X	Ausgang X ist aktiv, wenn mindestens einer der Eingänge A und B aktiv ist.
XOR (entweder oder)	A, B – =1 – X	Ausgang X ist aktiv, wenn genau einer der Eingänge A und B aktiv ist.
NOT (nicht)	A – 1 –o X	Einfache Verneinung: Ausgang X ist aktiv, wenn Eingang A inaktiv ist.
NAND (nicht und)	A, B – & –o X	Verneintes AND-Gatter: Ausgang X ist aktiv, wenn nicht beide Eingänge A und B aktiv sind.
NOR (nicht oder)	A, B – ≥1 –o X	Verneintes OR-Gatter: Ausgang X ist aktiv, wenn keiner der Eingänge A und B aktiv ist.
XNOR (nicht entweder oder)	A, B – =1 –o X	Verneintes XOR-Gatter: Ausgang X ist aktiv, wenn nicht genau einer der Eingänge A und B aktiv ist.

Hierzu ein Beispiel

Aufgabe

1) Nur Eingang A ist aktiv. Welchen Zustand hat Ausgang X?

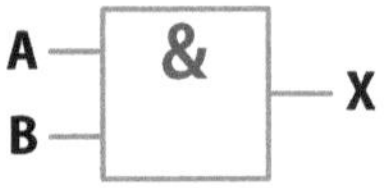

☐ aktiv ☐ inaktiv

Antwort

☒ inaktiv

Die Abbildung zeigt ein AND-Gatter. Bei diesem Typ wird der Ausgang nur aktiv, wenn auch beide Eingänge aktiv sind. Das ist hier nicht der Fall – folglich bleibt Ausgang X inaktiv.

Bitte bearbeiten Sie nun die Aufgaben: Markieren Sie die richtige Lösung. Sie haben dafür **5 Minuten** Zeit.

61) Nur Eingang B ist aktiv. Welchen Zustand hat Ausgang X?

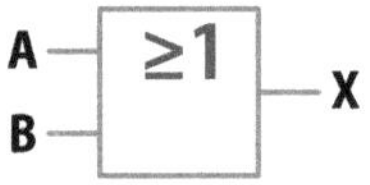

☐ aktiv ☐ inaktiv

62) Ausgang X ist inaktiv, wenn ...?

A. Eingang A aktiv ist.
B. Eingang B aktiv ist.
C. beide Eingänge A und B aktiv sind.
D. beide Eingänge A und B inaktiv sind.
E. Keine Antwort ist richtig.

63) Welche Aussage zum abgebildeten Logikgatter stimmt?

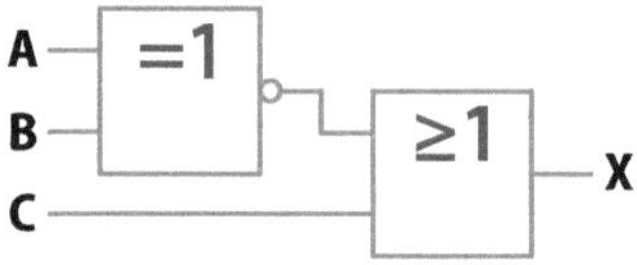

A. Wenn Eingang B aktiv ist, ist Ausgang X aktiv.
B. Damit Ausgang X aktiv wird, müssen mindestens zwei Eingänge aktiv sein.
C. Wenn die Eingänge A und B aktiv sind, ist Ausgang X inaktiv.
D. Wenn die Eingänge A, B und C inaktiv sind, wird Ausgang X aktiv.
E. Keine Antwort ist richtig.

64) Welche Aussage zum abgebildeten Logikgatter stimmt nicht?

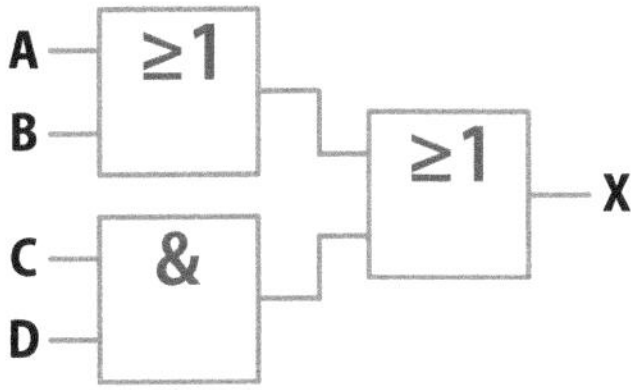

A. Wenn die Eingänge C und D aktiv sind, ist Ausgang X auch aktiv.
B. Damit Ausgang X aktiv wird, müssen mindestens zwei Eingänge aktiv sein.
C. Wenn die Eingänge A und B aktiv sind, ist Ausgang X auch aktiv.
D. Ausgang X ist auf jeden Fall aktiv, wenn zwei Eingänge aktiv sind.
E. Alle Aussagen stimmen.

65) Eingang A ist aktiv. Welchen Zustand muss Eingang C haben, damit Ausgang X aktiv wird?

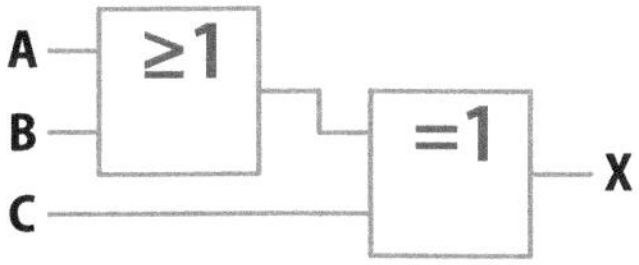

☐ aktiv ☐ inaktiv

Lösungen: Fachbezogenes Wissen

1) C	23) C	45) A
2) C	24) D	46) B
3) C	25) D	47) A
4) B	26) D	48) B
5) C	27) D	49) C
6) B	28) D	50) D
7) D	29) A	51) C
8) A	30) A	52) D
9) D	31) C	53) C
10) A	32) C	54) B
11) C	33) A	55) B
12) B	34) B	56) A
13) C	35) A	57) A
14) A	36) B	58) B
15) A	37) D	59) D
16) C	38) C	60) B
17) C	39) A	61) aktiv
18) B	40) B	62) C
19) D	41) A	63) D
20) C	42) D	64) B
21) D	43) C	65) inaktiv
22) C	44) D	

IT-Kenntnisse (Aufgaben 1–40)

Zu 1) C. Die Hauptplatine zur Unterbringung der Komponenten

„Motherboard", „Mainboard" oder „Systemplatine" nennt man die Hauptplatine eines Computers, auf der sich in der Regel folgende Systemkomponenten befinden: die CPU, der PCI-Bus mit den Slots für die Erweiterungskarten, die Steckplätze für den Arbeitsspeicher, verschiedene Schnittstellen, der Cache, die Echtzeituhr, BIOS-ROM und CMOS-RAM, die verschiedenen Controller und der Tastatur-Prozessor. Die Konzeption des Mainboards beeinflusst systemrelevante Parameter wie die Systemleistung, die Zukunftssicherheit und die Kompatibilität zu Systemkomponenten (Anschlüsse, Erweiterbarkeit).

Zu 2) C. Temporäre Dateien kann man bedenkenlos löschen.

Temporäre Dateien – häufig an der Endung „.tmp" erkennbar – sind Dateien, in denen Betriebssysteme oder andere Programme Informationen zeitlich begrenzt zwischenspeichern, um den Arbeitsspeicher des Computers zu entlasten. Üblicherweise werden sie durch das jeweilige Programm nach Gebrauch wieder gelöscht. Durch Systemabstürze oder unsauberes Arbeiten des Programms können sie jedoch auch auf der Festplatte verbleiben und nach und nach immer mehr Speicherplatz einnehmen. Bedenkenlos löschen sollte man sie jedoch nicht, da einzelne temporäre Dateien noch gebraucht werden könnten. Es empfiehlt sich daher, geeignete Dienstprogramme (Tools) einzusetzen.

Zu 3) C. Informationseinheiten zur Personalisierung von Websites

Cookies sind kleine Informationseinheiten. Sie werden von einem Server generiert und beim Besuch einer Website meist unbemerkt auf dem Computer des Benutzers abgelegt. Bei einem erneuten Aufruf kann der Server auf die gespeicherten Nutzerinformationen zurückgreifen und die Website personalisieren. So setzen z. B. viele E-Mail-Anbieter Cookies ein, um Anwendern ein schnelleres Einloggen zu ermöglichen. Ob Cookies akzeptiert werden sollen oder nicht, lässt sich üblicherweise im Browser einstellen.

Zu 4) B. Objekte auf grafischen Benutzeroberflächen einfach verschieben.

Drag & Drop (engl. für „ziehen und fallenlassen") steht für eine Methode, auf grafischen Benutzeroberflächen Objekte mit der Maus zu bewegen. Auf diese Weise lassen sich z. B. Dateien leicht von einem Ordner in einen anderen kopieren oder Textpassagen innerhalb von Dokumenten verschieben.

Zu 5) C. Geschwindigkeit des Prozessors

Das Kürzel GHz steht für „Gigahertz" und bezieht sich auf die Geschwindigkeit eines Mikroprozessors, bemessen an der Taktfrequenz: Darunter versteht man den Rhythmus, in dem Daten im Computer verarbeitet werden – im vorliegenden Fall sind das drei Milliarden Schwingungen pro Sekunde. Die Taktfrequenzen gängiger Mikroprozessoren haben sich seit Mitte der 1980er-Jahre von einigen Megahertz (MHz) in den Gigahertz-Bereich vervielfacht.

Zu 6) B. Der Prozessor ist das Herzstück eines Computers und steuert die Bestandteile.

Der Hauptprozessor oder auch „CPU" („Central Processing Unit") ist die zentrale Verarbeitungseinheit des Computers. Der Prozessor befindet sich in einem Sockel oder direkt auf die Leiterplatte gelötet auf dem Motherboard. Er überwacht und steuert den gesamten Rechner und führt logische und arithmetische Berechnungen (Programme) aus. Die CPU hält die jeweils benötigten Informationen vorrätig und organisiert den Datentransfer.

Zu 7) D. Ein Teilbereich einer HTML-Seite

Ein Frame (auf Deutsch „Rahmen") ist der Teilbereich einer HTML-Seite, in dem eine andere HTML-Seite dargestellt werden kann. Alle Frames einer Website bilden ein sogenanntes „Frameset".

Frames bieten die Möglichkeit zur parallelen Darstellung mehrerer, voneinander unabhängiger Einzeldokumente. So lässt sich die vom Webserver zum Webbrowser übertragene Datenmenge reduzieren, da nicht jedes Mal die gesamte Webseite neu geladen werden muss. Ein weiterer Vorteil besteht darin, dass der jeweils aktive Frame gescrollt werden kann, ohne andere Frames zu beeinflussen. Zudem lassen sich dank der Frametechnik Inhalte aus unterschiedlichen Quellen und verschiedenen Webanwendungen miteinander kombinieren.

Zu 8) A. Eine Datenbanksprache

„SQL" („Structured Query Language") steht für eine von IBM entwickelte, standardisierte Datenbanksprache zur Definition, Abfrage und Manipulation von Daten einer relationalen Datenbank. Sie wird von fast allen verbreiteten Datenbanksystemen unterstützt.

Zu 9) D. Die Aufteilung eines Speichermediums in mehrere Bereiche

Im IT-Bereich steht der Begriff „Partition" für eine logische Unterteilung von Systemressourcen, z. B. der Festplatte. Dabei sind die einzelnen Partitionen voneinander unabhängig und können vom Betriebssystem wie verschiedene physikalische Laufwerke behandelt werden. Für die Verwendung von Partitionen gibt es verschiedene Gründe: Die Datensicherheit steigt, da von Fehlern des Dateisystems einer Partition die anderen nicht betroffen sind. Partitionen erleichtern zudem die Datenorganisation, da sich Inhalte je nach Betreff in verschiedenen Partitionen speichern lassen. Darüber hinaus wird es möglich, mehrere Betriebssysteme auf einer Festplatte zu installieren und nutzen.

Zu 10) A. „Phishing".

Mit dem Begriff „Phishing" bezeichnet man Versuche, über gefälschte Websites an fremde Daten zu gelangen. Dabei ahmen Kriminelle beispielsweise das Aussehen einer Bank-Website nach und fordern Benutzer mit betrügerischen E-Mails vermeintlich im Namen der Bank dazu auf, die entsprechende Seite zu besuchen und sensible Daten einzugeben.

Zu 11) C. Software, die kostenlos weiterentwickelt und -verteilt werden darf

Der Begriff „open source" („offene Quelle") steht für Software, die folgende Bedingungen erfüllt: Man muss den Quellcode – den in Programmiersprache geschriebenen Text des Programms – kostenfrei herunterladen können, man muss die Software beliebig nutzen und weiterverbreiten können, man muss sie beliebig weiterentwickeln können und jede Weiterentwicklung muss ihrerseits frei kopierbar sein.

Zu 12) B. Betaversion

Eine Betaversion ist eine meist unfertige Vorabversion eines Computerprogramms, die vom Hersteller zu Testzwecken veröffentlicht wird. Einige Programmfehler – wie Konflikte mit anderen Programmen oder mit Hardwarekomponenten – lassen sich häufig erst in der Praxis erkennen. Der Zweck von Betaversionen besteht darin, solche Fehler vor der Veröffentlichung der eigentlichen Programmversion zu erkennen und zu beheben.

Zu 13) C. 8

Der Begriff „Byte" stammt aus der Digitaltechnik und steht als Maßeinheit mit dem Einheitenzeichen „b" für eine Datenmenge von acht Bit. Man nutzt diese Maßeinheit, um die Speicherkapazität von Datenträgern wie Festplatten oder CD-ROMs anzugeben. Die nächst größeren Einheiten sind das Kilobyte (1 KB = 1.000 bzw. 1.024 Byte), das Megabyte (1 MB = 1.000 bzw. 1.024 KB) und das Gigabyte (1 GB = 1.000 bzw. 1.024 MB).

Zu 14) A. entweder den Wert 0 oder 1 annehmen.

Ein Bit ist die kleinste und grundlegende Informationseinheit in der Computertechnik. Es kann – wie ein Lichtschalter – genau einen von zwei Zuständen annehmen, die durch die Werte 0 und 1 repräsentiert werden. Die nächst größere Informationseinheit ist ein Byte, das aus acht Bits besteht.

Zu 15) A. Eine Firewall ist ein Programm, das Schutz vor unberechtigtem Zugriff aus dem Internet bietet.

Eine Firewall überwacht den Datenverkehr zwischen zwei Netzwerken. Anhand festgelegter Regeln entscheidet sie, welche Netzwerkpakete durchgelassen werden und welche nicht, vor allem zum Schutz vor unerlaubten Zugriffen. So lässt sich beispielsweise ein privates Netz gegen ungewollte Zugriffe aus dem Internet sichern.

Zu 16) C. Im Binärcode

Die digitale Datenverarbeitung beruht auf dem Binärcode, der Informationen als Folge von Nullen und Einsen darstellt. Die Grundeinheit dieser Zeichenmenge ist das Bit, das entweder den Wert 0 (= falsch) oder 1 (= wahr) annimmt, vergleichbar einem Lichtschalter, der ein- oder ausgeschaltet sein kann.

Zu 17) C. Drucker

Peripheriegeräte sind zu einem Computersystem gehörende Geräte, die nicht in den Computer eingebaut sind: also alle von außen angeschlossenen Komponenten wie Maus, Tastatur, Joystick, Scanner, Bildschirm, Drucker und externe Speicher. Peripheriegeräte dienen vor allem der Ein- und Ausgabe von Daten oder Befehlen.

Zu 18) B. Netiquette

Die Netiquette (auch „Netikette") bezeichnet einen Kodex des guten Benehmens in der digitalen Kommunikation, u. a. in Internet-Foren. Dieser Kodex wird von vielen Teilnehmern als sinnvoll anerkannt, ist aber meist nicht verbindlich und rechtlich irrelevant. Auch gibt es keinen einheitlich festgelegten Kodex, sondern je nach Kommunikationsort verschiedene Vereinbarungen.

Zu 19) D. Arbeitsspeicher

Alle Komponenten dienen zur Datenspeicherung. Im Gegensatz zu Festplatten, CD-ROMs und USB-Sticks sichert der Arbeitsspeicher diese Informationen jedoch nicht dauerhaft. Nach einer Stromunterbrechung sind sie daher in der Regel auf diesem Medium nicht mehr vorhanden.

Zu 20) C. Verwendung eines bestimmten Protokolls zur Datenübertragung

Das Kürzel „http" zeigt an, dass die aufgerufene Website das „Hypertext Transfer Protocol" verwendet, einen bestimmten technischen Standard zur Datenübertragung. Je nach Protokoll gelten bestimmte Normen für das Format, den Inhalt, die Bedeutung und die Reihenfolge der weiterzuleitenden Informationen.

Zu 21) D. Die IP-Adresse ist ein 30 Bit langes Datenwort.

In Computernetzen, die auf dem Internetprotokoll (IP) basieren, nutzt man IP-Adressen, um Daten von einem Absender zum vorgesehenen Empfänger zu transportieren. Jedes Gerät – Drucker, Desktop-PC, Laptop – lässt sich anhand seiner zugewiesenen IP-Adresse eindeutig identifizieren. Der lange Jahre vorherrschende IPv4-Standard definiert eine IP-Adresse als 32 Bit langes Datenwort. Es besteht in der bekanntesten Notation aus vier Zahlen zwischen 0 und 255, die durch einen Punkt getrennt sind. Rechnerisch lassen sich so knapp 4,3 Milliarden Adressen darstellen. Da dieser Vorrat nicht mehr ausreicht, hat man mittlerweile das IPv6-Verfahren eingeführt: Es erlaubt 128 Bit lange Adressen in Hexadezimal-Schreibweise (mit Ziffern, Buchstaben und Doppelpunkten).

Zu 22) C. Eine Zeichenkodierung, mit der Computer operieren

Der „American Standard Code for Information Interchange" (ASCII) ist eine 7-Bit-Zeichenkodierung zur Darstellung von Groß- und Kleinbuchstaben, Ziffern, Sonder- sowie Steuerzeichen. Die ASCII-Kodierung definiert 128 Zeichen, darunter 95 druckbare Zeichen und 33 nicht-druckbare Steuerzeichen.

Im ASCII-Code ist jedem Zeichen eine Zahl zugeordnet, so dass in Programmierungen z. B. Buchstaben durch Angabe des Zahlencodes generiert werden können. Ein Beispiel: Der Binärcode „1000001" steht für die Dezimalzahl „65" und den Großbuchstaben „A".

Zu 23) C. Eine Computerschnittstelle

„SATA" (auch „S-ATA") steht für „Serial ATA" oder auch „Serial AT Attachment". Damit bezeichnet man eine Computerschnittstelle für den Datenaustausch mit Festplatten und anderen Speichermedien. Der Vorläufer des SATA-Standards heißt ATA

(„AT Attachment") bzw. IDE („Integrated Drive Electronics").

Zu 24) D. Unter „ROM" wird ein Speicher verstanden, der nur lesbar ist.

Ein ROM-Speicher („Read-Only-Memory") ist ein Festwertspeicher, der nur lesbar ist und nicht beschrieben werden kann. Er ist nicht flüchtig, so dass er seine Daten auch in stromlosem Zustand behält. Ein Anwendungsbeispiel ist das BIOS von PCs: ein Programm auf einem ROM-Speicher, das unmittelbar nach dessen Einschalten ausgeführt wird. Das Beschreiben eines ROM-Speichers wird als Programmierung des Bausteins bezeichnet und ist nicht mit den wiederholbaren Schreibzugriffen in einem RAM-Speicher vergleichbar.

Zu 25) D. Das TCP/IP ist ein Netzwerkprotokoll, das beispielsweise für den Austausch von Daten im Internet benötigt wird.

„TCP/IP" ist die Abkürzung für das „Transmission Control Protocol/Internet Protocol", wegen seiner Bedeutung für das Internet auch als „Internetprotokoll" bezeichnet. Lange Zeit stand TCP/IP in Konkurrenz zu anderen Protokollen wie NetBEUI von Microsoft Windows, IPX/SPX von Novell und Apple Talk. TCP/IP ist aber das einzig erfolgreiche Netzwerkprotokoll, das universell, in nahezu jeder Vernetzung und unabhängig vom Betriebssystem funktioniert. Die Identifizierung der am TCP/IP-Netzwerk teilnehmenden Rechner geschieht über IP-Adressen.

Zu 26) D. Tabellenkalkulation

Zur Tabellenkalkulation nutzt man keine Programmiersprachen, sondern spezielle Kalkulationsprogramme wie Excel. Typische Anwendungsgebiete von JavaScript sind Banner und Laufschriften, die Plausibilitätsprüfung von Formulareingaben, der gleichzeitige Wechsel mehrerer Frames, die dynamische Manipulation von Webseiten, das Senden und Empfangen von Daten, ohne dass der Browser die Seite neu laden muss, das sofortige Vorschlagen von Suchbegriffen und die Verschleierung von E-Mail-Adressen zur Spam-Abwehr.

Zu 27) D. Amiga

Der Commodore Amiga ist keine Programmiersprache, sondern ein Heimcomputer, der in verschiedenen Modellen von Mitte der 1980er- bis in die 1990er-Jahre weit verbreitet war. C++ ist eine 1979 entwickelte Erweiterung der Programmiersprache C und unterstützt als Mehrzwecksprache mehrere Programmierparadigmen. BASIC ist eine imperative Programmiersprache, die mit Zeilennummern und Sprungbefehlen arbeitet. PASCAL ist eine als Lehrsprache entwickelte, streng strukturierte Programmiersprache, deren Nachfolgerin Turbo Pascal (Delphi) in der professionellen Programmierung sehr populär war.

Zu 28) D. Caches sind Zwischenspeicher, durch die bereits aufgerufene Inhalte beim nächsten Aufruf schneller beschafft werden können.

Caches (dt. „geheime Lager") sind Puffer-Speicher, um bereits aufgerufene Inhalte schneller bereitzustellen. So arbeiten z. B. Internetbrowser unter Windows mit einem Cache: Besucht man eine Webseite erneut, bezieht der Browser die Daten nicht mehr aus dem Internet, sondern vom Cache auf der Festplatte.

Zu 29) A. .jpg

Dateien mit den Endungen „.exe", „.com" und „.bat" sind ausführbar: Sie können nach ihrem Aufruf als Programm starten. Eine „.jpg"-Datei ist eine Bilddatei. Oft enthalten schädliche Mails virenverseuchte Anhänge, die sich z. B. als harmlose Bilddatei tarnen, aber anhand ihrer Namenserweiterung als ausführbare Programmdatei zu erkennen sind.

Zu 30) A. 80

Der Datentyp „Integer" speichert Werte in Form ganzer Zahlen, wobei der Wertebereich begrenzt ist. Von den angegeben Vorschlägen kann demnach nur Antwort A stimmen. Zeichenketten wie „Mutter", die aus Buchstaben, Ziffern und Sonderzeichen bestehen können, werden in der Regel als „Stringvariable" bezeichnet. Antwort C ist ein Datum und Antwort D eine Gleitkommazahl – beide Zeichenfolgen haben in verschiedenen Programmiersprachen unterschiedliche Bezeichnungen.

Zu 31) C. Ein Compiler übersetzt eine höhere Programmiersprache in Maschinensprache.

Ein Compiler ist ein Programm, das ein in einer Quellsprache geschriebenes Programm (auch Quellprogramm) in ein semantisch äquivalentes Programm einer Zielsprache (auch Zielprogramm) „übersetzt". Ein Beispiel hierfür ist ein Basic-Compiler, der diese höhere Programmiersprache (Quellprogramm) in Maschinencode (Zielprogramm) verwandelt. Verwandt mit einem Compiler ist ein Interpreter, der ein Programm nicht in die Zielsprache übersetzt, sondern Schritt für Schritt direkt ausführt.

Zu 32) C. greift über das Internet auf Daten und Anwendungen zu.

„Cloud Computing" (engl. „cloud" = „Wolke") steht für das Prinzip, Daten und Anwendungen in Netzstrukturen auszulagern, statt sie zentral vor Ort vorzuhalten (auf dem lokalen Rechner, im Rechenzentrum des Unternehmens). So können Nutzer ortsunabhängig via Internet auf die benötigten Dienste zugreifen. Ein weiterer Vorteil besteht in geringeren Kosten: Man zahlt nur für die tatsächliche Systemnutzung, lokale Ressourcen können eingespart werden. Kritiker bemängeln hauptsächlich die mangelnde Datensicherheit.

Zu 33) A. Basic

Der Befehl „Print" stammt aus Basic und gibt die Anweisung, die Stringvariable A anzuzeigen. Er entspricht den Befehlen „write" in PASCAL, „select" in SQL und „printf" in C.

Zu 34) B. Eine Folge von Eingaben und/oder Befehlen wird ausgeführt.

In verschiedenen Anwendungen wie Microsoft Windows, Microsoft Excel und Adobe Photoshop (ActionScript) dienen Makros der Automatisierung von Arbeitsschritten. Diese Anwendungen erlauben die Aufzeichnung von Befehlsfolgen und Bedienungsschritten als Makro. Die meisten Microsoft-Anwendungsprogramme nutzen zur Aufzeichnung die Programmiersprache Visual Basic, wodurch es möglich ist, die Aufzeichnung von Befehlsfolgen durch eine direkte Programmierung zu ergänzen.

Zu 35) A. Für einen Rechner, der sich in einer untergeordneten Struktur befindet

In einem Computernetzwerk bezeichnet man dasjenige System als „Client" (dt. „Kunde"), das Kontakt zu einem Server aufnimmt: sei es als Teil eines Rechnernetzwerks oder nach dem Client-Server-Modell. Der Client nutzt den Dienst, den das Server-Programm anbietet. Der Server ist jederzeit in Bereitschaft, um auf die Kontaktaufnahme eines Clients reagieren zu können. Im Unterschied zum passiven Server, der auf Anforderungen wartet, verhält sich der Client also aktiv.

Zu 36) B. Für einen Rechner, der als Server betrieben wird

In einem Computernetzwerk bezeichnet man dasjenige System als „Host" (dt. „Gastgeber"), auf dem die Serversoftware läuft. Neben einzelnen Computern können auch komplexe Computersysteme oder Netzwerkgeräte wie Router und Druckerserver Hosts sein. Die Endgeräte, die mit ihnen kommunizieren, heißen „Clients" (dt. „Kunden").

Zu 37) D. Inhalte erstellt und bearbeitet.

„CMS" steht für „Content Management System", ein Programm zur Verwaltung von Text- und Multimedia-Inhalten. Es trennt zwischen Inhalt und Struktur und lässt sich daher auch ohne Programmierkenntnisse handhaben. Per CMS administriert man beispielsweise in Online-Redaktionen Texte, Bilder oder Werbebanner; so können neue Inhalte einfach in das vorhandene Layout eingepflegt werden.

Zu 38) C. Die Syntax ist oft an die menschlichen Denkgewohnheiten angepasst.

Mithilfe höherer Programmiersprachen kann man Computerprogramme in einer abstrakten, für den Menschen verständlichen Sprache verfassen. Beispiele sind C++, Java, Basic oder PHP: Sie orientieren sich an der englischen Sprache und menschlichen Denkstrukturen und arbeiten mit leicht zugänglichen Begriffen. Im Gegensatz dazu beruhen Maschinen- und Assemblersprachen auf Binärcodes und einfachen Befehlen, welche mit einer stark komprimierten Syntax nur auf bestimmten Prozessortypen laufen. Direkt in Maschinen- und Assemblersprache ausgeführte Programme sind dafür häufig schlanker und schneller. Die Vorteile höherer Programmiersprachen bestehen in den maschinenunabhängigen Datentypen, in den verfügbaren Datenstrukturen, in der möglichen semantischen Analysierbarkeit des Programms und in der Unabhängigkeit von bestimmten Computermodellen. Da höhere Programmiersprachen nicht direkt von Computerprozessoren verstanden werden können, ist ein Compiler oder Interpreter als „Dolmetscher" nötig.

Zu 39) A. Die For-Next-Schleife ermöglicht das Ausführen von Anweisungen mit einer bestimmten Anzahl von Wiederholungen.

Die For-Next-Schleife ermöglicht das Ausführen von Anweisungen mit einer bestimmten Anzahl von Wiederholungen. Es handelt sich um eine Zählschleife, bei der der Wert einer festgelegten Variablen sich jede Runde so lange ändert, bis ein bestimmter vorgegebener Wert erreicht ist.

Eine Do-While-Schleife läuft dagegen so lange, bis eine bestimmte Bedingung erfüllt oder nicht erfüllt ist. Die Schleife wird wiederholt, bis die logische Operation einen falschen Rückgabewert liefert.

Zu 40) B. Assemblersprache repräsentiert die Maschinensprache einer spezifischen Prozessorarchitektur in einer für den Menschen lesbaren Form.

Assemblersprache ist eine spezielle Programmiersprache, welche die Maschinensprache einer spezifischen Prozessorarchitektur in eine für den Menschen lesbare Form übersetzt. Folglich hat jede Computerarchitektur ihre eigene Assemblersprache. Der Vorteil von Assemblersprache besteht darin, dass sich die komplette Bandbreite des Computers nutzen lässt, da auf alle Funktionen direkt zugegriffen werden kann. Assemblerprogramme sind in der Regel erheblich kleiner und schneller als vergleichbare Programme, die durch eine Hochsprache erzeugt wurden.

Piktogramme (Aufgaben 41–50)

Zu 41) A. Datei öffnen

Es handelt sich um ein Piktogramm aus dem Computerbereich, ein sogenanntes Icon (engl. „Bild"): Icons repräsentieren auf einer grafischen Benutzeroberfläche Ordner, Dateien und Programme; bei ihrer Auswahl per Maus, Tastatur oder Touchscreen werden bestimmte Aktionen ausgeführt. Das abgebildete Icon findet sich in der Symbolleiste vieler Softwareanwendungen und steht für „Datei öffnen".

Zu 42) D. Kopieren

Das abgebildete Icon findet sich in der Symbolleiste vieler Softwareanwendungen und steht für „kopieren".

Zu 43) C. Datei speichern

Das abgebildete Icon zeigt das inzwischen veraltete Speichermedium Diskette, findet sich aber nach wie vor in der Symbolleiste vieler Softwareanwendungen und steht für „Datei speichern".

Zu 44) D. Nicht in der Nähe von Magnetfeldern aufbewahren

Dieses Piktogramm findet sich an Gegenständen, die empfindlich auf magnetische Felder reagieren – dazu zählen z. B. magnetische Speichermedien wie Computerfestplatten, die durch magnetische Einflüsse beschädigt werden können.

Zu 45) A. USB-Steckplatz

Dieses Piktogramm kennzeichnet einen USB-Steckplatz, über den heute Computer, Digitalkameras, MP3-Player und viele andere Geräte verfügen. USB steht für „Universal Serial Bus", einen technischen Standard zur Verbindung von Geräten in der Digitaltechnik.

Zu 46) B. Letzten Arbeitsschritt rückgängig machen

Das abgebildete Icon findet sich in der Symbolleiste vieler Softwareanwendungen und steht für „letzten Arbeitsschritt rückgängig machen", nicht zu verwechseln mit dem Symbol für „Eingabe bestätigen" bzw. „Enter" (↵).

Zu 47) A. Smile

Dieses Piktogramm ist ein sogenanntes „Emoticon". Das Kunstwort aus „Emotion" und „Icon" (engl. „Bild") steht für Symbole, die in der elektronischen Kommunikation z. B. via E-Mail Gefühle ausdrücken. Im vorliegenden Fall handelt es sich um ein „Smiley", also ein durch Zeichenfolgen nachgebildetes Gesicht, das mit einem Lächeln (engl. „smile") Freude ausdrückt.

Zu 48) B. Ein WLAN-Signal

Dieses Zeichen steht für ein WLAN-Signal, ein kabelloses lokales Netzwerk (engl. „Wireless Local Area Network").

Zu 49) C. Medium auswerfen

Dieses Piktogramm kennzeichnet die Auswurf-Funktion (engl. „eject") bei elektronischen Geräten wie CD- und DVD-Laufwerken.

Zu 50) D. Tabelle einfügen

Das abgebildete Icon findet sich in der Symbolleiste vieler Softwareanwendungen und steht für „Tabelle einfügen".

Technisches Verständnis (Aufgaben 51–60)

Zu 51) C. Ton 2 und Ton 3

Die Tonhöhe hängt von der Schwingungsfrequenz ab, die in Hertz gemessen wird: Bei einem Hertz findet eine vollkommene Schwingung in einer Sekunde statt, eine Zwei-Hertz-Schwingung schwingt pro Sekunde zweimal auf und ab usw. Das menschliche Gehör nimmt Töne von ungefähr 16 bis 20.000 Hertz wahr. Die Stärke des Ausschlags nach oben und unten nennt man „Amplitude" – sie gibt keinen Aufschluss über die Höhe des Tons, sondern nur über seine Lautstärke. Die Töne 1 und 2 sind also lediglich gleich laut, eine gleiche

Tonhöhe beschreiben die Diagramme 2 und 3.

Zu 52) D. Keines der Boote fährt vorwärts.

Wäre es möglich, Boot 1 in der abgebildeten Weise anzutreiben, könnte es auch ein Passagier bewegen, der gegen den Mast drückt – beides funktioniert nicht. Und zwar, weil im skizzierten Fall Föhn, Segel und Boot eine Einheit bilden: Mit demselben Kraftbetrag, mit dem der Föhn Luft gegen das Segel bläst und das Segel das Boot nach rechts schieben will, stößt sich der Föhn durch den Luftausstoß gegen die Umgebungsluft nach links ab – die Kräfte neutralisieren sich, das Boot bleibt stehen.

Auch das rechte Boot wird sich nicht merklich bewegen: Zwar wirkt hier nur die Kraft des Föns auf die Umgebungsluft, durch die er das Boot leicht nach links treibt, doch dieser Effekt ist äußerst gering.

Zu 53) C. Die Glühlampen B und C leuchten unverändert weiter.

Bei einer Parallelschaltung wie dem Stromkreis im Haushalt liegt an allen Verbrauchern die gleiche Spannung an, unabhängig davon, ob ein Verbraucher ausfällt oder hinzukommt. Ist die Glühlampe A defekt, ändert sich für die anderen Lampen nichts: Sie leuchten unverändert weiter, denn Stromstärke, Spannung und Leistung bleiben gleich.

Zu 54) B. Rad 2

Eine Antriebskette bewegt sich mit der gleichen Eigengeschwindigkeit um jedes der mit ihr verbundenen Zahnräder. Verbindet sie zwei gleich große Räder, laufen beide gleich schnell. Verbindet sie jedoch Räder unterschiedlicher Größe, läuft das kleinere stets schneller um die eigene Achse als das größere: Wenn sich beispielsweise ein Rad mit einem Umfang von einem Meter einmal dreht, wird auch die Kette um einen Meter weiterbewegt. Überträgt sie nun diese Bewegung auf ein Rad mit einem Umfang von nur einem halben Meter, muss dieses Rad folgerichtig zweimal vollständig rotieren. Zusätzlich gilt: Ist ein Zahnrad starr an einem weiteren Zahnrad befestigt (wie z. B. Rad 2), bewegen sich beide in gleichen Zeiten um die eigene Achse, ihre Umdrehungsfrequenz ist also gleich.

Einen Größenunterschied findet man in der Skizze zunächst zwischen Rad 1 und Rad 2, das sich demnach schneller dreht. Da Rad 2 an einem größeren Rad befestigt ist, besitzen beide die gleiche Umdrehungsfrequenz. Darin entsprechen sie dem äußerst rechten Zahnrad, dem Rad, an dem

Rad 3 befestigt ist, und schließlich auch Rad 3 selbst. Von Rad 3 nach 4 nimmt die Geschwindigkeit durch den Größenunterschied allerdings ab, und ebenfalls von 4 nach 5. Somit dreht sich von den angegebenen Möglichkeiten Rad 2 am schnellsten.

Zu 55) B. Das Gewicht bewegt sich nach oben.

Da beide Zahnräder gleich groß und durch eine Kette verbunden sind, laufen sie mit der gleichen Umdrehungsfrequenz und -richtung. Wird nun die Kette im Uhrzeigersinn gedreht, gibt das linke Rad etwas Band frei, das rechte wiederum spult Band auf. Da der rechte Bandnehmer jedoch durch seinen größeren Umfang pro Umdrehung mehr Band aufspult als der linke freigibt, wird das Gewicht nach oben gezogen.

Zu 56) A. 3, 4 und 8

Wenn ein Zahnrad in ein zweites greift und seine Rotation dadurch überträgt, dann dreht sich das zweite Rad im entgegengesetzten Drehsinn. Überträgt das zweite Zahnrad seine Rotation wiederum auf ein drittes, bewegt sich dieses entgegengesetzt zum zweiten, also in der gleichen Drehrichtung wie das erste. Anders ausgedrückt: In einer Kette miteinander verbundener Zahnräder rotieren immer die jeweils übernächsten im selben Drehsinn.

Geht man die Kreisläufe nach diesem Prinzip ab, rotieren links die Räder 3 und 4 im selben Drehsinn wie Rad 1 und rechts die Räder 5, 7 und 8. Von den vorgeschlagenen Antworten stimmt demnach Möglichkeit A.

Zu 57) A. 1 und 2

Dargestellt wird ein einfacher Stromkreis aus Widerstand (Lampen), Verbindungen (Kabel, Drähte) und Spannungsquelle (Batterien). Damit Strom fließen kann, muss ein Stromkreis geschlossen werden, was sowohl durch die Verbindung der Enden 1 und 2 als auch durch die Verbindung der Enden 1 und 3 oder 3 und 4 geschehen kann. Die Helligkeit der Lampen hängt nun ab von ihrer Leistung, die sich nach folgender Formel berechnet:

P (elektrische Leistung)
= U (elektrische Spannung)
× I (elektrischer Strom)

Da sich durch die Verbindung von 1 und 2 eine Parallelschaltung ergibt, liegt an beiden linken Lampen eine gleich hohe Spannung an, erzeugt von zwei Batterien. Sie geben daher mehr Leistung ab als die rechten Lampen, die sich bei einem Kurzschluss von 1 und 3 in Reihenschaltung befänden: Hier läge an jeder Lampe nur die halbe Spannung zweier Batterien an. Bei der Verbindung von 3 und 4 würde im entstandenen Stromkreis sogar nur die einfache Batteriespannung herrschen, da die zweite Batterie von rechts nicht in den Stromkreis integriert ist.

Zu 58) B. Feder 2 wird am schwächsten gedehnt.

Wie stark eine Feder durch das Anhängen einer Last ausgelenkt („gedehnt") wird, bestimmt sich durch die angehängte Masse und die rücktreibende Kraft der Feder, die so genannte Federkonstante. Da alle Federn identisch sind und dieselbe rücktreibende Kraft besitzen, hängen Unterschiede in ihrer Auslenkung nur von der jeweils anliegenden Masse ab.

Wenn Federn „in Reihe" aneinander gehängt werden, liegt an jeder Feder die gesamte Last der Stahlkugel an. Nehmen mehrere parallel gehängte Federn die Last einer angehängten Masse auf, verteilt sich die Gewichtskraft und die Auslenkung der Federn ist geringer.

An Feder 1 hängt die Last beider Stahlkugeln, ebenso wie an Feder 3 – sie werden gleich stark gedehnt. An Feder 2 jedoch ist nur eine Kugel befestigt; die Last der zweiten Stahlkugel zerrt nicht an ihr. Sie wird daher am schwächsten ausgelenkt.

Zu 59) D. Alle Lichtbündel kommen gleichzeitig an.

Alle Lichtbündel erreichen die Leinwand gleichzeitig. Zwar legen die Bündel 1 und 3 einen etwas längeren Weg zurück, aber dafür müssen sie die konvexe (nach außen gewölbte) Linse nicht in ihrer vollen Breite durchqueren. Da das Licht im Glas langsamer vorankommt als in der Luft, wird der Streckenunterschied wieder ausgeglichen.

Zu 60) B. Nur die äußere linke Kugel bewegt sich nach links.

Das abgebildete Kugelpendel heißt auch „Newtonpendel" oder „Newton-Wiege". Prallt die äußere Kugel auf die ruhenden Kugeln, leiten diese den Impuls und die kinetische Energie aneinander weiter. Die letzte Kugel der Reihe kann das jedoch nicht mehr tun: Sie schwingt nun ihrerseits nach oben aus, annähernd ebenso hoch wie die anfangs impulsgebende Kugel. Anschließend wiederholt sich der Vorgang in umgekehrter Richtung.

Logikgatter (Aufgaben 61–65)

Zu 61) aktiv

Der Ausgang X des OR-Gatters wird aktiv, wenn mindestens ein Eingang aktiv ist. Diese Bedingung ist hier erfüllt.

Zu 62) C. beide Eingänge A und B aktiv sind.

Der Ausgang X des NOT-Gatters ist inaktiv, wenn sein Eingang aktiv ist. Dazu müssten hier beide Eingänge des AND-Gatters aktiv sein.

Zu 63) D. Wenn die Eingänge A, B und C inaktiv sind, wird Ausgang X aktiv.

Für einen aktiven Ausgang X braucht man am OR-Gatter mindestens einen aktiven Eingang. Es reicht also bereits, wenn Eingang C aktiv ist; Aussage B scheidet aus. Nun zum oberen Eingang des OR-Gatters: Dieser wird dann aktiv, wenn beide Eingänge des XNOR-Gatters den gleichen Zustand haben – somit liegen auch die Vorschläge A und C falsch. Richtig ist D: Wenn alle drei Eingänge inaktiv sind, wird der Ausgang des XNOR-Gatters aktiv – und somit auch Ausgang X.

Zu 64) B. Damit Ausgang X aktiv wird, müssen mindestens zwei Eingänge aktiv sein.

Aussage B ist falsch: Es reicht bereits, wenn nur ein Eingang aktiv ist, nämlich A oder B. In diesem Fall wird der obere Eingang des rechten OR-Gatters aktiv, was zu einem aktiven Ausgang X führt.

Zu 65) inaktiv

Der Ausgang X des XOR-Gatters wird aktiv, wenn genau ein Eingang aktiv ist. Diese Bedingung ist bereits durch die Aktivität von A am OR-Gatter erfüllt. Folglich muss Eingang C inaktiv sein.

Sprachbeherrschung

Welche Schreibweise stimmt? *Bearbeitungszeit 3½ Minuten*

In diesem Abschnitt werden Ihre Rechtschreibkenntnisse geprüft.

Wie wird das Wort richtig geschrieben? Beantworten Sie bitte die folgenden Aufgaben, indem Sie jeweils den Lösungsbuchstaben der richtigen Schreibweise markieren.

1)

A. Prinzipe
B. Prinziep
C. Prinzip
D. Prinzib
E. Keine Antwort ist richtig.

2)

A. bedeutenter
B. bedeutendser
C. bedeutenster
D. bedeutendster
E. Keine Antwort ist richtig.

3)

A. Skise
B. Skize
C. Skitze
D. Skizze
E. Keine Antwort ist richtig.

4)

A. Strategie
B. Strategi
C. Strattegi
D. Strahtegie
E. Keine Antwort ist richtig.

5)

A. Grafik
B. Graffik
C. Grafig
D. Grafick
E. Keine Antwort ist richtig.

6)

A. Palafer
B. Palaffer
C. Palaaver
D. Palaver
E. Keine Antwort ist richtig.

7)

A. Haluzination
B. Halluszination
C. Hallutzination
D. Halluzination
E. Keine Antwort ist richtig.

8)

A. parallel
B. parallell
C. paralell
D. parrallel
E. Keine Antwort ist richtig.

9)

A. Atmosphäre
B. Atmosfähre
C. Atmosphere
D. Atmosfäre
E. Keine Antwort ist richtig.

10)

A. Engagment
B. Angagment
C. Angagement
D. Engagement
E. Keine Antwort ist richtig.

Groß- und Kleinschreibung *Bearbeitungszeit 5 Minuten*

Beantworten Sie bitte die folgenden Aufgaben, indem Sie jeweils den Lösungsbuchstaben des korrekt geschriebenen Textabschnitts markieren.

11)

A. Die Deutsche Mark ist nicht vergessen gegangen.
B. Die deutsche Mark ist nicht vergessen gegangen.
C. Die Deutsche mark ist nicht vergessen gegangen.
D. Die deutsche mark ist nicht vergessen gegangen.
E. Keine Antwort ist richtig.

12)

A. Alle Angeklagten Demonstranten wurden, wie vom Ankläger gefordert, verurteilt.
B. Alle angeklagten Demonstranten wurden, wie vom Ankläger gefordert, verurteilt.
C. Alle angeklagten Demonstranten wurden, wie vom ankläger gefordert, verurteilt.
D. Alle Angeklagten Demonstranten wurden, wie vom ankläger gefordert, verurteilt.
E. Keine Antwort ist richtig.

13)

A. Das wandern ist des Müllers Lust.
B. Das Wandern ist des Müllers Lust.
C. Das Wandern ist des Müllers lust.
D. Das wandern ist des Müllers lust.
E. Keine Antwort ist richtig.

14)

A. Meine Tasche bietet so viel Platz, dass ich oft viel Unnötiges durch die Gegend schleppe.
B. Meine Tasche bietet so viel platz, dass ich oft viel Unnötiges durch die Gegend schleppe.
C. Meine Tasche bietet so viel Platz, dass ich oft viel unnötiges durch die Gegend schleppe.
D. Meine Tasche bietet so viel Platz, dass ich oft viel Unnötiges durch die gegend schleppe.
E. Keine Antwort ist richtig.

15)

A. Wir haben uns für heute abend verabredet.
B. Wir haben uns für heute Abend verabredet.
C. Wir haben uns für Heute abend verabredet.
D. Wir haben uns für Heute Abend verabredet.
E. Keine Antwort ist richtig.

16)

A. Die Einen sind klug; die anderen nicht.
B. Die einen sind klug; Die anderen nicht.
C. Die Einen sind klug; die Anderen nicht.
D. Die einen sind klug; die Anderen nicht.
E. Keine Antwort ist richtig.

17)

A. Er möchte folgendes anmerken.
B. Er möchte Folgendes anmerken.
C. Er möchte folgendes Anmerken.
D. Er möchte Folgendes Anmerken.
E. Keine Antwort ist richtig.

18)

A. Er hatte noch etwas Anderes einstecken.
B. Er hatte noch etwas anderes einstecken.
C. Er hatte noch Etwas Anderes einstecken.
D. Er hatte noch Etwas anderes einstecken.
E. Keine Antwort ist richtig.

19)

A. Die Bezahlung ist im Voraus zu leisten.
B. Die Bezahlung ist im voraus zu leisten.
C. Die bezahlung ist im Voraus zuleisten.
D. Die bezahlung ist im voraus zuleisten.
E. Keine Antwort ist richtig.

20)

A. Damit hat er vollkommen Recht!
B. Damit hat er vollkommen recht!
C. Damit hat Er vollkommen Recht!
D. Damit hat Er vollkommen recht!
E. Keine Antwort ist richtig.

Ein Wort fällt aus der Reihe *Bearbeitungszeit 5 Minuten*

In diesem Abschnitt steht Ihr Sprachgefühl auf dem Prüfstand.

Pro Aufgabe erhalten Sie fünf Wörter, wovon vier sich in einer gewissen Weise entsprechen. Ein Begriff passt nicht in die Reihe – bitte markieren Sie den zugehörigen Lösungsbuchstaben.

Hierzu ein Beispiel

Aufgabe

1)

A. Motorrad
B. Personenkraftwagen
C. Lastkraftwagen
D. Traktor
E. Rose

Antwort

(E.) Rose

Bei den ersten vier Antworten handelt es sich um Kraftfahrzeuge. Bei der fünften Antwort handelt es sich um eine Pflanze. „Rose" passt nicht – Lösungsbuchstabe ist daher das E.

Bitte bearbeiten Sie nun die Aufgaben: Markieren Sie jeweils den Lösungsbuchstaben des aus der Reihe fallenden Wortes.

21)

A. Ursache
B. Anlass
C. Grund
D. Veranlassung
E. Urteil

22)

A. akkurat
B. blank
C. warm
D. rein
E. gereinigt

23)

A. identisch
B. ideell
C. gleich
D. übereinstimmend
E. kongruent

24)

A. Komitee
B. Ausschuss
C. Empfang
D. Gremium
E. Kommission

25)

A. Pupille
B. Brille
C. Auge
D. Kopf
E. Iris

26)

A. Erde
B. Venus
C. Neptun
D. Sonne
E. Mars

27)

A. Maler
B. Lackierer
C. Musiker
D. Tänzer
E. Bildhauer

28)

A. Wochentag
B. Monat
C. Februar
D. Jahr
E. Stunde

29)

A. unverzüglich
B. sofort
C. augenblicklich
D. zukünftig
E. sogleich

30)

A. oval
B. rund
C. viereckig
D. rechteckig
E. kantig

Fremdwörter

Bearbeitungszeit 3½ Minuten

Ordnen Sie jedem Fremdwort die richtige Bedeutung zu, indem Sie den richtigen Lösungsbuchstaben in das Kästchen schreiben.

Fremdwort	**A–J**	**Bedeutung**
31) Fluktuation	____	**A.** Schwankung
32) Gratin	____	**B.** Überbleibsel
33) Intermezzo	____	**C.** moralische Zweifel
34) Fraktur	____	**D.** überbackenes Gericht
35) Jacuzzi	____	**E.** tropische Echse
36) Rotation	____	**F.** Zwischenspiel
37) Rudiment	____	**G.** Whirlpool
38) Singular	____	**H.** Einzahl
39) Skrupel	____	**I.** Drehung
40) Waran	____	**J.** Knochenbruch

Sprichwörter

Bearbeitungszeit 5 Minuten

Was bedeuten die folgenden Sprichwörter und Redensarten? Bitte markieren Sie jeweils den richtigen Lösungsbuchstaben.

41) Was du heute kannst besorgen, das verschiebe nicht auf morgen.

A. Kaufe immer möglichst viel auf einmal.
B. Wer schnell ist, bekommt die besten Angebote.
C. Man soll Dinge möglichst gleich erledigen.
D. Man soll nicht so viel an die Zukunft denken.
E. Keine Antwort ist richtig.

42) Übermut tut selten gut.

A. Überheblichkeit bringt Nachteile.
B. Risikobereitschaft lohnt sich nicht.
C. Risikobereitschaft lohnt sich.
D. Viele Leute scheitern aufgrund von Unwissen.
E. Keine Antwort ist richtig.

43) Hunde, die bellen, beißen nicht.

A. Wer lautstark droht, ist ungefährlich.
B. Der will doch nur spielen.
C. Hunde, die nicht bellen, sind gefährlich.
D. Kleine Hunde sind gefährlicher als große.
E. Keine Antwort ist richtig.

44) Wie die Saat, so die Ernte.

A. Bauern müssen das ganze Jahr hart arbeiten.
B. Wer säen kann, muss auch ernten.
C. Mit wenig Aufwand kann man kein perfektes Ergebnis erzielen.
D. Man muss alles in der richtigen Reihenfolge machen.
E. Keine Antwort ist richtig.

45) Durst macht aus Wasser Wein.

A. Wenn man verdurstet, bekommt man Halluzinationen.

B. In der Not sinken die Ansprüche.

C. Not macht erfinderisch.

D. Zu viel Wasser trinken ist nicht gesund.

E. Keine Antwort ist richtig.

46) Wie man sich bettet, so liegt man.

A. Es ist wichtig, ein gutes Bett zu haben.

B. Auf weichen Kissen lässt es sich gut schlafen.

C. Betten sind ein wichtiger Bestandteil unseres Lebens, da man viel Zeit im Schlaf verbringt.

D. Es hängt von jedem selbst ab, wie er sein Leben gestaltet.

E. Keine Antwort ist richtig.

47) Nachts sind alle Katzen grau.

A. Wer sich unbeobachtet fühlt, hat keine Hemmungen.

B. Man sollte im Dunkeln nicht zu sehr auffallen.

C. Nachts erscheint alles ähnlich.

D. Katzen sind enorm anpassungsfähig.

E. Keine Antwort ist richtig.

48) Freunde in der Not gehen tausend auf ein Lot.

A. Gute Freunde sind immer für einen da.

B. Es ist schwer, gute Freunde zu finden.

C. In schweren Zeiten stehen einem nur wenige Freunde wirklich bei.

D. Freunde sind etwas Wichtiges.

E. Keine Antwort ist richtig.

49) Die Katze im Sack kaufen.

A. Man erwirbt etwas, ohne es vorher geprüft zu haben.

B. Risikobereitschaft lohnt sich nicht.

C. Viele Leute scheitern aufgrund zu hoher Risikobereitschaft.

D. Etwas Wertvolles bleibt oft unerkannt.

E. Keine Antwort ist richtig.

50) Wo Rauch ist, ist auch Feuer.

A. Vorwürfe sind oft berechtigt.

B. Wenn es raucht, dann wird es schnell gefährlich.

C. Es gibt keinen Rauch ohne Feuer.

D. Anhand von Rauch lässt sich Feuer entdecken.

E. Keine Antwort ist richtig.

Textabschnitte ordnen *Bearbeitungszeit 10 Minuten*

Die vorgegebenen Sätze sind so anzuordnen, dass sich ein schlüssiger und grammatisch korrekter Text ergibt.

Prüfen Sie dabei zum einen, ob die Satzanschlüsse formal stimmig sind – verweist ein „dieser", „diese" oder „dieses" auch wirklich auf einen Bezugspunkt im vorherigen Satz? Zum anderen müssen Sie auf die inhaltliche Dimension achten: Setzt sich ein „aber" am Satzanfang tatsächlich vom Vorangegangenen ab, folgt auf ein „denn" eine Begründung? Wird eine zeitliche Reihenfolge eingehalten?

Eine probate Methode ist es, vom wahrscheinlichsten Anfangssatz auszugehen, der keinen Bezug zu einem vorherigen Inhalt nimmt. Anschließend kann man sich anhand der Überprüfung sprachlicher und inhaltlicher Bezüge Satz für Satz durch den Text hangeln.

Bitte versehen Sie jeden Satz mit der entsprechenden fortlaufenden Nummer von 1 bis 7, sodass die Sätze in sinnvoller Reihenfolge stehen und einen logisch aufgebauten Text bilden.

51)

A. In der Mehrzahl sind dies Männer – sie trifft es etwa zehnmal so häufig wie Frauen.

B. Mit ihnen bezeichnet man bestimmte Farbfehlsichtigkeiten.

C. Da Frauen zwei davon besitzen, kann die defekte Erbinformation bei ihnen ausgeglichen werden.

D. Rot-Grün-„Farbenblinde" können die Farben Rot und Grün nur sehr schwer unterscheiden.

E. Die Begriffe Rot-Grün-Blindheit und Rot-Grün-Sehschwäche sind wissenschaftliche Fachausdrücke.

F. Das liegt daran, dass die Fehlsichtigkeit auf dem X-Chromosom weitergegeben wird.

G. Ein umgangssprachlicher Name für diese Fehlsichtigkeiten lautet „Farbenblindheit".

52)

A. Er lebte ausschließlich auf zwei kleinen Inseln im Indischen Ozean.

B. Von dort wegfliegen konnte er nicht – mit seinem massigen Rumpf und zwei kleinen Flügeln war er nicht flugfähig.

C. Der Dodo war ein erstaunlicher Vogel.

D. Das war kein Problem für ihn, da er kaum natürliche Feinde hatte.

E. Außerdem kamen mit ihren Schiffen auch fremde Tierarten, die dasselbe mit den Eiern der Dodos taten.

F. Schuld daran waren vermutlich die Seefahrer: Sie verspeisten die naiv-zutraulichen Vögel einfach.

G. Ausgestorben ist der Dodo schließlich trotzdem. Die Forschung nimmt an, dass dies im 17. Jahrhundert geschah.

53)

A. Als Ergebnis dieser Rodungsbewegung war der Wald in Bayern bereits damals auf rund ein Drittel seiner ehemaligen Fläche zurückgedrängt.

B. Aber auch das aufstrebende Gewerbe benötigte große Mengen an Holz.

C. Denn es war der einzige in größerem Umfang verfügbare Energieträger.

D. Bayern war ursprünglich fast vollständig mit Wald bedeckt.

E. Somit entsprach die damalige Wald-Feld-Verteilung bereits etwa dem heutigen Stand.

F. Doch im 6. und 7. Jahrhundert setzten starke Rodungen ein, die erst im 15. Jahrhundert zu einem vorläufigen Ende kamen.

G. Eine Ursache der Abholzungen: Die Landesherren räumten den rodenden Bauern damals Nutzungsrechte ein.

54)

A. Inklusive Signalanlage und Geländer kommt der Turm sogar auf 830 Meter.

B. Stünde der Turm in Hamburg, könnte man ihn demnach noch in Bremen sehen.

C. Das höchste Gebäude der Welt ist der Burj Chalifa, übersetzt „Chalifa-Turm".

D. Anfang 2009 war dann die endgültige Gebäudehöhe von 828 Metern erreicht.

E. Diesen Namen erhielt das Bauwerk erst bei seiner Einweihung nach dem Abschluss der Bauphase.

F. Die war nicht gerade kurz: Der Turm wurde – in Spitzenzeiten mit dem Einsatz von 12.000 Arbeitern – in 5 Jahren Bauzeit errichtet.

G. Bei guten Sichtverhältnissen kann man die Spitze somit bis in 100 Kilometern Entfernung erkennen.

55)

A. Oft geraten sie dabei in die Objektive von Fotografen, die auf die ersten Bilder des neuen Autotyps lauern.

B. Unter diesen Bedingungen müssen die Wagen ihre Zuverlässigkeit unter Beweis stellen.

C. Die Hersteller wollen das Aussehen des neuen Autotyps nämlich möglichst lange geheim halten.

D. Es ist auch die Bezeichnung für ein neues Automodell, das vor seiner Präsentation getarnt wird.

E. Solcherart „verunstaltet" werden die Prototypen dann auf Teststrecken in meist sehr extremer Umgebung geschickt.

F. Daher verkleiden sie die Karosserie mit Kunststoffteilen oder kleben markante Designmerkmale ab.

G. „Erlkönig" ist nicht nur eine Ballade Johann Wolfgang Goethes.

Textverständnis

Bearbeitungszeit 10 Minuten

Ein wissenschaftliches Institut des Handels hat eine Studie über Ladendiebstähle veröffentlicht.

Bitte lesen Sie sich den folgenden Text aufmerksam durch und entscheiden Sie, welche Aussagen dazu korrekt sind.

Ladendiebstahl ist kein Kavaliersdelikt

Die Inventurdifferenzen im gesamten Handel belaufen sich jährlich auf rund vier Milliarden Euro. Hierdurch entgehen dem Staat über 450 Millionen Euro an Mehrwertsteuern pro Jahr.

Um die Inventurverluste zu reduzieren, investiert der Handel etwa 0,3 Prozent des Umsatzes in diebstahlverhütende Maßnahmen, was ca. 1,3 Milliarden Euro Kosten verursacht. Die bei der Polizei angezeigten Ladendiebstähle sind in 2021 um 15,6 Prozent von 304.005 im Vorjahr auf 256.694 zurückgegangen. Im Umkehrschluss blieben Experten zufolge durchschnittlich 19,8 Millionen Diebstähle im Wert von jeweils 106 Euro unentdeckt – also mehr als 99 Prozent. Dass weniger Ladendiebstähle angezeigt wurden als noch 2020, hat vermutlich mit den verringerten Ausgaben für Detekteien zu tun. Diese bringen üblicherweise die meisten Fälle zur Anzeige. 2,1 Milliarden Euro Verlust verursachen Diebe aus der Kundschaft insgesamt, während eigene Mitarbeiter für 810 Millionen Euro sowie Lieferanten und Servicekräfte für 320 Millionen verantwortlich gemacht werden. 870 Millionen Euro kommen durch organisatorische Mängel abhanden.

Die Rendite im Einzelhandel wird durch eine durchschnittliche Inventurdifferenz von einem Prozent – bezogen auf den Bruttoumsatz der Verkaufszahlen im Handel – erheblich geschmälert. Die aktuellen Deliktzahlen aus dem Handel belegen die Wichtigkeit und Notwendigkeit von Detektiven, Kameraüberwachungen und weiterer Anti-Diebstahltechnik im Einzelhandel.

Quelle: EHI Retail Institute

Bitte prüfen Sie die folgenden Aussagen auf ihre Richtigkeit. Kreuzen Sie **„stimmt"** an, wenn sich eine Aussage durch den Text belegen lässt. Andernfalls markieren Sie **„stimmt nicht"**.

56) Eine weitere Verstärkung von Präventivmaßnahmen gegen Ladendiebstahl ist erforderlich.

☐ stimmt ☐ stimmt nicht

57) Ladendiebstähle nahmen 2021 weiter zu und summierten sich auf etwa 3 Millionen angezeigte Vergehen.

☐ stimmt ☐ stimmt nicht

58) Detekteien stellen im Kampf gegen Ladendiebstahl keine Hilfe dar.

☐ stimmt ☐ stimmt nicht

59) Mehr als die Hälfte aller Diebstähle geht auf das Konto der Kundschaft.

☐ stimmt ☐ stimmt nicht

60) Für den Schutz von Ware investiert der Handel einen unerheblichen Betrag, der in die Verkaufspreise eingespielt wird.

☐ stimmt ☐ stimmt nicht

61) Die Rendite im Einzelhandel wird kaum von den Inventurverlusten beeinträchtigt.

☐ stimmt ☐ stimmt nicht

62) Das Personal im Einzelhandel stiehlt nicht.

☐ stimmt ☐ stimmt nicht

63) Eigene Fehlplanung schlägt sich in der Inventurdifferenz weniger deutlich nieder als der Schaden durch Lieferanten und Servicekräfte.

☐ stimmt ☐ stimmt nicht

64) Die meisten Diebstähle werden entdeckt und zur Anzeige gebracht.

☐ stimmt ☐ stimmt nicht

65) Dem Staat kann es egal sein, ob Ware entwendet oder verkauft wird. Er bekommt seine Steuereinnahmen in jedem Fall.

☐ stimmt ☐ stimmt nicht

Lösungen: Sprachbeherrschung

1) C	25) D	49) A
2) D	26) D	50) A
3) D	27) B	51) A5 | B2 | C7 | D4 | E1 | F6 | G3
4) A	28) C	52) A2 | B3 | C1 | D4 | E7 | F6 | G5
5) A	29) D	53) A6 | B4 | C5 | D1 | E7 | F2 | G3
6) D	30) E	54) A5 | B7 | C1 | D4 | E2 | F3 | G6
7) D	31) A	55) A7 | B6 | C3 | D2 | E5 | F4 | G1
8) A	32) D	56) stimmt
9) A	33) F	57) stimmt nicht
10) D	34) J	58) stimmt nicht
11) A	35) G	59) stimmt
12) B	36) I	60) stimmt nicht
13) B	37) B	61) stimmt nicht
14) A	38) H	62) stimmt nicht
15) B	39) C	63) stimmt nicht
16) C	40) E	64) stimmt nicht
17) B	41) C	65) stimmt nicht
18) B	42) A	
19) A	43) A	
20) B	44) C	
21) E	45) B	
22) C	46) D	
23) B	47) C	
24) C	48) C	

Welche Schreibweise stimmt? (Aufgaben 1–10)

Zu 1) **C.** Prinzip

Zu 2) **D.** bedeutendster

Zu 3) **D.** Skizze

Zu 4) **A.** Strategie

Zu 5) **A.** Grafik

Zu 6) **D.** Palaver

Zu 7) D. Halluzination

Zu 8) A. parallel

Zu 9) A. Atmosphäre

Zu 10) D. Engagement

Groß- und Kleinschreibung (Aufgaben 11–20)

Zu 11) A. Die Deutsche Mark ist nicht vergessen gegangen.

Eigennamen („Deutsche Mark") werden in den meisten Fällen großgeschrieben, selbst dann, wenn sie aus Adjektiven und Substantiven zusammengesetzt sind.

Zu 12) B. Alle angeklagten Demonstranten wurden, wie vom Ankläger gefordert, verurteilt.

Substantive („Ankläger") werden großgeschrieben, Partizipien („angeklagten") schreibt man klein.

Zu 13) B. Das Wandern ist des Müllers Lust.

Substantivierte Verben („das Wandern") werden großgeschrieben.

Zu 14) A. Meine Tasche bietet so viel Platz, dass ich oft viel Unnötiges durch die Gegend schleppe.

Substantivisch gebrauchte Adjektive („das Unnötige") werden großgeschrieben. Häufig zeigen vorangehende Wörter wie „alles", „etwas", „nichts" oder „viel" den substantivischen Gebrauch an.

Zu 15) B. Wir haben uns für heute Abend verabredet.

Tageszeiten („Abend") werden großgeschrieben, wenn sie in Verbindung mit unbestimmten Tagen („heute") stehen.

Zu 16) C. Die Einen sind klug; die Anderen nicht.

Substantivierte unbestimmte Zahladjektive („die einen", „die anderen") kann man kleinschreiben oder großschreiben, um den substantivischen Charakter zu betonen, wobei man innerhalb eines Sinnabschnitts einheitlich vorgehen sollte. Nach einem Semikolon (Strichpunkt) schreibt man klein weiter, sofern kein grundsätzlich großzuschreibendes Wort folgt.

Zu 17) B. Er möchte Folgendes anmerken.

Adjektive mit demonstrativer Bedeutung werden grundsätzlich großgeschrieben („Er möchte Folgendes anmerken", „Sie sagte das Gleiche", „Wir haben Derartiges noch nie erlebt").

Zu 18) B. Er hatte noch etwas anderes einstecken.

Unbestimmte Fürwörter (Indefinitpronomen) wie „anderes" werden auch bei substantivischem Gebrauch meist kleingeschrieben.

Zu 19) A. Die Bezahlung ist im Voraus zu leisten.

Substantivisch gebrauchte Adverbien („im Voraus") werden großgeschrieben.

Zu 20) B. Damit hat er vollkommen recht!

Die Verbindung „recht haben"/„Recht haben" kann groß- und kleingeschrieben werden – außer in intensivierenden Wendungen wie im vorliegenden Fall: Hier muss kleingeschrieben werden.

Ein Wort fällt aus der Reihe (Aufgaben 21–30)

Zu 21) E. Urteil

Alle Begriffe außer „Urteil" bezeichnen etwas, das ursächlich einen Vorgang auslöst.

Zu 22) C. warm

Alle Wörter außer „warm" sind Synonyme für „sauber".

Zu 23) B. ideell

Das Wort „ideell" bedeutet „geistig", „nicht materiell". Dagegen bezeichnen alle anderen Wörter eine Relation zwischen zwei einander gleichenden Dingen.

Zu 24) C. Empfang

Alle Begriffe außer „Empfang" bezeichnen eine Gruppe von Personen, die eine besondere Aufgabe zu erfüllen hat. Zum Beispiel gründet man zur Organisation einer Feier ein Festkomitee.

Zu 25) D. Kopf

Alle Begriffe außer „Kopf" beziehen sich direkt auf den Sehvorgang.

Zu 26) D. Sonne

Alle Begriffe außer „Sonne" sind Namen von Planeten. Die Sonne ist dagegen ein Stern, um den die genannten Planeten in Umlaufbahnen kreisen.

Zu 27) B. Lackierer

Bei allen anderen Begriffen handelt es sich um Künstler.

Zu 28) C. Februar

Alle anderen Begriffe bezeichnen allgemeine Zeiteinheiten; der Februar als konkreter Monat fällt aus der Reihe.

Zu 29) **D.** zukünftig

Alle Begriffe außer „zukünftig" beziehen sich auf einen Zeitpunkt, der nur einen kleinen Moment in der Zukunft liegt.

Zu 30) **E.** kantig

„Kantig" beschreibt keine Flächenform.

Fremdwörter (Aufgaben 31–40)

Zu 31) Fluktuation – **A.** Schwankung

Zu 32) Gratin – **D.** überbackenes Gericht

Zu 33) Intermezzo – **F.** Zwischenspiel

Zu 34) Fraktur – **J.** Knochenbruch

Zu 35) Jacuzzi – **G.** Whirlpool

Zu 36) Rotation – **I.** Drehung

Zu 37) Rudiment – **B.** Überbleibsel

Zu 38) Singular – **H.** Einzahl

Zu 39) Skrupel – **C.** moralische Zweifel

Zu 40) Waran – **E.** tropische Echse

Tipps für Zuordnungsaufgaben (31–40)

Starten Sie mit dem ersten Fremdwort in der linken Spalte und gehen Sie die rechte Spalte bis zur passenden Bedeutung durch. Falls Sie sich bei einem Fremdwort unsicher sind, bearbeiten Sie es später, wenn sich die Zahl der möglichen Bedeutungen reduziert hat. Bleiben nach dem ersten Durchgang noch Kästchen leer, kann die umgekehrte Verfahrensweise helfen: Suchen Sie zu einem Begriff das passende Fremdwort. Prüfen Sie zum Schluss, ob alle Buchstaben von A bis J einmal eingetragen sind.

Sprichwörter (Aufgaben 41–50)

Zu 41) **C.** Man soll Dinge möglichst gleich erledigen.

Dieses Sprichwort empfiehlt, notwendige Arbeiten nicht aufzuschieben. Je eher man etwas erledigt hat, desto früher kann man sich wieder mit anderen, eventuell angenehmeren Dingen beschäftigen.

Zu 42) A. Überheblichkeit bringt Nachteile.

„Übermut tut selten gut" besagt, dass Überheblichkeit und Selbstüberschätzung sich oft nicht gerade positiv auswirken.

Zu 43) A. Wer lautstark droht, ist ungefährlich.

Dieses Sprichwort hält Menschen, die gerne drohen, für in Wahrheit ungefährlich: Sie wollen sich mit ihren Drohungen Respekt verschaffen, diese aber nicht verwirklichen.

Zu 44) C. Mit wenig Aufwand kann man kein perfektes Ergebnis erzielen.

Dieses Sprichwort bedeutet, dass man es selbst in der Hand hat, ob man aus einer Sache großen Nutzen zieht oder nicht. Die Qualität und der Umfang des Ertrags richten sich nach der Qualität und dem Umfang des Einsatzes.

Zu 45) B. In der Not sinken die Ansprüche.

Dieses Sprichwort besagt, dass in der Not die Ansprüche sinken. Unter gewissen Umständen gibt man sich also schon mit weniger zufrieden.

Zu 46) D. Es hängt von jedem selbst ab, wie er sein Leben gestaltet.

„Wie man sich bettet, so liegt man" besagt, dass jeder sein Schicksal in der eigenen Hand hat und selbst für die Folgen seines Handelns verantwortlich ist.

Zu 47) C. Nachts erscheint alles ähnlich.

„Nachts sind alle Katzen grau" bezieht sich darauf, dass man im Dunkeln keine Farben wahrnimmt: Alles erscheint in Grautönen. Im weiteren Sinne bedeutet das Sprichwort, dass unter bestimmten Umständen alle Unterschiede verschwimmen oder bedeutungslos werden.

Zu 48) C. In schweren Zeiten stehen einem nur wenige Freunde wirklich bei.

Das Lot ist eine alte Gewichtseinheit und entspricht 16,7 Gramm. In der Not ist der Beistand von tausend (vermeintlichen) Freunden demnach nicht gerade hoch zu bewerten. Anders gesagt: In schwierigen Situationen hat man nur wenige wirkliche Freunde.

Zu 49) A. Man erwirbt etwas, ohne es vorher geprüft zu haben.

„Die Katze im Sack kaufen" bedeutet, etwas zu kaufen, ohne es zuvor gesehen und/oder geprüft zu haben. Man lässt sich auf etwas Unbekanntes ein.

Zu 50) **A.** Vorwürfe sind oft berechtigt.

Dieses Sprichwort drückt aus, dass in Gerüchten oft ein Funke Wahrheit steckt.

Textabschnitte ordnen (Aufgaben 51–55)

Zu 51) **A5 | B2 | C7 | D4 | E1 | F6 | G3**

E. Die Begriffe Rot-Grün-Blindheit und Rot-Grün-Sehschwäche sind wissenschaftliche Fachausdrücke. **B.** Mit ihnen bezeichnet man bestimmte Farbfehlsichtigkeiten. **G.** Ein umgangssprachlicher Name für diese Fehlsichtigkeiten lautet „Farbenblindheit". **D.** Rot-Grün-„Farbenblinde" können die Farben Rot und Grün nur sehr schwer unterscheiden. **A.** In der Mehrzahl sind dies Männer – sie trifft es etwa zehnmal so häufig wie Frauen. **F.** Das liegt daran, dass die Fehlsichtigkeit auf dem X-Chromosom weitergegeben wird. **C.** Da Frauen zwei davon besitzen, kann die defekte Erbinformation bei ihnen ausgeglichen werden.

Zu 52) **A2 | B3 | C1 | D4 | E7 | F6 | G5**

C. Der Dodo war ein erstaunlicher Vogel. **A.** Er lebte ausschließlich auf zwei kleinen Inseln im Indischen Ozean. **B.** Von dort wegfliegen konnte er nicht – mit seinem massigen Rumpf und zwei kleinen Flügeln war er nicht flugfähig. **D.** Das war kein Problem für ihn, da er kaum natürliche Feinde hatte. **G.** Ausgestorben ist der Dodo schließlich trotzdem. Die Forschung nimmt an, dass dies im 17. Jahrhundert geschah. **F.** Schuld daran waren vermutlich die Seefahrer: Sie verspeisten die naiv-zutraulichen Vögel einfach. **E.** Außerdem kamen mit ihren Schiffen auch fremde Tierarten, die dasselbe mit den Eiern der Dodos taten.

Zu 53) **A6 | B4 | C5 | D1 | E7 | F2 | G3**

D. Bayern war ursprünglich fast vollständig mit Wald bedeckt. **F.** Doch im 6. und 7. Jahrhundert setzten starke Rodungen ein, die erst im 15. Jahrhundert zu einem vorläufigen Ende kamen. **G.** Eine Ursache der Abholzungen: Die Landesherren räumten den rodenden Bauern damals Nutzungsrechte ein. **B.** Aber auch das aufstrebende Gewerbe benötigte große Mengen an Holz. **C.** Denn es war der einzige in größerem Umfang verfügbare Energieträger. **A.** Als Ergebnis dieser Rodungsbewegung war der Wald in Bayern bereits damals auf rund ein Drittel seiner ehemaligen Fläche zurückgedrängt. **E.** Somit entsprach die damalige Wald-Feld-Verteilung bereits etwa dem heutigen Stand.

Zu 54) A5 | B7 | C1 | D4 | E2 | F3 | G6

C. Das höchste Gebäude der Welt ist der Burj Chalifa, übersetzt „Chalifa-Turm". **E.** Diesen Namen erhielt das Bauwerk erst bei seiner Einweihung nach dem Abschluss der Bauphase. **F.** Die war nicht gerade kurz: Der Turm wurde – in Spitzenzeiten mit dem Einsatz von 12.000 Arbeitern – in 5 Jahren Bauzeit errichtet. **D.** Anfang 2009 war dann die endgültige Gebäudehöhe von 828 Metern erreicht. **A.** Inklusive Signalanlage und Geländer kommt der Turm sogar auf 830 Meter. **G.** Bei guten Sichtverhältnissen kann man die Spitze somit bis in 100 Kilometern Entfernung erkennen. **B.** Stünde der Turm in Hamburg, könnte man ihn demnach noch in Bremen sehen.

Zu 55) A7 | B6 | C3 | D2 | E5 | F4 | G1

G. „Erlkönig" ist nicht nur eine Ballade Johann Wolfgang Goethes. **D.** Es ist auch die Bezeichnung für ein neues Automodell, das vor seiner Präsentation getarnt wird. **C.** Die Hersteller wollen das Aussehen des neuen Autotyps nämlich möglichst lange geheim halten. **F.** Daher verkleiden sie die Karosserie mit Kunststoffteilen oder kleben markante Designmerkmale ab. **E.** Solcherart „verunstaltet" werden die Prototypen dann auf Teststrecken in meist sehr extremer Umgebung geschickt. **B.** Unter diesen Bedingungen müssen die Wagen ihre Zuverlässigkeit unter Beweis stellen. **A.** Oft geraten sie dabei in die Objektive von Fotografen, die auf die ersten Bilder des neuen Autotyps lauern.

Textverständnis (Aufgaben 56–65)

Zu 56) stimmt

Wie es im letzten Absatz heißt, ist der Einsatz von Detektiven, Kameras und weiterer Anti-Diebstahltechnik wichtig und notwendig. Diese Entwicklung wird übrigens begünstigt durch verlängerte Öffnungszeiten und eine schlechtere Personalbesetzung.

Zu 57) stimmt nicht

2021 sind die angezeigten einfachen Ladendiebstähle von 304.005 auf 256.694 um 15,6 Prozent zurückgegangen.

Zu 58) stimmt nicht

In der Regel wird ein großer Teil der polizeibekannten Ladendiebstähle von Detekteien angezeigt.

Zu 59) stimmt

Die Kundschaft stahl 2021 Waren im Wert von 2,1 Milliarden Euro – das ist mehr als die Hälfte der gesamten Inventurverluste von rund vier Milliarden.

Zu 60) stimmt nicht

Der Handel investiert immerhin 1,3 Milliarden Euro in inventurverhütende Maßnahmen – beileibe kein „unerheblicher Betrag".

Zu 61) stimmt nicht

Die Inventurverluste belaufen sich im Schnitt auf ein Prozent des Bruttoumsatzes; der Text spricht von einer „erheblichen" Schmälerung der Rendite.

Zu 62) stimmt nicht

Das Personal im Einzelhandel wird für Verluste von 810 Millionen Euro verantwortlich gemacht.

Zu 63) stimmt nicht

Lieferanten und Servicekräfte verursachen einen Schaden von 320 Millionen Euro. Eigene Fehlplanung, also organisatorische Mängel, schlägt sich mit 870 Millionen Euro nieder.

Zu 64) stimmt nicht

2021 wurden gut 250.000 Anzeigen wegen Ladendiebstahls erstattet. Über 99 Prozent der Diebstähle bleiben somit ohne rechtliche Konsequenzen.

Zu 65) stimmt nicht

Ware, die entwendet wird, wird nicht an den Kassen abgerechnet und fließt somit nicht in den Umsatz ein. Für entwendete Ware erhält der Staat keine Steuern, die Verluste sind für Unternehmen gewinnschmälernd.

Englischkenntnisse

Rechtschreibung

Bearbeitungszeit 3½ Minuten

Welche Schreibweise stimmt? Beantworten Sie bitte die folgenden Aufgaben, indem Sie jeweils den richtigen Lösungsbuchstaben markieren.

1) Wie schreibt sich das englische Wort für „plötzlich"?

A. suddenly
B. suddenlee
C. saddenlee
D. suddenlie
E. sattenly

2) Wie lautet die englische Schreibweise für: „Aller Anfang ist schwer"?

A. All beginnings are difikult.
B. Al beginings are difficult.
C. All beginnings are difficult.
D. Al beginnings are difficult.
E. Keine Antwort ist richtig.

3) Wie schreibt sich das englische Wort für „Aufgabe", „Übung"?

A. excercice
B. excercize
C. exersize
D. exserzise
E. exercise

4) Wie schreibt sich das englische Wort für „möglicherweise"?

A. potencially
B. potentially
C. pottentiely
D. potantialy
E. potancially

5) Wie schreibt sich das englische Wort für „Akzeptanz"?

A. axeptance
B. acceptance
C. exeptence
D. ecceptence
E. axeptanse

6) Wie schreibt sich das englische Wort für „verschwinden"?

A. disapear
B. dissapeer
C. disappear
D. disseppear
E. disepeer

7) Wie schreibt sich das englische Wort für „garantieren“?

A. garantee
B. guarantee
C. guerantie
D. gueranty
E. guaranty

8) Wie schreibt sich das englische Wort für „besonders“?

A. exspecially
B. espatially
C. especially
D. espetialy
E. especely

9) Wie schreibt sich das englische Wort für „verfügbar“?

A. evailable
B. eveilabel
C. aveilabel
D. available
E. aweilable

10) Wie schreibt sich das englische Wort für „Bekanntschaft“?

A. accuaintance
B. aquaintanse
C. equaintance
D. accquaintance
E. acquaintance

Grammatik: Lückentext

Bearbeitungszeit 3½ Minuten

Finden Sie heraus, welche Wörter in die Leerstellen eingesetzt werden müssen, damit sich ein sinnvoller Satz ergibt.

Hierzu ein Beispiel

Aufgabe

1) His ____ car is new. How much ____ it cost?

A. fathers | is
B. father's | did
C. feather's | have
D. furthers | has been
E. father's | had been

Antwort

(B.) father's | did

His father's car is new. How much did it cost?

Da Genitiven im Englischen ein „s" mit Apostroph angehängt wird, kommen nur die Möglichkeiten B, C und E in Frage. „Feather" bedeutet jedoch „Feder" und nicht etwa „Vater": Somit scheidet Satz C aus. Für die zweite Leerstelle gibt es überhaupt nur einen korrekten Vorschlag, nämlich „did": „How much is it cost?" (Antwort A) ist keine korrekte Frage, und auch „have" (Antwort C) liegt grammatikalisch falsch, da es nicht zum Subjekt „it" in der 3. Person passt. Setzt man „has been" oder „had been" ein, ist zum einen der Satzbau falsch („How much has/have been it cost?"), zum anderen stimmen die Zeitformen – present perfect progressive und past perfect progressive, beides Verlaufsformen – nicht mit „cost" überein, das nicht in einer Verlaufsform steht.

Bitte bearbeiten Sie nun die Aufgaben: Markieren Sie den Lösungsbuchstaben des einzusetzenden Ausdrucks. Sie haben dafür **3½ Minuten** Zeit.

11) Mark says it's _____ to find a new apartment.

A. easy enough
B. enough easy
C. enough as easy
D. easy as enough
E. as easy as enough

12) She saw her boyfriend _____ with another girl.

A. dances
B. dancing
C. danced
D. were dance
E. keine Antwort ist richtig.

13) They have a _____ daughter.

A. three years old
B. three-years-old
C. three year olds
D. three-year-old
E. three year old

14) Yesterday, I _____ a book _____ sports.

A. read | with
B. wrote | over
C. bought | about
D. carry | in
E. saw | by

15) _____ rain, we'll go inside.

A. If it
B. When it is
C. In case of
D. On appear by
E. At this

16) We have a _____, you can _____ 90 % off.

A. sell | get
B. sale | get
C. sale | become
D. cell | become
E. for sale | act

17) Mandy and Tom _____ out every day.

A. are using to go
B. were using to go
C. were used to go
D. used to go
E. Keine Antwort ist richtig.

18) Sara told her mother that she didn't have _____ today.

A. many homeworks
B. much homeworks
C. much homework
D. many homework
E. Keine Antwort ist richtig.

19) A few of _____ are going to the club.

A. mens
B. us men
C. we mans
D. ours men
E. we men

20) She would have paid _____ for her new dress.

A. as much twice
B. times two
C. much twice
D. twice as much
E. Keine Antwort ist richtig.

Zahlen und Uhrzeiten

Bearbeitungszeit 3½ Minuten

Beantworten Sie bitte die folgenden Aufgaben, indem Sie jeweils den richtigen Lösungsbuchstaben markieren.

21) Wie lautet die englische Schreibweise für: „11:21 Uhr“?

A. twenty-one (minutes) past elleven
B. tventy-one (minutes) past eleven
C. twenty-one (minutes) past eleven
D. eleven o'clock twenty-one
E. Keine Antwort ist richtig.

22) Wie lautet die englische Schreibweise für: „03:34 Uhr“?

A. twenty-six minutes until four
B. twenty-six minutes to vour
C. twenty-six minutes to for
D. twenty-six minutes to four
E. Keine Antwort ist richtig.

23) Wie lautet die englische Schreibweise für: „19:17 Uhr“?

A. seventeen minutes past seven
B. seventen minutes past nineteen
C. sewenten minutes past nineteen
D. seventeen minutes to seven
E. Keine Antwort ist richtig.

24) Wie lautet die englische Schreibweise für: „16:20 Uhr“?

A. twenty (minutes) past sixteen
B. twenty (minutes) past four
C. sixteen and twenty
D. fourty (minutes) to five
E. Keine Antwort ist richtig.

25) Wie lautet die englische Schreibweise für: „eine Milliarde Dollar“?

A. One bilion dollars
B. One milliard dollars
C. One billion dollars
D. One billiard dollars
E. Keine Antwort ist richtig.

26) Wie wird die Zahl 1.348 im Englischen ausgeschrieben?

A. One thousand and three hundred and forty-eight
B. One Thousand Three-Hundred and Forty-Eight
C. Onethousand, threehundred and fourty-eight
D. One thousand and three hundred and fourty eight
E. Keine Antwort ist richtig.

27) Wie wird die Zahl 2.619 im Englischen ausgeschrieben?

A. Two thousand Six hundred and Nine-teen
B. Two thousand and six hundred and nineteen
C. Twothousand threehundred nine-teen
D. Two Thousand and Three hundred and Nineteen
E. Keine Antwort ist richtig.

28) Wie wird die Zahl 30.031 im Englischen ausgeschrieben?

A. Thirtythousand and thirtyone
B. Thirtythousand-thirtyone
C. Thirty thousand and thirty-one
D. Thirtythousand thirtyone
E. Keine Antwort ist richtig.

29) Wie wird die Zahl 115 im Englischen ausgeschrieben?

A. One hundred Fifteen
B. Onehundredfifteen
C. One hundred and fifty
D. One hundred and fifteen
E. Keine Antwort ist richtig.

30) Wie lautet die englische Schreibweise für: „15:15 Uhr"?

A. A quarter past three
B. One quarter past Three p.m.
C. Fifteen and fifteen
D. Fifteen hours fifteen
E. Keine Antwort ist richtig.

Sätze übersetzen

Bearbeitungszeit 5 Minuten

Wie lautet der vorgegebene deutsche Satz auf Englisch?

Beantworten Sie bitte die folgenden Aufgaben, indem Sie den Lösungsbuchstaben der korrekten Übersetzung markieren.

31) Du solltest einen Regenschirm mitnehmen, weil es regnen wird.

A. You should take an umbrella, because it is going to rain.
B. You must take an umbrella, while it is going to rain.
C. Because you take an umbrella, it will rain.
D. You must not take an umbrella, because it will rain.
E. We took the umbrella, not to get wet, if it rains.

32) Wo ist die nächste Bushaltestelle für den Bus zum Flughafen?

A. Who is the next bus station for the bus to the fly harbour?
B. How I get the bus stand for the airport?
C. Which line bus guides to the airport?
D. Where is the next bus stop for the bus line to the airport?
E. What bus goes to the central station?

33) Wir haben bereits gestern darüber geredet.

A. Already yesterday talked about it we have.
B. Talked about it yesterday have we already.
C. Have we talked it about already yesterday?
D. We already talked about it yesterday.
E. We have already yesterday about talked.

34) Während Thomas schlief, hat jemand sein Gepäck geklaut.

A. When Thomas is sleeping, somebody stole his package.
B. While Thomas was sleeping, somebody stealed his baggage.
C. While Thomas was sleeping, somebody stole his baggage.
D. Thomas lost his baggage during the flight.
E. Thomas was stealing somebody's baggage, when he sleeps.

35) Das hängt vom Wetter ab.

A. That hangs apart from the weather.
B. That deepens from the weather.
C. That depends on the weather.
D. That departs from the wether.
E. Keine Antwort ist richtig.

36) Nehmen Sie Platz!

A. Take a place!
B. Take a seat!
C. Get a seed!
D. Accept a seat!
E. Keine Antwort ist richtig.

37) Ich bekomme eine gute Note.

A. I become a good note.
B. I get a good note.
C. I get a good grade.
D. I become a good grade.
E. Keine Antwort ist richtig.

38) Man sollte für Prüfungen immer gut vorbereitet sein.

A. You have to prepare yourself good for Testings.
B. Man should him check better for Tests.
C. You should always be well prepared for an exam.
D. You should always be good prepared for an exam.
E. Never prepare for an exam.

39) Was können Sie mir auf der Speisenkarte empfehlen?

A. What recommend you from the menu?
B. What can you me recommend on the menu?
C. What can you recommend me from the menu?
D. What do you recommend from the menu?
E. What especially be can on the recommended menu?

40) Entschuldigen Sie bitte, kann ich auch mit Kreditkarte zahlen?

A. Excuse me, can I pay with credit card?
B. Excuse me, can I pay by credit card?
C. Excuse me, but you have to pay by credit card!
D. Excuse me, do you have a credit card?
E. Excuse me, can I pay by creditcard?

Gespräch führen

Bearbeitungszeit 5 Minuten

Now you slip into the role of a shop assistant at a wholesale market.

Can you respond appropriately to the following requests? Please answer each exercise by marking the letter of the missing phrase.

41) You are working behind the till at a wholesale market. A woman approaches you and says: "Excuse me, do you speak English?"
You reply: "Yes, I do. ____"

A. What do you want?
B. What can I get you?
C. What do you do?
D. What can I do for you?
E. What are you needing?

42) The woman pulls a brochure out of her bag and answers: "I ____ the oranges on special offer."

A. look for
B. am looking for
C. am looking after
D. am searching behind
E. am browsing through

43) You take a look at the date on the brochure and tell the customer:
"I'm very sorry, Madam, that brochure is old, it isn't ____ any more."

A. valid
B. actual
C. valuable
D. currently
E. modern

44) The customer says:
"What a pity! ____ are the oranges today, then?"

A. How
B. However
C. How much
D. How many
E. How money

45) Unfortunately you don't know each individual price. So you say:
"Sorry, I don't know that. But the fruit department is right over there, and I'm sure my ____ can help you."

A. chef
B. college
C. colleague
D. workmate
E. employer

46) The woman thanks you for your advice and leaves. After a short while, she reappears at your till with a full shopping cart. This being a wholesale market, you ask:
"____ I see your customer card?"

A. Must
B. May
C. Should
D. Will
E. Do

47) The customer responds:
"I need this for the sports club, for the student exchange. I don't have a customer card yet, but here is my ____ of the sports club."

A. driver's license
B. passport
C. boarding card
D. customer card
E. membership card

48) Subsequently you inform the customer:
"I'm sorry, you ____ here without a customer card."

A. can't buy anything
B. can't buy something
C. can't buy everything
D. can't buy many things
E. can buy nothing

49) Before the costumer gets upset, you add:
"If you have an ID card with you, you can go to the information right now and ____ a customer card. It won't take long."

A. appease
B. apply
C. apply for
D. apply to
E. appear at

50) The customer says "Thank you very much!" and you reply:

A. "Please!"

B. "Please you very much!"

C. "You too!"

D. "See you later!"

E. "You're welcome!"

Lösungen: Fremdsprachenkenntnisse

1) A	18) C	35) C
2) C	19) B	36) B
3) E	20) D	37) C
4) B	21) C	38) C
5) B	22) D	39) D
6) C	23) A	40) B
7) B	24) B	41) D
8) C	25) C	42) B
9) D	26) A	43) A
10) E	27) B	44) C
11) A	28) C	45) C
12) B	29) D	46) B
13) D	30) A	47) E
14) C	31) A	48) A
15) C	32) D	49) C
16) B	33) D	50) E
17) D	34) C	

Rechtschreibung (Aufgaben 1–10)

Zu 1) **A.** suddenly

Zu 2) **C.** All beginnings are difficult.

Zu 3) **E.** exercise

Zu 4) **B.** potentially

Zu 5) **B.** acceptance

Zu 6) **C.** disappear

Zu 7) **B.** guarantee

Zu 8) **C.** especially

Zu 9) **D.** available

Zu 10) **E.** acquaintance

Grammatik: Lückentext (Aufgaben 11–20)

Zu 11) **A.** easy enough

Mark says it's easy enough to find a new apartment.

Übersetzt: „Mark sagt, es ist ziemlich einfach, ein Apartment zu finden." Die gesuchte Formel „ziemlich einfach" heißt im Englischen „easy enough" – Antwort A ist also korrekt. Lösung B scheidet aufgrund der falschen Wortstellung aus; die Vorschläge C und D mit eingefügtem „as" („als", „wie") sind ebenso unsinnig wie der Ausdruck „as easy as enough" (dt. „so einfach wie genug").

Zu 12) **B.** dancing

She saw her boyfriend dancing with another girl.

Übersetzt: „Sie hat ihren Freund mit einem anderen Mädchen tanzen gesehen." Die Satzkonstruktion erfordert ein Verb in der Verlaufsform – dieses findet sich nur in Lösung B („dancing"). Antwort A setzt das Verb in die 3. Person der einfachen Gegenwartsform (simple present), Antwort C nutzt die einfache Vergangenheitsform (simple past), und Formulierung D ist als Kombination von einfacher Form und Verlaufsform gänzlich misslungen.

Zu 13) **D.** three-year-old

They have a three-year-old daughter.

Übersetzt: „Sie haben eine drei Jahre alte Tochter." Das Adjektiv „dreijährig" wird im Englischen durch die mit Bindestrichen verbundene Konstruktion „three-year-old" widergegeben, Antwort D stimmt. Vorschlag A ist zu unbeholfen aus dem Deutschen übersetzt, und die versuchte Pluralbildung des Adverbs „old" in Vorschlag C geht vollkommen fehl.

Zu 14) **C.** bought | about

Yesterday I bought a book about sports.

Übersetzt: „Gestern habe ich mir ein Buch zum Thema Sport gekauft." Da „yesterday" eine Handlung in der Vergangenheit signalisiert, muss das einzusetzende Verb in der Vergangenheitsform stehen. Möglichkeit D scheidet somit aus. Für die korrekte Präposition zwischen „book" und „sports" gibt es nur eine korrekte Möglichkeit: „I read a book with sports" würde bedeuten, dass der Sprecher ein Buch zusammen mit Sportarten gelesen hätte – keine besonders sinnvolle Aussage. Auch „over sports" ist ein wörtlich und falsch übersetztes Deutsch; wollte man ausdrücken, wovon ein Buch handelt, wäre die korrekte Präposition „about". „By" (Satz E) würde bei der Nennung des Autorennamens verwendet („a book by Stephen King" – „ein Buch von Stephen King"), hier ist es fehl am Platze. „In" würde schließlich auf einen Ort oder Zeitraum verweisen, der jedoch im Satz nicht zu finden ist.

Zu 15) **C.** In case of

In case of rain, we'll go inside.

Übersetzt: „Falls es regnet, werden wir hineingehen." Nach „if it" (Satz A) wäre ein Verb in der dritten Person zu erwarten („rains"), das jedoch nicht im Aufgabensatz steht. Ähnliches gilt für „when it is" (Satz B), auf das die Verlaufsform „raining" folgen müsste. „On appear by" (Satz D) ist eine im Englischen unbekannte Wendung, „at this rain" (Satz E) schließlich ist eine inadäquate Übersetzung des deutschen „bei diesem Regen". „Im Fall, dass es regnet", wird im Englischen kurz und elegant mit „in case of rain" übersetzt.

Zu 16) B. sale | get

We have a sale, you can get 90 % off.

Übersetzt: „Wir haben einen Ausverkauf, Sie können 90 % Rabatt bekommen." Antwort A nutzt mit „to sell" („verkaufen") ein Verb, gebraucht wird jedoch ein Substantiv. Auch die Vorschläge C und D fallen weg, da „become" auf Deutsch nicht „bekommen", sondern „werden" bedeutet. Möglichkeit E geht mit „to act" („handeln", „darstellen") völlig fehl. Richtigerweise müsste es „get" heißen, wie in der korrekten Lösung B.

Zu 17) D. used to go

Mandy and Tom used to go out every day.

Übersetzt: „Mandy und Tom waren es gewohnt, jeden Tag auszugehen." Die Verlaufsform „using" (Vorschläge A und B) kommt für eine regelmäßig wiederholte Aktivität („every day") nicht infrage, und „were used" (Möglichkeit C) bedeutet „wurden benutzt".

Zu 18) C. much homework

Sara told her mother that she didn't have much homework today.

Übersetzt: „Sara sagte ihrer Mutter, dass sie heute nicht viele Hausaufgaben habe." Da „homework" bereits im Plural steht – das Wort ist überhaupt nur in der Mehrzahl gebräuchlich – stimmen die Pluralkonstruktionen der Antworten A und B mit angehängtem „s" nicht. Ob nun „much" oder „many" zu verwenden ist, richtet sich nach der Zählbarkeit des Bezugsworts: Zählbare Substantive können eine Mehrzahl bilden („friend" – „friends") und werden mit „many" verwendet; nicht zählbare Substantive wie „homework" verlangen nach „much".

Zu 19) B. us men

A few of us men are going to the club.

Übersetzt: „Einige von uns Männern gehen in den Club." Antwort A bildet den Plural fälschlicherweise mit angehängtem „s", die Möglichkeiten C und E ziehen außerdem noch das falsche Personalpronomen „we" hinzu. Antwort D ist mit „ours" nicht viel besser. Somit kommt nur B infrage.

Zu 20) **D.** twice as much

She would have paid twice as much for her new dress.

Übersetzt: „Sie hätte für ihr neues Kleid auch doppelt so viel bezahlt." Die Formel „doppelt so viel" wird im Englischen mit „twice as much" richtig gebildet, wie in Vorschlag D angegeben.

Zahlen und Uhrzeiten (Aufgaben 21–30)

Zu 21) **C.** twenty-one (minutes) past eleven

Antwort C stimmt. „11:21 Uhr" heißt „twenty-one minutes past eleven" oder – ohne „minutes" – „twenty-one past eleven". Bis zur halben Stunde zählt man im klassischen Englisch die vergangenen Minuten seit der letzten vollen Stunde („twenty-one minutes past eleven": „einundzwanzig Minuten nach elf"). Im modernen Sprachgebrauch könnte man auch „eleven twenty-one" sagen, wie es Vorschlag D versucht, aber „o'clock" wird nur bei vollen Stunden verwendet. Die Antworten A und B enthalten Rechtschreibfehler („elleven", „tventy").

Zu 22) **D.** twenty-six minutes to four

Antwort D stimmt. Ist die halbe Stunde überschritten, zählt man im klassischen Englisch die verbleibenden Minuten bis zur nächsten vollen Stunde („twenty-six minutes to four": „sechsundzwanzig Minuten bis vier"). Im modernen Sprachgebrauch könnte man auch „three thirty-four" sagen. Vorschlag A nutzt mit „until" die falsche Präposition, die Möglichkeiten B und C enthalten Rechtschreibfehler („vour", „for").

Zu 23) **A.** seventeen minutes past seven

Antwort A stimmt. „19:17 Uhr" heißt übersetzt „seventeen minutes past seven". „19" wird nicht als „nineteen" übersetzt, weil man im Englischen die Stunden nur bis 12 durchzählt und danach von Neuem bei 1 beginnt. Die Antworten B und C enthalten Rechtschreibfehler („seventen", „sewenten"), Vorschlag D geht fälschlicherweise von 18:43 Uhr aus („to seven" statt „past seven").

Zu 24) B. twenty (minutes) past four

Antwort B stimmt. „16:20 Uhr" heißt „twenty minutes past four" oder – ohne „minutes" – „twenty past four". Vorschlag D geht in die Irre: Im klassischen Englisch kann man zwar auch die Minuten bis zur nächsten vollen Stunde nennen, aber nur dann, wenn die halbe Stunde bereits überschritten ist. Lösung A ist falsch, weil im Englischen die Stunden nur bis 12 durchgezählt werden, danach beginnt man von Neuem bei 1. Möglichkeit C ist völlig unsinnig.

Zu 25) C. One billion dollars

Antwort C stimmt. Der Unterschied zwischen der englischen „billion" (1.000.000.000) und der deutschen Billion (1.000.000.000.000) stiftet oft Verwirrung. Die ursprünglich amerikanische Zählweise von der „million" (1.000.000) über die „billion" zur „trillion" (1.000.000.000.000, entspricht der deutschen Billion) hat sich seit den 70er-Jahren in Großbritannien und im übrigen englischsprachigen Raum standardsprachlich durchgesetzt.

Zu 26) A. One thousand and three hundred and forty-eight

Antwort A stimmt. Im Englischen werden alle Zahlwörter kleingeschrieben. Tausender und Hunderter sind – wie auch Hunderter und Zehner – durch ein „and" verbunden, bei Zahlen über 20 steht zwischen Zehnern und Einern ein Bindestrich.

Zu 27) B. Two thousand and six hundred and nineteen

Antwort B stimmt. Im Englischen werden alle Zahlwörter klein und auseinander geschrieben. Tausender und Hunderter werden – wie auch Hunderter und Zehner – mit „and" verbunden, und bei Zahlen unter 20 steht zwischen Zehnern und Einern kein Bindestrich.

Zu 28) C. Thirty thousand and thirty-one

Antwort C stimmt. Im Englischen werden alle Zahlwörter auseinander geschrieben. Tausender, Hunderter und Zehner werden mit „and" verbunden, und bei Zahlen über 20 steht zwischen Zehnern und Einern ein Bindestrich.

Zu 29) D. One hundred and fifteen

Antwort D stimmt. Im Englischen werden Zahlwörter klein und auseinander geschrieben, außerdem werden Hunderter und Zehner mit „and" verbunden – die Antworten A und B scheiden also aus. „Fifty" (Antwort C) bedeutet „Fünfzig" und nicht „Fünfzehn".

Zu 30) A. A quarter past three

Antwort A stimmt. Im Englischen ist es üblich, „viertel vor" bzw. „viertel nach" mit „a quarter to" bzw. „a quarter past" zu übersetzen. Die angegebene Uhrzeit wird also richtigerweise mit „a quarter past three" ausgedrückt. Ebenfalls möglich wäre das etwas förmlichere „three fifteen (p.m.)". Die Zeitangaben bei C und D sind Unsinn: Im Englischen werden die Stunden nur bis 12 durchgezählt, danach beginnt man von Neuem bei 1. Um Vormittags- und Nachmittagsstunden zu unterscheiden, verwendet man die Zusätze a.m. (= „ante meridiem", vormittags) bzw. p.m. (= „post meridiem", nachmittags) – jedoch nicht dann, wenn die Zeit durch „past" oder „to" ausgedrückt wird, wie in Antwort B. Obendrein wird hier noch „three" fälschlicherweise großgeschrieben.

Sätze übersetzen (Aufgaben 31–40)

Zu 31) A. You should take an umbrella, because it is going to rain.

Antwort E verwendet ein unangemessenes Personalpronomen („we" – „wir") und ist als Aussagesatz formuliert, nicht als Aufforderung. Antwort C geht unsinnigerweise davon aus, dass der Regen durch die Mitnahme des Schirms hervorgerufen wird. In Antwort B verfehlt der durch „while" („während") eingeleitete Temporalsatz die Absicht des Aufgabensatzes, der eine kausale Verknüpfung herstellt. Möglichkeit D verkehrt die Aussage sogar komplett ins Gegenteil, indem das Tragen eines Regenschirms mit Verweis auf den Regen verboten wird („you must not" – „du darfst nicht"). Somit kommt nur Vorschlag A infrage.

Zu 32) D. Where is the next bus stop for the bus line to the airport?

Antwort A nennt das falsche Fragewort („who" – „wer") und ebenso wie B die falschen Vokabeln: „Bushaltestelle" heißt „bus stop", nicht „bus station" („Busbahnhof") oder „bus stand", und statt des wörtlich übersetzten „fly harbour" für „Flughafen" müsste es „airport" heißen. Auch einen „line bus" wie in Satz C gibt es im Englischen nicht. Vorschlag E bezieht sich auf einen Zentralbahnhof („central station"). Als richtige Lösung kommt somit nur D infrage.

Zu 33) D. We already talked about it yesterday.

Zeitangaben stehen im Englischen am Satzanfang oder -ende – somit entfallen die Antworten A, B und E. Die in Vorschlag C formulierte Frage kommt als Übersetzung eines Aussagesatzes sicher nicht in Betracht, sodass nur Antwort D übrig bleibt.

Zu 34) C. While Thomas was sleeping, somebody stole his baggage.

Wie der Aufgabensatz muss auch die Übersetzung in der Vergangenheit stehen: Antwort A mit der Präsensform „is sleeping" – und der Falschübersetzung „package" („Paket") – scheidet daher aus. In Vorschlag B ist das unregelmäßige Verb „to steal" falsch konjugiert. Satz D (übersetzt: „Thomas hat sein Gepäck während des Fluges verloren") schildert eine gänzlich andere Situation, und in Vorschlag E ist Thomas gar selbst der Dieb. Inhaltlich und grammatisch richtig ist allein Antwort C.

Zu 35) C. That depends on the weather.

Antwort C stimmt. „Deepen" (Antwort B) heißt „vertiefen", „depart from" (Möglichkeit D) bedeutet „abfahren von", und zwar in diesem Fall von einem Hammel („wether"). „That hangs apart" in Satz D schließlich besagt, dass etwas im ganz wörtlichen Sinne aufgehängt ist, und zwar in einiger Entfernung zum Wetter – was ebenfalls keine besonders sinnvolle Aussage ist.

Zu 36) B. Take a seat!

Die korrekte Antwort lautet B, „take a seat". „Nehmen Sie Platz" fordert dazu auf, sich auf einen Stuhl oder eine Couch zu setzen, nicht etwa, einen bestimmten Raum einzunehmen, wie es Antwort A mit „place" suggeriert. „Seed" (Antwort C) bedeutet nicht „Sitz", sondern „Keim" oder „Samen" und „accept" (Antwort D) steht für „entgegennehmen" oder „annehmen" (einen Ratschlag, eine Kreditkarte, eine Herausforderung …).

Zu 37) C. I get a good grade.

Die korrekte Antwort ist C. „Become" (Vorschläge A und D) bedeutet „werden", mit „note" (Sätze A und B) bezeichnet man Musiknoten oder kurze Textnotizen.

Zu 38) C. You should always be well prepared for an exam.

Das Wort „testings" (Antwort A) gibt es im Englischen nicht; die „Prüfung" wird im englischen Plural zu „tests" oder „exams". Antwort B ist mit „man should" für „man sollte" zu wörtlich und damit falsch übersetzt, auch der Satzaufbau stimmt hier nicht. Vorschlag E geht inhaltlich fehl: „Never prepare for an exam" bedeutet „Bereite dich nie auf eine Prüfung vor". Übrig bleiben die Möglichkeiten C und D – heißt es nun „well prepared" oder „good prepared"? Der Unterschied: Das Adjektiv „good" bezieht sich auf ein Substantiv, das Adverb „well" auf ein Verb, Adjektiv oder Adverb. Zum Beispiel: „You should always be well prepared (Adverb + Adjektiv) for an exam", aber: „You should always be in good shape (Adjektiv + Substantiv) for an exam". Die richtige Antwort ist demnach C.

Zu 39) D. What do you recommend from the menu?

Die Floskel „können Sie mir" ist mit „can you me" (Antworten B und C) ebenso wörtlich wie ungelenk übersetzt. In Möglichkeit A stimmt der Satzbau nicht; die Wortfolge „be can on the recommended menu" in Vorschlag E ist vollkommenes Kauderwelsch. Die korrekte Übersetzung findet sich unter Vorschlag D.

Zu 40) B. Excuse me, can I pay by credit card?

Anders als im Deutschen schreibt man „Kreditkarte" im Englischen getrennt („credit card"), daher scheidet Antwort E aus. Auch der Aussagesatz C kommt als Übersetzung einer Frage nicht in Betracht. In Satz D wird fälschlicherweise nach dem Besitz einer Kreditkarte gefragt – somit bleibt die Auswahl zwischen den Antworten A und B, zwischen den Präpositionen „by" und „with". Beide können „mit" bedeuten. Der Unterschied: „with" bezieht sich üblicherweise auf einen spezifischen Gegenstand und zieht dann ein Personalpronomen oder einen Artikel nach sich („can I pay with my credit card"), während „by" generelle Methoden („mit Kreditkarte zahlen") benennt und insofern alleine stehen kann. Antwort B ist also korrekt.

Gespräch führen (Aufgaben 41–50)

Zu 41) D. What can I do for you?

"Yes, I do. What can I do for you?"

Übersetzt: „Ja, spreche ich. Was kann ich für Sie tun?"

Ein Verkäufer an der Kasse fragt Kunden üblicherweise nicht „Was kann ich Ihnen bringen?" (Antwort B), „Was machen Sie beruflich?" (Vorschlag C) oder „Was brauchen Sie jetzt gerade?" (Antwort E). Möglichkeit A („Was wollen Sie?") ist eine ziemlich unhöfliche Art der Kundenansprache. Übrig bleibt Lösung D mit der Frage: „Was kann ich für Sie tun?"

Zu 42) B. am looking for

"I am looking for the oranges on special offer."

Übersetzt: „Ich suche die Orangen im Sonderangebot."

Die Kundin möchte sicher nicht mitteilen, dass sie etwas hinter den Orangen im Sonderangebot sucht („search behind"), wie Variante D nahelegt. Vorschlag E („to browse through") bedeutet „durchstöbern" – auch dieses Verb ist im Satzzusammenhang unlogisch. Vorschlag C („to look after") heißt so viel wie „sich kümmern um". Bei Antwort A stimmt zwar das Verb („to look for" – „suchen"), es steht aber nicht in der benötigten Verlaufsform. Richtig ist also Möglichkeit B („am looking for").

Zu 43) A. valid

"I'm very sorry, Madam, that brochure is old, it isn't valid any more."

Übersetzt: „Das tut mir leid, der Prospekt ist alt, er ist nicht mehr gültig."

Hier sind gute Vokabelkenntnisse gefragt. Dass der Prospekt nicht mehr gültig ist, drücken Sie mit dem Adjektiv „valid" (Vorschlag A) aus. Das ähnlich klingende „valuable" aus Antwort C bedeutet „wertvoll". Möglichkeit B kann man leicht mit dem deutschen Wort „aktuell" verwechseln – „actual" heißt aber „tatsächlich". Antwort D liegt mit „currently" („momentan") falsch. Dass der Prospekt nicht mehr modern sei (Antwort E), ist im vorliegenden Zusammenhang eine unsinnige Aussage.

Zu 44) C. How much

"What a pity! How much are the oranges today, then?"

Übersetzt: „Wie schade! Was kosten die Orangen denn heute?"

„How are the oranges today, then?" (Antwort A) bedeutet „Wie geht es den Orangen denn heute?", was offensichtlich keinen Sinn ergibt. Mit Vorschlag B, dem Adverb „however" („allerdings"), lässt sich keine Frage einleiten. Mit Möglichkeit D („how many" – „wie viele") würde es um die Anzahl gehen. Vorschlag E („how money" – „wie Geld") ist schlicht Kauderwelsch. Nach dem Preis fragt man im Englischen mit „How much is/are …" („Wieviel kostet/kosten …"), wie es Antwort C vorgibt.

Zu 45) C. colleague

"Sorry, I don't know that. But the fruit department is right over there, and I'm sure my colleague can help you."

Übersetzt: „Tut mir leid, das weiß ich nicht. Aber die Obstabteilung ist gleich da drüben und ich bin sicher, mein Kollege kann Ihnen helfen."

Der Kollege schreibt sich im Englischen „colleague“ (Antwort C) – auf den ersten Blick leicht zu verwechseln mit „college“ (Antwort B), was jedoch eine höhere Schule oder Hochschule in englischsprachigen Ländern bezeichnet. „Workmate“ (Vorschlag D) bedeutet zwar auch „Kollege“, ist aber für ein Kundengespräch zu umgangssprachlich. Den Arbeitgeber („employer“, Antwort E) oder den Chefkoch („chef“, Antwort A) zurate zu ziehen, wäre abwegig.

Zu 46) **B.** May

"May I see your customer card?"

Übersetzt: „Darf ich Ihre Kundenkarte sehen?“

Üblicherweise verkaufen Großhändler nicht an Privatkunden, sondern nur an Gewerbetreibende sowie an Vereine und ähnliche Einrichtungen. Zum Nachweis ihrer Kaufberechtigung muss die Kundin daher ihre Kundenkarte vorzeigen. Es wäre also unstimmig, wenn sich die Verkäuferin unsicher erkundigt, ob sie die Kundenkarte sehen muss („must“, Antwort A), sehen sollte („should“, Vorschlag C), sehen wird („will“, Möglichkeit D) oder gerade sieht („Do I see …“, Antwort E). Angebracht ist die höfliche Nachfrage „Darf ich Ihre Kundenkarte sehen?“ die im Englischen mit „may“ eingeleitet wird.

Zu 47) **E.** membership card

"I need this for the sports club, for the student exchange. I don't have a customer card yet, but here is my membership card of the sports club."

Übersetzt: „Ich brauche das für den Sportverein, für den Schüleraustausch. Ich habe noch keine Kundenkarte, aber hier ist mein Mitgliedsausweis des Sportvereins.“

Zum Nachweis der Mitgliedschaft im Sportverein taugt weder ein Führerschein („driver's license“, Antwort A) noch ein Pass („passport“, Vorschlag B) und erst recht keine Flugzeug-Bordkarte („boarding card“, Möglichkeit C). Und eine Kundenkarte („customer card“, Antwort D) besitzt die Kundin noch nicht – also legt sie ihren Mitgliedsausweis vor („membership card“, Antwort E).

Zu 48) **A.** can't buy anything

"I'm sorry, you can't buy anything here without a customer card."

Übersetzt: „Ich bedaure, Sie können hier nichts ohne Kundenkarte kaufen.“

Die Verneinung „etwas nicht können“ wird im Englischen gebildet, indem man das Modalverb „can“ in verneinter Form mit dem Pronomen „anything" („etwas, alles") kombiniert. Antwort A ist also korrekt. Das Pronomen „something" (Vorschlag B) bedeutet zwar auch „etwas", wird aber nicht in Verneinungen verwendet. Antwort E („can buy nothing") ist eine wortwörtliche und falsche Übersetzung aus dem Deutschen. Vollkommen fehl gehen die Möglichkeiten C („You can't buy everything" – „Sie können nicht alles kaufen") und D („You can't buy many things" – „Sie können nicht viele Dinge kaufen").

Zu 49) C. apply for

"If you have an ID card with you, you can go to the information right now and apply for a customer card. It won't take long."

Übersetzt: „Wenn Sie einen Ausweis bei sich haben, können Sie sofort zur Information gehen und eine Kundenkarte beantragen. Das dauert nicht lange."

Die Vorschläge A und E können Sie schnell ausschließen: „to appease" bedeutet „beschwichtigen", „to appear" heißt soviel wie „erscheinen". „Etwas beantragen" wird richtig mit „to apply for" übersetzt, wobei die Präposition entscheidend ist: Steht das Verb für sich allein (Möglichkeit B), bedeutet es „anwenden, auftragen", und „apply to" (Antwort D) heißt „sich beziehen auf".

Zu 50) E. "You're welcome!"

"Thank you very much!" – "You're welcome!"

Übersetzt: „Dankeschön!" – „Gern geschehen!"

Auf ein „Dankeschön" folgt üblicherweise ein „Bitteschön/Gern geschehen/Nichts zu danken". Diese Wendung kann nicht wörtlich mit „Please" übersetzt werden, wie es Vorschlag A versucht. Mit Antwort B ergibt sich eine Formel, die im Englischen nicht existiert. Hölzern und ungebräuchlich wäre die Entgegnung „Ihnen auch" („You too", Antwort C). Da der Text keine Anhaltspunkte dafür liefert, dass Sie die Kundin persönlich kennen, ist ein „bis später" (Antwort D) ebenfalls unangebracht. Richtig ist „You're welcome" (Antwort E).

Mathematik

Kopfrechnen

Bearbeitungszeit 10 Minuten

Nun müssen Sie einfache Rechnungen im Kopf lösen.

Bitte benutzen Sie **keinen Taschenrechner** und machen Sie **keine schriftlichen Nebenrechnungen!**

Beantworten Sie bitte die folgenden Aufgaben, indem Sie jeweils den richtigen Lösungsbuchstaben markieren.

1) 554.616 – 336.113 = ?

A. 118.403
B. 178.503
C. 208.003
D. 218.503
E. Keine Antwort ist richtig.

2) 827.614 – 794.852 = ?

A. 31.762
B. 32.262
C. 32.762
D. 32.862
E. Keine Antwort ist richtig.

3) 8.648 + 9.576 + 978 = ?

A. 18.304
B. 18.302
C. 19.202
D. 20.202
E. Keine Antwort ist richtig.

4) $\frac{2}{8}+3\frac{3}{4}=?$

A. $3\frac{5}{12}$
B. $3\frac{5}{4}$
C. $\frac{16}{4}$
D. $\frac{18}{4}$
E. $\frac{12}{4}$

5) $-5 \times 3 - (-2) \times 3 = ?$

A. –39
B. –9
C. 51
D. 90
E. Keine Antwort ist richtig.

6) $4.943 \times 9.282 = ?$

A. 45.880.926
B. 45.880.936
C. 46.880.926
D. 46.882.926
E. Keine Antwort ist richtig.

7) $(4 + 3) \times 3\,(6 - 2) \times 2 = ?$

A. −39
B. −9
C. 51
D. 168
E. Keine Antwort ist richtig.

8) $[(4 + 3) \times 3\,(6 - 2)] \times 2 = ?$

A. 34
B. 124
C. 168
D. 192
E. Keine Antwort ist richtig.

9) $4{,}8 \times 2{,}5 + 4{,}15 \div 0{,}05 = ?$

A. 20,3
B. 95
C. 244,15
D. 323
E. Keine Antwort ist richtig.

10) $546.784 \div 14 = ?$

A. 38.056
B. 38.156
C. 39.056
D. 39.156
E. Keine Antwort ist richtig.

Kettenrechnen

Bearbeitungszeit 15 Minuten

Bei dieser Aufgabe geht es darum, einfache Rechnungen zu lösen.

Bitte benutzen Sie **keinen Taschenrechner**, schriftliche Nebenrechnungen sind erlaubt. Die **Punkt-vor-Strich-Regel gilt hier nicht!**

Beantworten Sie bitte die folgenden Aufgaben, indem Sie jeweils das richtige Ergebnis eintragen.

11) $3 \times 6 \div 9 + 3 \times 9 \div 3 \times 2 - 3 \times 2 \div 9 =$ ______

12) $9 \times 4 \div 6 \times 3 + 4 - 3 \times 2 + 4 \div 6 \times 5 + 2 =$ ______

13) $30 \div 6 + 23 + 46 - 2 \div 8 \times 9 + 9 + 909 \div 3 =$ ______

14) $1 \times 2 + 3 \times 4 - 5 \times 2 + 15 \div 9 \times 10 - 11 \div 3 =$ ______

15) $9 \times 8 \div 6 - 5 \times 7 + 6 \div 5 + 9 \times 3 \div 2 - 1 =$ ______

16) $27 \div 3 + 18 \div 3 \times 2 + 118 - 30 \div 2 + 3 \div 7 \div 2 + 16 =$ ______

17) $1.550 - 26 + 12 \div 3 \times 2 \div 4 - 156 - 20 \div 16 =$ ______

18) $57 - 12 \div 9 + 12 - 3 \div 2 - 3 \times 5 + 6 \div 2 \times 3 - 3 \div 6 =$ ______

19) $2 \times 4 + 5 \times 6 - 8 \div 2 - 2 \div 3 + 4 \div 5 + 9 \times 3 + 5 - 7 \div 2 =$ ______

20) $4 + 8 \times 6 + 5 \div 7 + 6 \times 4 - 16 \div 4 + 12 \div 5 \times 4 + 3 - 7 \times 3 =$ ______

21) $5 \times 5 + 3 \div 4 + 2 \times 2 - 3 \times 3 \div 9 + 9 \times 6 - 6 - 8 \div 7 =$ ______

22) $9 \times 2 + 9 \div 3 \times 9 - 3 \div 6 + 15 \div 4 \times 5 + 11 \div 2 - 5 \div 6 + 78 \div 9 =$ ______

23) $18 + 4 \div 2 + 9 - 3 \times 4 - 2 \div 2 + 2 - 5 \div 5 \times 3 \div 2 =$ ______

24) $4 + 8 \times 3 \div 6 + 9 \div 5 + 6 - 5 \times 4 + 4 \div 5 \times 6 =$ ______

25) $13 - 5 \times 6 \div 4 \div 3 + 4 + 6 - 3 \times 2 + 17 \div 3 + 12 \div 5 + 6 \times 2 =$ ______

Bruchrechnen

Bearbeitungszeit 10 Minuten

Dieser Abschnitt prüft die wesentlichen Zusammenhänge der Bruchrechnung. Dabei stellt der Bruchstrich nichts anderes dar als ein Teilungszeichen.

Beantworten Sie bitte die folgenden Aufgaben, indem Sie jeweils den richtigen Lösungsbuchstaben markieren.

26) $\frac{3}{4}-\frac{1}{3}=?$

A. $\frac{5}{12}$

B. $\frac{2}{1}$

C. $\frac{2}{4}$

D. $\frac{4}{4}$

E. Keine Antwort ist richtig.

27) $\frac{4}{5}+\frac{7}{3}=?$

A. $\frac{11}{3}$

B. $\frac{11}{5}$

C. $\frac{11}{8}$

D. $\frac{47}{15}$

E. Keine Antwort ist richtig.

28) $\frac{10}{4}\div\frac{4}{2}=?$

A. $\frac{40}{8}$

B. $\frac{2}{2}$

C. $\frac{5}{4}$

D. $\frac{2}{4}$

E. Keine Antwort ist richtig.

29) $\frac{9}{4}\times\frac{3}{7}=?$

A. $\frac{27}{11}$

B. $\frac{27}{28}$

C. $\frac{63}{12}$

D. $\frac{12}{28}$

E. Keine Antwort ist richtig.

30) $\frac{13}{4} \times \frac{12}{17} = ?$

A. $2\frac{1}{13}$

B. $2\frac{5}{17}$

C. $3\frac{3}{19}$

D. $\frac{25}{68}$

E. Keine Antwort ist richtig.

31) $\frac{5}{8} \div \frac{7}{19} = ?$

A. $\frac{37}{45}$

B. $\frac{12}{27}$

C. $2\frac{3}{17}$

D. $1\frac{39}{56}$

E. Keine Antwort ist richtig.

32) $5\frac{1}{2} \div 0,4 = ?$

A. 20,8

B. $10\frac{4}{5}$

C. $13\frac{3}{4}$

D. $11\frac{5}{6}$

E. Keine Antwort ist richtig.

33) $7\frac{4}{8} \times 2\frac{2}{4} = ?$

A. $\frac{75}{4}$

B. 8

C. $\frac{5}{32}$

D. $\frac{6}{32}$

E. Keine Antwort ist richtig.

34) $\left(3\frac{1}{4} + \frac{1}{3}\right) \div \frac{1}{2} = ?$

A. $8\frac{1}{3}$

B. 7

C. $6\frac{7}{12}$

D. $7\frac{1}{6}$

E. Keine Antwort ist richtig.

35) $\left(4\frac{1}{2} + 2\frac{1}{4}\right) \div \left(9 - 2\frac{1}{4}\right) = ?$

A. $\frac{9}{6}$

B. $\frac{7}{4}$

C. 1,5

D. 1

E. Keine Antwort ist richtig.

Maßeinheiten umrechnen

Bearbeitungszeit 7½ Minuten

Beantworten Sie bitte die folgenden Aufgaben, indem Sie jeweils den richtigen Lösungsbuchstaben markieren.

36) Wie viele Millimeter sind 34,7 Zentimeter?

A. 347.000
B. 34.700
C. 3.470
D. 347
E. Keine Antwort ist richtig.

37) Wie viele Hektoliter sind 416 Liter?

A. 4.160
B. 41.600
C. 8,32
D. 4,16
E. Keine Antwort ist richtig.

38) Die lange Seite eines DIN-A4-Blattes beträgt 297 mm und entspricht der kurzen Seite eines DIN-A3-Blattes. Wie lang ist die längere Seite eines DIN-A3-Blattes, wenn das Seitenverhältnis 1 : 1,414 beträgt? Runden Sie das Ergebnis auf ganze Zahlen.

A. 400 cm
B. 40 cm
C. 42 mm
D. 420 mm
E. Keine Antwort ist richtig.

39) Herr Mayer muss eine Lieferantenrechnung über 24.000 US-Dollar ($) begleichen. Dafür möchte er Euro in Dollar wechseln. Wie viel Euro muss Herr Mayer bei einem Kurs von 1 € = 1,50 $ umtauschen?

A. 14.000 €
B. 16.000 €
C. 18.000 €
D. 20.000 €
E. Keine Antwort ist richtig.

40) Wie viele Zentimeter sind 14,3 Kilometer?

A. 1.430
B. 1,430
C. 1.430.000
D. 143.000
E. Keine Antwort ist richtig.

41) Wie viele Gramm sind 21,7 Tonnen?

A. 21.700
B. 217.000
C. 2.170.000
D. 21.700.000
E. Keine Antwort ist richtig.

42) Wie viele Quadratmeter sind 3,5 Quadratkilometer?

A. 3.500
B. 3.500.000
C. 35.000
D. 35.000.000
E. Keine Antwort ist richtig.

43) Wie viele Sekunden haben 4,5 Tage?

A. 388.800 Sekunden
B. 389.000 Sekunden
C. 390.600 Sekunden
D. 390.800 Sekunden
E. Keine Antwort ist richtig.

44) Wie viele Meter pro Sekunde sind 75 Kilometer pro Stunde?

A. 20,83
B. 7,5
C. 22,5
D. 18
E. Keine Antwort ist richtig.

45) Bei einem Gewitter wurde laut Wetteramt eine Niederschlagshöhe von 41,5 mm pro Stunde erreicht. Wie viele Liter Wasser gingen demnach stündlich auf einen Quadratmeter nieder?

A. 0,415
B. 4,15
C. 41,5
D. 415
E. Keine Antwort ist richtig.

Schätzaufgaben

Bearbeitungszeit 5 Minuten

Versuchen Sie nicht, die folgenden Aufgaben vollständig auszurechnen: Sie sollen die Ergebnisse geschickt schätzen! Einen **Taschenrechner dürfen Sie dazu nicht benutzen**, auch **schriftliche Nebenrechnungen sind unzulässig.**

Bearbeitungstipps

Konzentrieren Sie sich auf die Endziffern der Operanden, um die letzte Stelle des Ergebnisses zu ermitteln.

Ergebnisbereiche lassen sich durch eine Überschlagsrechnung mit gerundeten Werten abschätzen. Aber Vorsicht: Kleine Abweichungen bei Faktoren, Dividenden und Divisoren können das Ergebnis stark verändern.

Bitte bearbeiten Sie die folgenden Aufgaben, indem Sie jeweils den Lösungsbuchstaben des richtigen Antwortvorschlags markieren.

46) 7,91 + 0,045 – 4,055 = ?

A. 8
B. 6
C. 4
D. 3,9
E. 4,7

47) 3.987.346 – 1.267.645 = ?

A. 2.898.402
B. 2.889.761
C. 2.456.941
D. 2.719.701
E. Keine Antwort ist richtig.

48) In welchem Bereich liegt das Ergebnis von: 8.576.725 – 4.392.124?

A. Zwischen 4.170.000 und 4.180.000
B. Zwischen 4.180.000 und 4.190.000
C. Zwischen 4.190.000 und 4.200.000
D. Zwischen 4.200.000 und 4.210.000
E. Zwischen 4.210.000 und 4.220.000

49) 77 % von 130 % = ?

A. 95,2 %
B. 100,1 %
C. 114 %
D. 112,8 %
E. Keine Antwort ist richtig.

50) $6{,}7^2 - 1{,}4^2 = ?$

A. 42,93
B. 37,65
C. 32,78
D. 10,77
E. Keine Antwort ist richtig.

51) $4{,}3^3 = ?$

A. 125,89
B. 84,388
C. 63,797
D. 79,507
E. Keine Antwort ist richtig.

52) $\sqrt{12.544} = ?$

A. 12
B. 112
C. 1.112
D. 24
E. 124

53) In welchem Bereich liegt das Ergebnis von:
21.533 + 12.678 + 2.041?

A. Zwischen 34.000 und 34.500
B. Zwischen 34.500 und 35.000
C. Zwischen 35.000 und 35.500
D. Zwischen 35.500 und 36.000
E. Zwischen 36.000 und 36.500

54) In welchem Bereich liegt das Ergebnis von:
$4{,}1 \times 3{,}7$?

A. Zwischen 12,5 und 13
B. Zwischen 13 und 13,8
C. Zwischen 13,9 und 14,6
D. Zwischen 14,6 und 15,5
E. Zwischen 15,5 und 15,9

55) In welchem Bereich liegt das Ergebnis von:
$3{,}9^2 \times 202$?

A. Zwischen 3.400 und 3.550
B. Zwischen 3.050 und 3.125
C. Zwischen 3.200 und 3.275
D. Zwischen 3.325 und 3.400
E. Zwischen 2.850 und 2.925

Dreisatz

Bearbeitungszeit 10 Minuten

Beantworten Sie bitte die folgenden Aufgaben, indem Sie jeweils den richtigen Lösungsbuchstaben markieren.

56) Für ein Gespräch von 4 Minuten werden 3,60 € bezahlt. Wie teuer wäre ein Gespräch von 9 Minuten?

A. 6,00 €
B. 6,40 €
C. 7,60 €
D. 8,10 €
E. Keine Antwort ist richtig.

57) Zum Abladen eines Sattelzuges setzt Herr Mayer gewöhnlich zehn Arbeiter gleichzeitig ein, die sechs Stunden benötigen. Wegen eines Engpasses kann Herr Mayer dieses Mal nur sechs Arbeiter zum Abladen einsetzen. Wie viel Stunden benötigen sechs Arbeiter für die gleiche Arbeit?

A. 8
B. 10
C. 12
D. 14
E. Keine Antwort ist richtig.

58) Ein Kundenauftrag erfordert unter dem Einsatz von zehn Mitarbeitern 20 Arbeitstage. Wie lange dauert die Fertigstellung des Auftrages, wenn zwei Mitarbeiter krankheitsbedingt ausfallen?

A. 21 Tage
B. 22 Tage
C. 23 Tage
D. 25 Tage
E. Keine Antwort ist richtig.

59) Herr Mayer steht unter Zeitdruck und muss einen wichtigen Auftrag pünktlich fertigstellen. Die Bearbeitung von 200 Blechteilen erfordert 24 Mitarbeiter für genau 14 Tage. Wie viele Mitarbeiter muss Herr Mayer einsetzen, um nach 12 Tagen pünktlich fertig zu werden?

A. 25 Mitarbeiter
B. 26 Mitarbeiter
C. 27 Mitarbeiter
D. 28 Mitarbeiter
E. Keine Antwort ist richtig.

60) Für die Eingabe von Kundendaten benötigen 2 Mitarbeiter genau 3 Tage. Wie viele Tage werden für die Dateneingabe eines neuen Auftrages benötigt, wenn der Auftrag 50 Prozent größer ist und ein Mitarbeiter erkrankt ist?

A. 4 Tage
B. 6 Tage
C. 8 Tage
D. 9 Tage
E. Keine Antwort ist richtig.

61) In einer Lagerhalle werden 500 Glühbirnen mit 50 Watt Stundenleistung je Glühbirne täglich 8 Stunden eingesetzt. Um den Energieverbrauch zu senken, möchte Firmenchef Müller in Zukunft die gleiche Anzahl an Energiesparlampen mit einer Leistung von 10 Watt pro Stück nur sechs Stunden täglich einsetzen. Wie viel Kilowattstunden spart Herr Müller durch die Umstellung täglich?

A. 170.000 kWh
B. 170 kWh
C. 160 kWh
D. 150 kWh
E. Keine Antwort ist richtig.

62) In einer Kantine wird von 120 Mitarbeitern in 5 Tagen 216 kg Obst verzehrt. Wie viel Kilogramm Obst würden im gleichen Zeitraum verbraucht, wenn die Belegschaft um 10 Personen größer wäre?

A. 222 kg
B. 230 kg
C. 234 kg
D. 242 kg
E. Keine Antwort ist richtig.

63) Herr Mayer benötigt für die Bearbeitung von 40 Aufträgen die gleiche Zeit wie sein Kollege Schulz für 60 Aufträge. Wie viele Aufträge erledigt Kollege Schulz in der Zeit, die Herr Mayer für 60 Aufträge benötigt?

A. 80 Aufträge
B. 90 Aufträge
C. 100 Aufträge
D. 70 Aufträge
E. Keine Antwort ist richtig.

64) Für eine Veranstaltung werden an zwei Tagen sechs Popcornmaschinen aufgestellt. Insgesamt kommen die Maschinen dabei auf einen Stromverbrauch von 420 kWh. Wie hoch wäre der Stromverbrauch, wenn man drei Tage lang acht Maschinen betreiben würde?

A. 800 kWh
B. 820 kWh
C. 840 kWh
D. 900 kWh
E. Keine Antwort ist richtig.

65) Um eine Fläche zu dekorieren, werden 12 Meter eines Stoffes von 1,50 m Breite gebraucht. Wie viel Meter werden benötigt, wenn dieser Stoff nur in einer Breite von 1,20 m verfügbar ist?

A. 10 m
B. 12 m
C. 15 m
D. 20 m
E. Keine Antwort ist richtig.

Zins- und Prozentrechnen *Bearbeitungszeit 10 Minuten*

Bei der kaufmännischen Zinsrechnung werden dem Monat 30 Tage und dem Jahr 360 Tage zugrunde gelegt. Der Zinseszins kann unberücksichtigt bleiben, sofern die Aufgabenstellung nicht ausdrücklich etwas anderes verlangt.

Beantworten Sie bitte die folgenden Aufgaben, indem Sie jeweils den richtigen Lösungsbuchstaben markieren.

66) Herr Mayer möchte eine Maschine für 16.000 € erwerben. Wie viel Euro würde Herr Mayer bei einem Rabatt von 15 Prozent sparen?

A. 2.440 €
B. 2.250 €
C. 2.400 €
D. 2.450 €
E. Keine Antwort ist richtig.

67) Herr Mayer hat einen Restposten von 20 Autoradios für 3.000 € erworben und für 4.200 € weiterverkauft. Wie viel Prozent Gewinn konnte Herr Mayer erzielen?

A. 20 %
B. 30 %
C. 40 %
D. 10 %
E. Keine Antwort ist richtig.

68) Wie viel Zinsen erhält Herr Mayer nach einem Jahr von der Bank, wenn er 30.000 € zu sechs Prozent fest anlegt?

A. 1.200 €
B. 1.400 €
C. 1.600 €
D. 1.800 €
E. Keine Antwort ist richtig.

69) Herr Mayer hat 60 Mitarbeiter. Davon sind 80 Prozent Männer. Wie viele Frauen arbeiten bei Herrn Mayer?

A. 8
B. 9
C. 10
D. 12
E. Keine Antwort ist richtig.

70) Herr Mayer möchte eine Maschine über die Bank finanzieren. Nach einem Jahr würde er dafür inklusive acht Prozent Zinsen 129.600 € bezahlen. Wie hoch ist der Preis der Maschine ohne Zinsen?

A. 110.000 €
B. 120.000 €
C. 125.000 €
D. 115.000 €
E. Keine Antwort ist richtig.

71) Um eine weitere Maschine erwerben zu können, muss Herr Mayer eine Geldanlage in Höhe von 24.000 € nach vier Monaten auflösen, die er zu sieben Prozent angelegt hatte. Wie viel Zinsen erhält er für vier Monate?

A. 350 €
B. 440 €
C. 560 €
D. 650 €
E. Keine Antwort ist richtig.

72) Herr Mayer hat eine Maschine, die er vor einem Jahr für 20.000 € erworben hatte, nun abzahlen können. Insgesamt hat er nach einem Jahr für die Maschine 21.800 € bezahlt. Wie hoch war der Zinssatz, den Herr Mayer erhalten hat?

A. 4 %
B. 5 %
C. 6 %
D. 9 %
E. Keine Antwort ist richtig.

73) Herr Mayer erhält auf sein Sparbuch bei einer Verzinsung von sechs Prozent nach sechs Monaten einen Zins von 3.600 €. Welcher Betrag befindet sich auf seinem Sparbuch inklusive Zinsen?

A. 100.000 €
B. 120.000 €
C. 123.600 €
D. 133.600 €
E. Keine Antwort ist richtig.

74) Herr Mayer möchte seinem Buchhalter eine Gehaltserhöhung von 3 % geben. Nach der Gehaltserhöhung soll der Angestellte 3.708 € verdienen. Welchen Lohn hat der Buchhalter vor der Gehaltserhöhung erhalten?

A. 3.000 €
B. 3.200 €
C. 3.400 €
D. 3.600 €
E. Keine Antwort ist richtig.

75) Wie viele Zinstage werden vom 17.01. bis zum 22.08. berechnet?

A. 187 Tage
B. 209 Tage
C. 216 Tage
D. 219 Tage
E. Keine Antwort ist richtig.

Gemischte Textaufgaben

Bearbeitungszeit 10 Minuten

Beantworten Sie bitte die folgenden Aufgaben, indem Sie jeweils den richtigen Lösungsbuchstaben markieren.

76) Für eine Werbeaktion werden 1.000 Werbebroschüren gedruckt. Der Preis beträgt 500 €. Da die Kundschaft sich sehr für die Broschüre interessiert, müssen noch 200 Stück nachbestellt werden. Wie hoch ist der Preis für die Nachbestellung, wenn der Stückpreis gleich bleibt?

A. 80 €
B. 100 €
C. 120 €
D. 160 €
E. Keine Antwort ist richtig.

77) Eine Straße wird von beiden Enden gleichzeitig gebaut. Vom einen Ende werden täglich fünf Meter und vom anderen Ende sieben Meter fertiggestellt. Wie lange dauert der Straßenbau, wenn insgesamt 1.200 Meter zu fertigen sind?

A. 70 Tage
B. 90 Tage
C. 100 Tage
D. 120 Tage
E. Keine Antwort ist richtig.

78) Der Auszubildende Max hat eine Schrittweite von 1,4 Metern. Im Sportunterricht benötigt er für eine vorgegebene Strecke genau 480 Schritte. Wie viel Schritte braucht die Auszubildende Claudia für die gleiche Strecke, wenn sie eine Schrittweite von nur 1,12 Metern hat?

A. 500
B. 540
C. 600
D. 660
E. Keine Antwort ist richtig.

79) Der Firmenwagen der Mayer Großhandelsgesellschaft hat einen Tank mit 60 Liter Volumen. Bei einer sparsamen Fahrweise reicht eine Tankfüllung für 960 km. Wie viel Liter verbraucht das Fahrzeug im Durchschnitt auf 100 Kilometer?

A. 8,25 Liter
B. 7,25 Liter
C. 15,83 Liter
D. 6,25 Liter
E. Keine Antwort ist richtig.

80) In den Dörfern leidet jeder neunte Einwohner unter Kopfschmerzen. In Deutschland leidet im Durchschnitt jeder zwölfte Einwohner an Kopfschmerzen. Welche der Aussagen unten ist richtig?

A. Im Dorf leiden im Durchschnitt weniger Menschen unter Kopfschmerzen.

B. In der Gesamtbevölkerung leiden im Durchschnitt mehr Menschen unter Kopfschmerzen als in den Dörfern.

C. In der Gesamtbevölkerung leiden im Durchschnitt weniger Menschen unter Kopfschmerzen als in den Dörfern.

D. Das Verhältnis ist bei beiden gleich.

E. Keine Antwort ist richtig.

81) In einer Kleinstadt gibt es 9.000 Haushalte. In drei Vierteln der Haushalte leben Kinder. In drei Fünfteln der Haushalte mit Kindern leben Jungen. In wie vielen Haushalten leben Jungen?

A. 4.100

B. 4.700

C. 3.500

D. 4.050

E. Keine Antwort ist richtig.

82) In einer Wohngemeinschaft teilen drei Auszubildende die Miete nach Zimmergröße auf. Auszubildender Mark hat ein Zimmer von 25 m^2 und Dieter ein Zimmer von 24 m^2. Welchen Mietanteil muss Auszubildende Miriam zahlen, wenn die Gesamtmiete 700 € beträgt und ihr Zimmer nur 21 m^2 groß ist?

A. 180 €

B. 210 €

C. 240 €

D. 260 €

E. Keine Antwort ist richtig.

83) Die Stadt Maxdorf hat Grundstücke als Bauland ausgewiesen. Dadurch können in einem Gebiet 24 gleich große Bauplätze zu je 500 m^2 erschlossen werden. Wie viele Bauplätze könnten erschlossen werden, wenn jeder Bauplatz um 20 % kleiner ausfallen würde?

A. 20

B. 25

C. 30

D. 35

E. Keine Antwort ist richtig.

84) Müller Junior möchte einen neuen Computer für 1.280 € kaufen. Hierfür hat er bereits einen Teil des Kaufpreises gespart. Die Eltern steuern das Doppelte von dem, was Müller Junior bisher gespart hat, dazu. Nun fehlen Müller Junior nur noch 80 €. Welchen Betrag hat Müller Junior bereits gespart?

A. 450 €
B. 400 €
C. 600 €
D. 480 €
E. Keine Antwort ist richtig.

85) Herr Müller fährt mit 60 km/h. Seine Frau folgt in einem Abstand von 400 Metern. Wie schnell muss Frau Müller fahren, wenn sie Herrn Müller in 30 Sekunden einholen möchte?

A. 48 km/h
B. 60 km/h
C. 108 km/h
D. 118 km/h
E. Keine Antwort ist richtig.

Mathematische Kniffeleien *Bearbeitungszeit 10 Minuten*

Bei diesen Aufgaben besteht die Herausforderung darin, die im Text enthaltenen Angaben in die richtige mathematische Form zu bringen.

Beantworten Sie bitte die folgenden Aufgaben, indem Sie jeweils den richtigen Lösungsbuchstaben markieren.

86) Auf dem Tisch liegen 6 Bonbons – doppelt so viele weiße wie gelbe. Wie viele gelbe Bonbons liegen auf dem Tisch?

A. 1
B. 2
C. 3
D. 4
E. Keine Antwort ist richtig.

87) Dreht man den Wasserhahn auf, dauert es 20 Sekunden, bis das Waschbecken voll ist. Wird nun der Stöpsel gezogen, ist das Becken nach 30 Sekunden wieder leer. Wie lange dauert das Füllen des Beckens mit aufgedrehtem Hahn und gezogenem Stöpsel?

A. 40 Sekunden
B. 60 Sekunden
C. 90 Sekunden
D. Das Becken lässt sich mit gezogenem Stöpsel nicht füllen.
E. Keine Antwort ist richtig.

88) An einem Fußballturnier nehmen vier Mannschaften teil. Jedes Team spielt genau einmal gegen jedes andere Team. Wie viele Spiele gibt es insgesamt?

A. 5
B. 4
C. 8
D. 6
E. Keine Antwort ist richtig.

89) Wie lautet das Ergebnis für folgende Aufgabe? $-3^3 = ?$

A. 3
B. 9
C. –27
D. –6
E. Keine Antwort ist richtig.

90) John ist vier Jahre älter als Ivana. Zusammen kommen sie auf 40 Jahre. Wie alt ist John?

A. 16 Jahre
B. 18 Jahre
C. 20 Jahre
D. 22 Jahre
E. Keine Antwort ist richtig.

91) Eine Zahl wird durch 4 geteilt, zum erhaltenen Wert wird anschließend 28 addiert. Das Ergebnis ist das Doppelte von 26. Wie lautet die gesuchte Zahl?

A. 64
B. 56
C. 48
D. 96
E. Keine Antwort ist richtig.

92) Addiert man zu einer Zahl vier und multipliziert die Summe mit vier, so erhält man die Zahl 60. Welche Zahl wird gesucht?

A. 6
B. 8
C. 11
D. 9
E. Keine Antwort ist richtig.

93) Addiert man die Hälfte, ein Drittel und ein Viertel einer Zahl, so erhält man die Zahl 156. Wie lautet die gesuchte Zahl?

A. 124
B. 144
C. 164
D. 184
E. Keine Antwort ist richtig.

94) Zwei Freunde müssen 10 Seiten eines Textes auf einem Computer abtippen. Beide sind gleich schnell und wechseln sich nach jeder Seite ab. Für das Abtippen benötigen sie zusammen 20 Minuten. Wie lange würden vier Freunde benötigen?

A. 10 Minuten
B. 15 Minuten
C. 20 Minuten
D. 5 Minuten
E. Keine Antwort ist richtig.

95) Auszubildender Müller soll ein 1 Meter langes Stück Holz in zwei Teile zerlegen. Das kürzere Stück soll $\frac{1}{4}$ der Länge des größeren Stücks haben. Wie lang ist das kürzere Stück?

A. 25 cm
B. 20 cm
C. 15 cm
D. 10 cm
E. Keine Antwort ist richtig.

Rechengatter

Bearbeitungszeit 15 Minuten

In den folgenden Rechengattern wird von links nach rechts und von oben nach unten gerechnet. Bitte füllen Sie jedes hellgraue Feld mit dem richtigen Rechenzeichen oder der passenden Zahl **(verwendbar sind nur positive ganze Zahlen)**. Am Ende müssen alle Rechnungen stimmen.

96)

	×		=	6
−		×		
	+		=	15
=		=		
3		12		

97)

13			=	26
−		+		
		4	=	1
=		=		
9		6		

98)

		3	=	3
		×		
7			=	19
=		=		
2		36		

99)

11			=	44
+				
		29	=	51
=		=		
33		4		

100)

	÷		=	5
8		19	=	27
=		=		
7		22		

101)

	÷	2	=	
×				
			=	19
=		=		
24		15		

102)

22			=	44
	+	11	=	
=		=		
3		33		

103)

	–	5	–		=	10
–				×		
2		6	+		=	16
÷		+				
	+		+	7	=	9
=		=		=		
18		12		27		

104)

9	–		=	1
		×		
		8	=	4
=		=		
21				

105)

15	–			2	=	1
×		+				
			–	13	=	15
÷						
	×	7		12	=	2
=		=		=		
30		21		27		

Diagramm-Aufgaben

Bearbeitungszeit 5 Minuten

Welche Informationen liefert das Diagramm?

Bitte analysieren Sie das Schaubild und beantworten Sie die nachfolgenden Aufgaben, indem Sie jeweils den richtigen Buchstaben markieren.

Für eine Fahrt von Stuttgart nach Essen möchten Sie zwei Alternativen der Deutschen Bahn vergleichen. Die Verbindung mit dem ICE (08:05 Uhr ab Stuttgart / 82,– €) wäre zwar schneller, aber auch teurer als die mit dem RE (08:13 Uhr ab Stuttgart / 58,40 €).

Montag, den 25. August ab 08:00 Uhr RE / ICE

Km	Bahnhof/Haltestelle	RE	Km	Bahnhof/Haltestelle	ICE
↓	↓		↓	↓	
358	**Stuttgart Hbf**	**ab 08:13**	**358**	**Stuttgart Hbf**	**ab 08:05**
50	Stuttgart Hbf Heilbronn Hbf				
65	Heilbronn Hbf Heidelberg Hbf				
75	Heidelberg Hbf Frankfurt (Main) Hbf				
120	Frankfurt (Main) Hbf Siegen				
132	Siegen Essen Hbf				
800	**Essen Hbf**	**an 16:29**	**800**	**Essen Hbf**	**an 13:21**

106) Wie viel Euro sparen Sie durch die günstigere Alternative?

A. 12,60 €
B. 22,60 €
C. 23,60 €
D. 24,60 €
E. Keine Antwort ist richtig.

107) Wie lang ist die Strecke von Stuttgart nach Essen auf dem Schienenweg?

A. 384 km
B. 394 km
C. 412 km
D. 442 km
E. Keine Antwort ist richtig.

108) Wie lange brauchen Sie für die Strecke mit dem RE, wenn der Zug sich um 10 Minuten verspätet?

A. 8 h und 16 min
B. 8 h und 26 min
C. 8 h und 36 min
D. 8 h und 46 min
E. Keine Antwort ist richtig.

109) Wie groß ist die Zeitersparnis mit dem ICE gegenüber dem RE, wenn beide Züge pünktlich sind?

A. 1,5 h
B. 3 h
C. 2,7 h
D. 3,1 h
E. Keine Antwort ist richtig.

110) Wie lang ist die Strecke zwischen Stuttgart und Siegen?

A. 75 km
B. 120 km
C. 310 km
D. 442 km
E. Keine Antwort ist richtig.

Lösungen: Mathematik

1) D	31) D	61) B
2) C	32) C	62) C
3) C	33) A	63) B
4) C	34) D	64) C
5) B	35) D	65) C
6) A	36) D	66) C
7) D	37) D	67) C
8) C	38) D	68) D
9) B	39) B	69) D
10) C	40) C	70) B
11) 6	41) D	71) C
12) 37	42) B	72) D
13) 333	43) A	73) C
14) 13	44) A	74) D
15) 29	45) C	75) C
16) 20	46) D	76) B
17) 5	47) D	77) C
18) 6	48) B	78) C
19) 17	49) B	79) D
20) 48	50) A	80) C
21) 10	51) D	81) D
22) 9	52) B	82) B
23) 9	53) E	83) C
24) 24	54) D	84) B
25) 22	55) B	85) C
26) A	56) D	86) B
27) D	57) B	87) B
28) C	58) D	88) D
29) B	59) D	89) C
30) B	60) D	90) D

91) D	**98)** siehe Erklärung	**105)** siehe Erklärung
92) C	**99)**	**106)** C
93) B	**100)**	**107)** D
94) C	**101)**	**108)** B
95) B	**102)**	**109)** B
96) siehe Erklärung	**103)**	**110)** C
97)	**104)**	

Kopfrechnen (Aufgaben 1–10)

Zu 1) D. 218.503

$$\begin{array}{lr} & 554.616 \\ - & 336.113 \\ - & 1 \\ \hline = & 218.503 \end{array}$$

Zu 2) C. 32.762

$$\begin{array}{lr} & 827.614 \\ - & 794.852 \\ - & 1\ 1\ 1 \\ \hline = & 32.762 \end{array}$$

Zu 3) C. 19.202

$$\begin{array}{lr} & 8.648 \\ + & 9.576 \\ + & 978 \\ + & 2\ 2\ 2 \\ \hline = & 19.202 \end{array}$$

Zu 4) C. $\frac{16}{4}$

$$\frac{2}{8}+3\frac{3}{4}=\frac{1}{4}+\frac{15}{4}=\frac{16}{4}$$

Gemischte Zahlen sollten in Brüche umgewandelt werden. Danach werden die Brüche addiert, indem man den gemeinsamen Nenner findet, diesen beibehält und die Zähler miteinander addiert.

Zu 5) B. –9

Beachten Sie die Punkt-vor-Strich-Regel und berücksichtigen Sie die entsprechenden Vorzeichen.

$$-5\times 3-(-2)\times 3=-15-(-6)$$
$$=-15+6=-9$$

Zu 6) A. 45.880.926

$$\begin{array}{lr} & 4943\times 9282 \\ \hline & 44487000 \\ + & 988600 \\ + & 395440 \\ + & 9886 \\ + & 1\ 2\ 3\ 1\ 1 \\ \hline = & 45880926 \end{array}$$

Zu 7) D. 168

Beachten Sie die Punkt-vor-Strich-Regel und berücksichtigen Sie die entsprechenden Vorzeichen. Eine

Zahl vor einer Klammer ohne Operator entspricht einer Multiplikation: 4 (6 + 3) = 4 × (6 + 3).

(4 + 3) × 3 (6 − 2) × 2 = 7 × 3 (4) × 2 = 7 × 12 × 2 = 168

Zu 8) **C.** 168

Es gilt die Punkt-vor-Strich-Regel. Beachten Sie außerdem, dass zuerst die Klammern zu berechnen sind, und zwar von innen nach außen.

[(4 + 3) × 3 (6 − 2)] × 2 = [7 × 3 (4)] × 2 = 7 × 12 × 2 = 168

Zu 9) **B.** 95

Beachten Sie die Punkt-vor-Strich-Regel.

4,8 × 2,5 + 4,15 ÷ 0,05 = 12 + 83 = 95

Zu 10) **C.** 39.056

```
546784 ÷ 14 = 39056
42
——
126
126
———
  07
   0
  ——
  78
  70
  ——
   84
   84
   ——
    0
```

Kettenrechnen (Aufgaben 11–15)

Zu 11) 3 × 6 ÷ 9 + 3 × 9 ÷ 3 × 2 − 3 × 2 ÷ 9 = ***6***

Zu 12) 9 × 4 ÷ 6 × 3 + 4 − 3 × 2 + 4 ÷ 6 × 5 + 2 = ***37***

Zu 13) 30 ÷ 6 + 23 + 46 − 2 ÷ 8 × 9 + 9 + 909 ÷ 3 = ***333***

Zu 14) 1 × 2 + 3 × 4 − 5 × 2 + 15 ÷ 9 × 10 − 11 ÷ 3 = ***13***

Zu 15) 9 × 8 ÷ 6 − 5 × 7 + 6 ÷ 5 + 9 × 3 ÷ 2 − 1 = ***29***

Zu 16) 27 ÷ 3 + 18 ÷ 3 × 2 + 118 − 30 ÷ 2 + 3 ÷ 7 ÷ 2 + 16 = ***20***

Zu 17) 1.550 − 26 + 12 ÷ 3 × 2 ÷ 4 − 156 − 20 ÷ 16 = ***5***

Zu 18) 57 − 12 ÷ 9 + 12 − 3 ÷ 2 − 3 × 5 + 6 ÷ 2 × 3 − 3 ÷ 6 = ***6***

Zu 19) 2 × 4 + 5 × 6 − 8 ÷ 2 − 2 ÷ 3 + 4 ÷ 5 + 9 × 3 + 5 − 7 ÷ 2 = ***17***

Zu 20) 4 + 8 × 6 + 5 ÷ 7 + 6 × 4 − 16 ÷ 4 + 12 ÷ 5 × 4 + 3 − 7 × 3 = ***48***

Zu 21) 5 × 5 + 3 ÷ 4 + 2 × 2 − 3 × 3 ÷ 9 + 9 × 6 − 6 − 8 ÷ 7 = ***10***

Zu 22) $9 \times 2 + 9 \div 3 \times 9 - 3 \div 6 + 15 \div 4 \times 5 + 11 \div 2 - 5 \div 6 + 78 \div 9 = \mathbf{9}$

Zu 23) $18 + 4 \div 2 + 9 - 3 \times 4 - 2 \div 2 + 2 - 5 \div 5 \times 3 \div 2 = \mathbf{9}$

Zu 24) $4 + 8 \times 3 \div 6 + 9 \div 5 + 6 - 5 \times 4 + 4 \div 5 \times 6 = \mathbf{24}$

Zu 25) $13 - 5 \times 6 \div 4 \div 3 + 4 + 6 - 3 \times 2 + 17 \div 3 + 12 \div 5 + 6 \times 2 = \mathbf{22}$

Bruchrechnen (Aufgaben 26–35)

Zu 26) A. $\frac{5}{12}$

Brüche werden subtrahiert, indem man den gemeinsamen Nenner findet, diesen beibehält und die Zähler voneinander subtrahiert. Das Ergebnis ist so weit wie möglich zu kürzen:

$$\frac{3}{4} - \frac{1}{3} = \frac{9}{12} - \frac{4}{12} = \frac{5}{12}$$

Zu 27) D. $\frac{47}{15}$

Brüche werden addiert, indem man den gemeinsamen Nenner findet, die Zähler addiert und den Nenner beibehält. Das Ergebnis ist so weit wie möglich zu kürzen:

$$\frac{4}{5} + \frac{7}{3} = \frac{12}{15} + \frac{35}{15} = \frac{47}{15}$$

Zu 28) C. $\frac{5}{4}$

Brüche werden dividiert, indem man mit dem Kehrwert multipliziert. Das Ergebnis ist so weit wie möglich zu kürzen:

$$\frac{10}{4} \div \frac{4}{2} = \frac{10}{4} \times \frac{2}{4} = \frac{20}{16} = \frac{5}{4}$$

Zu 29) B. $\frac{27}{28}$

Brüche werden multipliziert, indem man Zähler mit Zähler und Nenner mit Nenner multipliziert:

$$\frac{9}{4} \times \frac{3}{7} = \frac{27}{28}$$

Zu 30) B. $2\frac{5}{17}$

Brüche werden multipliziert, indem man jeweils ihre Zähler und Nenner miteinander malnimmt. Das Ergebnis ist hier so weit wie möglich zu kürzen und als gemischte Zahl zu schreiben:

$$\frac{13}{4} \times \frac{12}{17} = \frac{156}{68} = \frac{39}{17} = 2\frac{5}{17}$$

Zu 31) D. $1\frac{39}{56}$

Brüche werden dividiert, indem man den ersten Wert (Dividend) mit dem Kehrwert des zweiten Werts (des Divisors, durch den geteilt werden soll) multipliziert. Das Ergebnis ist hier als gemischte Zahl zu schreiben.

$$\frac{5}{8} \div \frac{7}{19} = \frac{5}{8} \times \frac{19}{7} = \frac{95}{56} = 1\frac{39}{56}$$

Zu 32) C. $13\frac{3}{4}$

Gemischte Zahlen sollten zunächst in reine Brüche umgewandelt werden. Brüche werden dividiert, indem man den ersten Wert (Dividend) mit dem Kehrwert des zweiten Werts (des Divisors, durch den geteilt werden soll) multipliziert. Anschließend ist das Ergebnis hier als gemischte Zahl zu schreiben:

$$5\frac{1}{2} \div 0{,}4 = \frac{11}{2} \div \frac{2}{5} = \frac{11}{2} \times \frac{5}{2} = \frac{55}{4} = 13\frac{3}{4}$$

Zu 33) A. $\frac{75}{4}$

Gemischte Zahlen sollten in Brüche umgewandelt werden. Danach werden die Brüche multipliziert, indem man Nenner mit Nenner und Zähler mit Zähler multipliziert. Anschließend ist das Ergebnis so weit wie möglich zu kürzen:

$$7\frac{6}{8} \times 2\frac{2}{4} = \frac{60}{8} \times \frac{10}{4} = \frac{600}{32} = \frac{75}{4}$$

Zu 34) D. $7\frac{1}{6}$

Gemischte Zahlen sollten zunächst in reine Brüche umgewandelt werden. Brüche werden addiert, indem man sie auf einen gemeinsamen Nenner bringt, ihre Zähler addiert und den Nenner beibehält:

$$\left(3\frac{1}{4} + \frac{1}{3}\right) \div \frac{1}{2} = \left(\frac{13}{4} + \frac{1}{3}\right) \div \frac{1}{2}$$

$$= \left(\frac{39}{12} + \frac{4}{12}\right) \div \frac{1}{2} = \frac{43}{12} \div \frac{1}{2}$$

Brüche werden multipliziert, indem man den ersten Wert (Dividend) mit dem Kehrwert des zweiten Werts (des Divisors, durch den geteilt werden soll) multipliziert. Anschließend ist das Ergebnis hier so weit wie möglich zu kürzen und als gemischte Zahl zu schreiben:

$$\frac{43}{12} \div \frac{1}{2} = \frac{43}{12} \times \frac{2}{1} = \frac{86}{12} = \frac{43}{6} = 7\frac{1}{6}$$

Zu 35) D. 1

Gemischte Zahlen sollten zunächst in reine Brüche umgewandelt werden:

$$\left(4\frac{1}{2} + 2\frac{1}{4}\right) \div \left(9 - 2\frac{1}{4}\right)$$

$$= \left(\frac{9}{2} + \frac{9}{4}\right) \div \left(9 - \frac{9}{4}\right)$$

Brüche werden addiert bzw. subtrahiert, indem man sie auf einen gemeinsamen Nenner bringt, ihre Zähler addiert bzw. subtrahiert und den Nenner beibehält. Brüche werden dividiert, indem man den ersten Wert (Dividend) mit dem Kehrwert des zweiten Werts (des Divisors, durch den geteilt werden soll) multipliziert – in diesem Fall kann das Ergebnis bereits erkannt werden:

$$\left(\frac{9}{2}+\frac{9}{4}\right)\div\left(9-\frac{9}{4}\right)=\left(\frac{18}{4}+\frac{9}{4}\right)$$

$$\div\left(\frac{36}{4}-\frac{9}{4}\right)=\frac{27}{4}\div\frac{27}{4}=1$$

Maßeinheiten umrechnen (Aufgaben 36–45)

Zu 36) D. 347

Ein Zentimeter entspricht 10 Millimetern, also ergeben 34,7 Zentimeter 347 Millimeter:

$34{,}7 \times 10\ \text{mm} = 347\ \text{mm}$

Zu 37) D. 4,16

Ein Liter entspricht 0,01 Hektolitern, also ergeben 416 Liter 4,16 Hektoliter:

$416 \times 0{,}01\ \text{hl} = 4{,}16\ \text{hl}$

Zu 38) D. 420 mm

$297\ \text{mm} \times 1{,}414 = 420\ \text{mm}$

Die gesuchte Seite ist 420 mm lang.

Zu 39) B. 16.000 €

Bei einem Kurs von 1:1,50 muss Herr Mayer 16.000 € Euro umtauschen.

$24.000\ \$ \div 1{,}50\ \$/€ = 16.000\ €$

Zu 40) C. 1.430.000

Ein Kilometer entspricht 1.000 Metern bzw. 100.000 Zentimetern, also ergeben 14,3 Kilometer 1.430.000 Zentimeter:

$14{,}3 \times 100.000\ \text{cm} = 1.430.000\ \text{cm}$

Zu 41) D. 21.700.000

Eine Tonne entspricht 1.000 Kilogramm bzw. 1.000.000 Gramm, also ergeben 21,7 Tonnen 21,7 Mio. Gramm:

$21{,}7 \times 1.000.000\ \text{g} = 21.700.000\ \text{g}$

Zu 42) B. 3.500.000

Ein Quadratkilometer entspricht 1.000.000 Quadratmetern, also ergeben 3,5 Quadratkilometer 3.500.000 Quadratmeter:

$3{,}5 \times 1.000.000\ \text{m}^2 = 3.500.000\ \text{m}^2$

Zu 43) A. 388.800 Sekunden

4,5 Tage haben 388.800 Sekunden:

$4{,}5 \times 24\ \text{h} = 108\ \text{h}$

$108 \times 60\ \text{min} = 6.480\ \text{min}$

$6.480 \times 60\ \text{s} = 388.800\ \text{s}$

Zu 44) A. 20,83

Da ein Kilometer 1.000 Metern und eine Stunde 3.600 Sekunden entspricht, entsprechen 75 Kilometer pro Stunde 75.000 Metern in 3.600 Sekunden. Welche Distanz wird nun in einer Sekunde zurückgelegt?

$$\frac{75.000\,\text{m}}{3.600\,\text{s}} = \frac{750\,\text{m}}{36\,\text{s}} \approx 20{,}83\,\frac{\text{m}}{\text{s}}$$

75 Kilometer pro Stunde entsprechen 20,83 Metern pro Sekunde.

Zu 45) C. 41,5

Ein Millimeter entspricht 0,001 Metern. Auf einen Quadratmeter gingen demnach 0,0415 Kubikmeter Wasser nieder:

$41{,}5 \times 0{,}001\ \text{m} \times 1\ \text{m}^2 = 0{,}0415\ \text{m}^3$

Ein Kubikmeter entspricht 1.000 Kubikdezimetern bzw. 1.000 Litern, also ergeben 0,0415 Kubikmeter 41,5 Liter:

$0{,}0415 \times 1.000\ \text{l} = 41{,}5\ \text{l}$

Bei dem Gewitter gingen pro Quadratmeter stündlich 41,5 Liter Wasser nieder.

Schätzaufgaben (Aufgaben 46–55)

Zu 46) D. 3,9

Die zweiten und dritten Nachkommastellen fallen hier kaum ins Gewicht und löschen sich bei näherer Betrachtung sogar aus:

$0{,}01 + 0{,}045 - 0{,}055 = 0$

Konzentriert man sich auf die ersten beiden Stellen, lässt sich das Ergebnis schnell erkennen:

$7{,}9 - 4 = 3{,}9$

Zu 47) D. 2.719.701

Die letzte Ziffer der Lösung lässt sich berechnen, indem man nur die Endziffern der einzelnen Werte betrachtet:

$6 - 5 = 1$

Mit gerundeten Millionenwerten lässt sich das Ergebnis außerdem wie folgt überschlagen:

$4 - 1{,}3 = 2{,}7$

Beide dieser Bedingungen erfüllt nur Antwort D.

Zu 48) B. Zwischen 4.180.000 und 4.190.000

Die angegebenen Zahlenblöcke decken jeweils 10.000er-Bereiche ab, daher empfiehlt sich der Überschlag mit Tausenderwerten: 8.576 – 4.392 = 4.184. Durch die vernachlässigten Hunderter, Zehner und Einer kann das Ergebnis auf keinen Fall kleiner als 4.180.000 oder größer als 4.190.000 werden. Antwort B stimmt.

Zu 49) B. 100,1 %

77 % entsprechen ungefähr drei Vierteln (75 %). 130 % entsprechen ungefähr vier Dritteln (133 %). Bringt man die Werte in Bruchform, lässt sich das Ergebnis schnell abschätzen:

$\frac{3}{4} \times \frac{4}{3} = \frac{12}{12} = 1 = 100\ \%$

Zu 50) A. 42,93

Die letzte Ziffer der Lösung lässt sich berechnen, indem man nur die Endziffern der einzelnen Werte betrachtet: Diese Endziffern lauten 9 ($7 \times 7 = 49$) und 6 ($4 \times 4 = 16$). Die letzte Ziffer des Endergebnisses ergibt sich demnach aus der Rechnung:

$9 - 6 = 3$

Zu 51) D. 79,507

Betrachtet man nur die Nachkommastelle, erhält man:

$3^3 = 3 \times 3 \times 3 = 27$

Die letzte Ziffer des Ergebnisses lautet also 7. Per Überschlag erkennt man außerdem, dass die Lösung größer sein muss als 64 (4^3). Beide dieser Bedingungen erfüllt nur Vorschlag D.

Zu 52) B. 112

Zum einen muss die Endziffer 2 lauten, da $\sqrt{4} = 2$ ergibt. Zum anderen muss die Lösung – als Quadratwurzel einer fünfstelligen Zahl – dreistellig sein.

Zu 53) E. Zwischen 36.000 und 36.500

Die angegebenen Zahlenblöcke decken jeweils 500er-Bereiche ab, daher empfiehlt sich der Überschlag mit Hunderterwerten: $215 + 126 + 20 = 361$ (also 36.100). Somit muss die richtige Antwort E lauten: Alle übrigen Lösungsvorschläge liegen unter dem geschätzten Wert, doch das tatsächliche Ergebnis ist aufgrund der vernachlässigten Zehner und Einer sogar noch etwas höher.

Zu 54) D. Zwischen 14,6 und 15,5

Runden Sie zunächst den Faktor, der am nächsten an einer ganzen Zahl liegt, und multiplizieren Sie ihn mit dem anderen Faktor: $4 \times 3{,}7 = 14{,}8$. Somit kommen Sie dem tatsächlichen Ergebnis ausreichend nahe, da die vernachlässigte Nachkommastelle 0,1 nur zu einer geringen Erhöhung führen kann ($0{,}1 \times 3{,}7 = 0{,}37$).

Zu 55) B. Zwischen 3.050 und 3.125

Überschlagen Sie mit gerundeten Werten: Die zweite Potenz von 3,9 liegt nahe an der zweiten Potenz von 4, und die lautet 16. Multipliziert mit 200, ergibt sich 3.200. Da das Aufrunden der Potenz durch das Abrunden des zweiten Faktors nicht ausgeglichen wird, ist das tatsächliche Ergebnis etwas kleiner – als richtige Lösung kommt nur der Bereich zwischen 3.050 und 3.125 infrage.

Dreisatz (Aufgaben 56–65)

Zu 56) **D.** 8,10 €

Das Gespräch würde 8,10 € kosten.

3,60 € ÷ 4 min = 0,90 € pro Minute

0,90 €/min × 9 min = 8,10 €

Zu 57) **B.** 10

Sechs Arbeiter brauchen zehn Stunden für die gleiche Arbeit.

10 Arbeiter × 6 h = 60 h Gesamtzeit

60 h ÷ 6 Arbeiter = 10 h

Zu 58) **D.** 25 Tage

Der Auftrag erfordert 25 Arbeitstage.

10 Mitarbeiter × 20 d = 200 d Gesamtzeit

200 d ÷ 8 Mitarbeiter = 25 d

Zu 59) **D.** 28 Mitarbeiter

Herr Mayer müsste 28 Mitarbeiter einsetzen, um pünktlich fertig zu werden.

24 Mitarbeiter × 14 d = 336 d Gesamtzeit

336 ÷ 12 d = 28 Mitarbeiter

Zu 60) **D.** 9 Tage

Für die Eingabe der neuen Daten werden 9 Tage benötigt.

Alter Auftrag: 2 × 3 d = 6 d Gesamt-Arbeitsaufwand (verteilt auf 2 Mitarbeiter)

Neuer Auftrag: 6 d + 0,5 × 6 d = 9 d Gesamt-Arbeitsaufwand (für einen Mitarbeiter)

Zu 61) **B.** 170 kWh

Herr Müller würde durch die Umstellung 170 kWh einsparen.

500 × 50 W × 8 h = 200.000 Wattstunden (Wh)

500 × 10 W × 6 h = 30.000 Wattstunden (Wh)

200.000 Wh – 30.000 Wh
= 170.000 Wh

170.000 Wh = 170 kWh

Zu 62) **C.** 234 kg

Es werden 234 kg Obst benötigt.

120 + 10 = 130 Personen

(216 kg ÷ 120) × 130 = 234 kg Obst

Zu 63) **B.** 90 Aufträge

Kollege Schulz erledigt 90 Aufträge in der gleichen Zeit, die Herr Mayer für 60 Aufträge benötigt.

60 ÷ 40 = 1,5 Verhältnis Schulz/Mayer

1,5 × 60 = 90 Aufträge

Zu 64) **C.** 840 kWh

Der Stromverbrauch würde 840 kWh betragen.

420 kWh ÷ 6 Maschinen ÷ 2 d
= 35 kWh pro Maschine pro Tag

35 kWh × 8 (Maschinen) × 3 (Tage)
= 840 kWh

Zu 65) C. 15 m

Es werden 15 Meter dieses Stoffes benötigt.

$12\ \text{m} \times 1{,}50\ \text{m} = 18\ \text{m}^2$

$18\ \text{m}^2 \div 1{,}2\ \text{m} = 15\ \text{m}$

Zins- und Prozentrechnen (Aufgaben 66–75)

Zu 66) C. 2.400 €

Herr Mayer würde einen Betrag von 2.400 € sparen.

$$\text{Prozentwert} = \frac{\text{Grundwert} \times \text{Prozentsatz}}{100}$$

$$\text{Prozentwert} = \frac{16.000\ € \times 15\ \%}{100} = 2.400\ €$$

Zu 67) C. 40 %

Herr Mayer konnte einen Gewinn von 40 Prozent erzielen.

$$\text{Prozentsatz} = \frac{\text{Prozentwert} \times 100}{\text{Grundwert}}$$

$$\text{Prozentsatz} = \frac{1.200\ € \times 100}{3.000\ €} = 40\ \%$$

Zu 68) D. 1.800 €

Herr Mayer erhält für die Anlage 1.800 € Zinsen.

$$\text{Zinsen} = \frac{\text{Kapital} \times \text{Zinssatz} \times \text{Tage}}{100 \times 360\ \text{d}}$$

$$\text{Zinsen} = \frac{30.000\ € \times 6\ \% \times 360\ \text{d}}{100 \times 360\ \text{d}} = 1.800\ €$$

Zu 69) D. 12

Herr Mayer beschäftigt 12 Frauen.

$$\text{Prozentwert} = \frac{\text{Grundwert} \times \text{Prozentsatz}}{100}$$

$$\text{Prozentwert} = \frac{60 \times 20\ \%}{100} = 12$$

Zu 70) B. 120.000 €

Die Maschine hat ohne Zinsen 120.000 € gekostet.

$$\text{Grundwert} = \frac{\text{Prozentwert} \times 100}{\text{Prozentsatz}}$$

$$\text{Grundwert} = \frac{129.600\ € \times 100}{108\ \%} = 120.000\ €$$

Zu 71) C. 560 €

Herr Mayer würde für die vier Monate Zinsen in Höhe von 560 € erhalten.

$$\text{Zinsen} = \frac{\text{Kapital} \times \text{Zinssatz} \times \text{Tage}}{100 \times 360\ \text{d}}$$

$$\text{Zinsen} = \frac{24.000\ € \times 7\ \% \times 120\ \text{d}}{100 \times 360\ \text{d}} = 560\ €$$

Zu 72) D. 9 %

Der Zinssatz betrug neun Prozent.

$$\text{Zinssatz} = \frac{\text{Zinsen} \times 100 \times 360\ \text{d}}{\text{Kapital} \times \text{Tage}}$$

$$\text{Zinssatz} = \frac{1.800\,€ \times 100 \times 360\,\text{d}}{20.000\,€ \times 360\,\text{d}} = 9\,\%$$

Zu 73) C. 123.600 €

Herr Mayer hat nach sechs Monaten einen Gesamtbetrag von 123.600 € auf seinem Sparbuch.

$$\text{Kapital} = \frac{\text{Zinsen} \times 100 \times 360\,\text{d}}{\text{Zinssatz} \times \text{Tage}}$$

$$\text{Kapital} = \frac{3.600\,€ \times 100 \times 360\,\text{d}}{6\,\% \times 180\,\text{d}}$$

$= 120.000\,€$

Betrag = 120.000 € + 3.600 €
= 123.600 €

Zu 74) D. 3.600 €

Der Buchhalter hat vor der Gehaltserhöhung einen Lohn von 3.600 €.

$$\text{Grundwert} = \frac{\text{Prozentwert} \times 100}{\text{Prozentsatz}}$$

$$\text{Grundwert} = \frac{3.708\,€ \times 100}{103\,\%} = 3.600$$

Zu 75) C. 216 Tage

Es werden 216 Zinstage berechnet.

Januar = 14 Tage

Februar bis Juli = 180 Tage

August = 22 Tage

Summe = 216 Tage

Gemischte Textaufgaben (Aufgaben 76–85)

Zu 76) B. 100 €

Die Nachbestellung kostet 100 €.

500 € ÷ 1.000 Stk. = 0,50 € pro Stück

0,50 €/Stk. × 200 Stk. = 100 €

Zu 77) C. 100 Tage

Die Straße ist nach 100 Tagen fertiggestellt.

5 m + 7 m = 12 m

1.200 m ÷ 12 m/Tag = 100 Tage

Zu 78) C. 600

Auszubildende Claudia würde für die gleiche Strecke 600 Schritte benötigen.

480 × 1,4 m = 672 m

672 m ÷ 1,12 m = 600

Zu 79) D. 6,25 Liter

Das Fahrzeug hat einen Durchschnittsverbrauch von 6,25 Litern auf 100 Kilometern.

60 l ÷ 960 km × 100 km = 6,25 l

Zu 80) C. In der Gesamtbevölkerung leiden im Durchschnitt weniger Menschen unter Kopfschmerzen als in den Dörfern.

In der Gesamtbevölkerung leidet jeder Zwölfte unter Kopfschmerzen. Von hundert Menschen sind betroffen: 100 ÷ 12 = 8,33 (entspricht 8,33 %).

In der Dorfbevölkerung leidet jeder Neunte unter Kopfschmerzen. Von hundert Menschen sind betroffen: 100 ÷ 9 = 11,11 (entspricht 11,11 %).

Zu 81) D. 4.050

In 4.050 Haushalten leben Jungen.

9.000 × ¾ = 6.750 Haushalte mit Kindern

6.750 × ⅗ = 4.050 Haushalte mit Jungen

Zu 82) B. 210 €

Auszubildende Miriam hat einen Mietanteil von 210 € zu zahlen.

$21\ m^2 + 24\ m^2 + 25\ m^2 = 70\ m^2$

$700\ € \div 70\ m^2 \div = 10\ €$ pro m^2

$21\ m^2 \times 10\ €/m^2 = 210\ €$

Zu 83) C. 30

Durch die Verkleinerung könnten 30 Bauplätze erschlossen werden.

$$\text{Prozentwert} = \frac{\text{Grundwert} \times \text{Prozentsatz}}{100}$$

$$\text{Prozentwert} = \frac{500\ m^2 \times 80}{100} = 400\ m^2$$

$24 \times 500\ m^2 = 12.000\ m^2$

$12.000\ m^2 \div 400\ m^2 = 30$ Bauplätze

Zu 84) B. 400 €

Müller Junior hat bereits 400 € angespart.

1.280 € – 80 € = 1.200 €

1.200 € ÷ 3 Anteile = 400 € pro Anteil

Eltern: 400 €/Anteil × 2 Anteile = 800 €

Müller junior: 400 €/Anteil × 1 Anteil = 400 €

Zu 85) C. 108 km/h

Um die 400 Meter Rückstand in 30 Sekunden aufzuholen, müsste Frau Müller 48 km/h schneller fahren als ihr Mann:

400 m = 0,4 km

$$30\,s = \frac{30}{3.600}h = \frac{1}{120}h$$

$$0{,}4\,km \div \frac{1}{120}h = 0{,}4\,km \times \frac{120}{1h}$$

$$= 48\,km/h$$

Da Herr Müller mit 60 km/h fährt, müsste seine Frau mit 108 km/h fahren:

60 km/h + 48 km/h = 108 km/h

Mathematische Kniffeleien (Aufgaben 86–95)

Zu 86) B. 2

Es gibt nur zwei Möglichkeiten, die Zahl 6 durch eine Addition zweier verschiedener positiver ganzer Zahlen darzustellen: 1 + 5 = 6 und 2 + 4 = 6. Wenn es doppelt so viele weiße

Bonbons sind wie gelbe, liegen zwei gelbe Bonbons auf dem Tisch.

Zu 87) **B.** 60 Sekunden

Mit eingestecktem Stöpsel dauert es 20 Sekunden, bis das Becken voll ist. Im selben Zeitraum fließen mit geöffnetem Stöpsel zwei Drittel des Beckeninhalts ab. Kombiniert man diese Informationen, weiß man, dass das Becken mit aufgedrehtem Hahn und gezogenem Stöpsel nach 20 Sekunden zu einem Drittel gefüllt ist. Bis zur vollständigen Füllung dauert es also $3 \times 20 = 60$ Sekunden.

Zu 88) **D.** 6

Der Reihe nach: Mannschaft A spielt gegen die Mannschaften B, C und D. Mannschaft B muss danach nur noch gegen C und D antreten, und diese Teams bestreiten schließlich die letzte Partie. Insgesamt gibt es also $3 + 2 + 1 = 6$ Spiele.

Zu 89) **C.** –27

Das Ergebnis lautet –27:

$-(3 \times 3 \times 3) = -27$

Zu 90) **D.** 22 Jahre

John ist 22 Jahre alt. Setzt man für Johns Alter die Variable x, kann man die Textangaben in folgender Gleichung zusammenfassen:

$x + (x - 4) = 40$

Nun kann man nach x auflösen:

$x + x - 4 = 40 \quad | +4$

$2x = 44 \quad | \div 2$

$x = 22$

Zu 91) **D.** 96

Die gesuchte Zahl lautet 96. Anhand der Aufgabenstellung lässt sich folgende Gleichung aufstellen:

$y \div 4 + 28 = 2 \times 26 \quad | -28$

$y \div 4 = 52 - 28 \quad | \times 4$

$y = 24 \times 4 = 96$

Zu 92) **C.** 11

Am besten lässt sich die Aufgabe rückwärts rechnen:

$60 \div 4 = 15$

$15 - 4 = 11$

Zu 93) **B.** 144

Die gesuchte Zahl lautet 144.

$$\frac{1}{2}x + \frac{1}{3}x + \frac{1}{4}x = 156$$

$$\frac{6}{12}x + \frac{4}{12}x + \frac{3}{12}x = 156$$

$$\frac{13}{12}x = 156$$

$x = 156 \times 12 \div 13 = 144$

Zu 94) **C.** 20 Minuten

Da immer nur eine Person am Computer arbeiten kann, würden auch vier Freunde 20 Minuten benötigen.

Zu 95) **B.** 20 cm

Das kürzere Stück ist 20 cm lang.
Das längere Stück ist viermal so lang wie das kürzere Stück. Beide Stücke zusammen sind 1 Meter lang. Mathematisch ausgedrückt:

$x + 4x = 100\text{ cm}$

$5x = 100\text{ cm} \quad | \div 5$

$x = 20\text{ cm}$

Rechengatter (Aufgaben 96–105)

Zu 96)

6	×	1	=	6
–		×		
3	+	12	=	15
=		=		
3		12		

Zu 97)

13	×	2	=	26
–		+		
4	÷	4	=	1
=		=		
9		6		

Zu 98)

9	÷	3	=	3
–		×		
7	+	12	=	19
=		=		
2		36		

Zu 99)

11	+	33	=	44
+		–		
22	+	29	=	51
=		=		
33		4		

Zu 100)

15	÷	3	=	5
–		+		
8	+	19	=	27
=		=		
7		22		

Zu 101)

4	÷	2	=	2
×		+		
6	+	13	=	19
=		=		
24		15		

Zu 102)

22	+	22	=	44
–		+		
19	+	11	=	30
=		=		
3		33		

Zu 103)

20	–	5	–	5	=	10
–		+		×		
2	×	6	+	4	=	16
÷		+		+		
1	+	1	+	7	=	9
=		=		=		
18		12		27		

Zu 104)

9	–	8	=	1
+		×		
12	–	8	=	4
=		=		
21		64		

Zu 105)

15	−	7	×	2	=	1
×		+		+		
4	×	7	−	13	=	15
÷		+		+		
2	×	7	−	12	=	2
=		=		=		
30		21		27		

Diagramm-Aufgaben (Aufgaben 106–110)

Zu 106) C. 23,60 €

Bei der günstigeren Alternative würde man einen Betrag von 23,60 € einsparen.

82 € – 58,40 € = 23,60 €

Zu 107) D. 442 km

Die Strecke zwischen Stuttgart und Essen beträgt 442 Kilometer auf dem Schienenweg.

800 km – 358 km = 442 km

Zu 108) B. 8 h und 26 min

Der RE benötigt mit 10 min Verspätung für die Strecke 8 Stunden und 26 Minuten.

Von 08:13 Uhr bis 16:29 Uhr = 8 h und 16 min

8 h und 16 min + 10 min Verspätung = 8 h und 26 min

Zu 109) B. 3 h

Die Zeitersparnis mit dem ICE beträgt genau 3 Stunden.

RE: 08:13 Uhr bis 16:29 Uhr = 8 h und 16 min

ICE: 08:05 bis 13:21 Uhr = 5 h und 16 min

8 h 16 min – 5 h 16 min = 3 h

Zu 110) C. 310 km

Die Strecke zwischen Stuttgart und Siegen beträgt 310 km.

50 + 65 + 75 + 120 = 310 km

Logisches Denkvermögen

Zahlenreihen

Bearbeitungszeit 15 Minuten

Jede Zahlenreihe ist sinnvoll nach einer bestimmten Bildungsregel aufgebaut. Welche Zahl setzt die Reihe logisch fort?

Hierzu ein Beispiel

Aufgabe

1)

1	2	3	4	5	?

A. 6
B. 7
C. 8
D. 9
E. Keine Antwort ist richtig.

Antwort

(A.) 6

Gesucht ist die 6: Jede Zahl ist um 1 größer als ihre Vorgängerin.

Bitte bearbeiten Sie nun die Aufgaben: Setzen Sie die Zahlenreihen sinnvoll fort, indem Sie jeweils den richtigen Lösungsbuchstaben markieren.

1)

4	12	36	5	15	45	6	?

A. 39
B. 18
C. 19
D. 24
E. Keine Antwort ist richtig.

2)

50	7	40	14	30	21	?

A. 7
B. 37
C. 12
D. 20
E. Keine Antwort ist richtig.

3)

8	2	9	1	10	0	?

A. 11
B. –10
C. 9
D. 18
E. Keine Antwort ist richtig.

4)

4	12	9	12	36	33	36	?

A. 108
B. 33
C. 60
D. 12
E. Keine Antwort ist richtig.

5)

6	8	12	20	22	26	?

A. 14
B. 8
C. 20
D. 34
E. Keine Antwort ist richtig.

6)

1	1	2	3	5	?

A. 8
B. 9
C. 10
D. 14
E. Keine Antwort ist richtig.

7)

14	11	44	41	164	161	?

A. 620
B. 640
C. 644
D. 688
E. Keine Antwort ist richtig.

8)

10	4	20	14	70	?

A. 130
B. 350
C. 126
D. 64
E. Keine Antwort ist richtig.

9)

10	5	3	6	3	1	?

A. 2
B. –2
C. 4
D. –1
E. Keine Antwort ist richtig.

10)

4	4	8	8	12	16	16	?

A. 15
B. 11
C. 32
D. 13
E. Keine Antwort ist richtig.

11)

13	17	19	23	?

A. 21
B. 29
C. 31
D. 33
E. Keine Antwort ist richtig.

12)

5	20	23	21	84	87	?

A. 240
B. 85
C. 340
D. 83
E. Keine Antwort ist richtig.

13)

14	16	19	15	17	?

A. 4
B. 8
C. 20
D. 22
E. Keine Antwort ist richtig.

14)

47	**40**	**240**	**235**	**940**	**?**

A. 937
B. 823
C. 62
D. 1.500
E. Keine Antwort ist richtig.

15)

8	**7**	**10**	**5**	**12**	**3**	**14**	**?**

A. 1
B. 27
C. 36
D. 24
E. Keine Antwort ist richtig.

Buchstabenreihen *Bearbeitungszeit 15 Minuten*

Jede Buchstabenreihe in diesem Abschnitt folgt einer bestimmten logischen Bildungsregel. Ihre Aufgabe besteht darin, die Regel herauszufinden und die Reihe korrekt fortzusetzen.

Hierzu ein Beispiel

Aufgabe

1)

A	B	C	D	E	F	?

A. G
B. H
C. I
D. J
E. K

Antwort

(A.) G

Es handelt sich um eine alphabetisch fortlaufende Reihe. Auf das „F" muss daher das „G" folgen – der richtige Lösungsbuchstabe lautet A.

Bitte bearbeiten Sie nun die Aufgaben: Setzen Sie die Buchstabenreihen sinnvoll fort, indem Sie jeweils den richtigen Lösungsbuchstaben markieren.

16)

E	Z	D	V	F	S	?

A. Q
B. S
C. M
D. U
E. T

17)

C	F	I	L	O	?

A. N
B. M
C. Q
D. R
E. Keine Antwort ist richtig.

18)

P	Q	P	R	P	?

A. P
B. T
C. S
D. Z
E. Keine Antwort ist richtig.

19)

F	E	D	I	H	G	L	K	J	?

A. M
B. N
C. O
D. P
E. Keine Antwort ist richtig.

20)

C	D	X	W	E	F	V	U	G	?

A. H
B. S
C. T
D. G
E. Keine Antwort ist richtig.

21)

F	G	O	P	I	J	O	P	L	?

A. O
B. P
C. M
D. K
E. Keine Antwort ist richtig.

22)

Q	O	M	K	I	G	E	?

A. D
B. H
C. C
D. F
E. Keine Antwort ist richtig.

23)

D	E	F	W	V	?

A. T
B. S
C. G
D. U
E. Keine Antwort ist richtig.

24)

T	P	K	E	F	B	W	Q	?

A. M
B. L
C. K
D. R
E. Keine Antwort ist richtig.

25)

K	H	E	K	H	E	?

A. F
B. H
C. E
D. K
E. Keine Antwort ist richtig.

26)

C	E	H	L	?

A. D
B. Q
C. M
D. U
E. Keine Antwort ist richtig.

27)

U	S	O	M	I	?

A. A
B. T
C. D
D. X
E. G

28)

S	S	F	D	M	D	?

A. C
B. D
C. F
D. M
E. K

29)

W	M	T	O	Q	Q	?

A. Q
B. T
C. N
D. U
E. S

30)

E	F	D	G	H	F	?

A. I
B. G
C. H
D. B
E. Keine Antwort ist richtig.

Zahlenmatrizen

Bearbeitungszeit 15 Minuten

Die Zahlenmatrizen in diesem Abschnitt sind nach festen Regeln gebildet. Bitte stellen Sie sicher, dass jede Matrix richtig aufgestellt ist.

Hierzu ein Beispiel

Aufgabe

1) Welche Zahl fehlt?

1	2	2
3	2	?
3	4	12

A. 4
B. 2
C. 8
D. 6
E. Keine Antwort ist richtig.

Antwort

D. 6

In jeder Reihe ergeben die zwei linken Zahlen multipliziert die rechte Zahl. In jeder Spalte ergeben die zwei oberen Zahlen multipliziert die untere Zahl.

Bearbeitungstipp

Konzentrieren Sie sich zuerst auf eine einzige Reihe oder Spalte. Wie hängen die Zahlen darin rechnerisch zusammen, wird addiert, subtrahiert, multipliziert, dividiert? Wenn Sie eine Regel gefunden haben, versuchen Sie diese auf alle übrigen Reihen bzw. Spalten zu übertragen. Bei pyramidenförmigen Matrizen ist jede Zahl meist mit den beiden Zahlen unmittelbar darunter verknüpft.

Bitte bearbeiten Sie nun die Aufgaben: Markieren Sie jeweils den Lösungsbuchstaben des richtigen Antwortvorschlags. Sie haben dafür **15 Minuten** Zeit.

31) Welche Zahl fehlt?

98	87	76
?	54	43
32	21	10

A. 65
B. 56
C. 64
D. 48
E. Keine Antwort ist richtig.

32) Welche Zahl fehlt?

24	30	36
18	?	30
12	18	24

A. 12
B. 14
C. 20
D. 24
E. Keine Antwort ist richtig.

33) Welche Zahl fehlt (in beiden Lücken)?

2	4	8
4	8	?
8	?	256

A. 4
B. 8
C. 16
D. 32
E. Keine Antwort ist richtig.

34) Welche Zahl fehlt?

1	2	3	?
3	9	2	8

A. 1
B. 2
C. 3
D. 4
E. 5

35) Welche Zahl fehlt?

2	3	4	5
7	5	7	9
16	12	12	16
32	?	24	28

A. 24
B. 28
C. 30
D. 32
E. Keine Antwort ist richtig.

36) Welche Zahl fehlt?

15	4	3	11
3	11	12	7
10	?	5	13
5	13	13	2

A. 12
B. 8
C. 5
D. 4
E. Keine Antwort ist richtig.

37) Welche Zahl fehlt?

7	2	13	12
9	16	3	6
4	5	?	15
14	11	8	1

A. 7
B. 12
C. 15
D. 10
E. Keine Antwort ist richtig.

38) Welche Zahl fehlt?

72	69	23	26
66	63	21	24
60	57	?	22
54	51	17	20

A. 24
B. 15
C. 19
D. 32
E. Keine Antwort ist richtig.

39) Welche Zahl fehlt?

432

12 36

2 ? 6

1 2 3 2

A. 3
B. 4
C. 8
D. 6
E. Keine Antwort ist richtig.

40) Welche Zahl fehlt?

76

86 ?

108 22 32

187 79 57 89

A. 10
B. 14
C. 28
D. 46
E. Keine Antwort ist richtig.

41) Welche Zahl fehlt?

4

1 4

1 1 ? 4

3 1 1 4

A. 1
B. 4
C. 8
D. 6
E. Keine Antwort ist richtig.

42) Welche Zahl fehlt?

29

19 23

17 ? 11

2 3 5 7

A. 9
B. 21
C. 17
D. 13
E. Keine Antwort ist richtig.

43) Welche Zahl fehlt?

10	4	1	5
2	?	10	2
1	2	10	10
10	5	2	2

A. 2
B. 1
C. 5
D. 4
E. Keine Antwort ist richtig.

44) Welche Zahl fehlt?

15	4	9	12
3	−11	5	3
0	−14	?	−2
2	−14	30	−18

A. 16
B. −6
C. −16
D. 6
E. Keine Antwort ist richtig.

45) Welche Zahl fehlt?

9

3 27

4 ?

16 64 5 45

A. 9
B. 5
C. 7
D. 8
E. 4

Ein Element passt nicht hinein *Bearbeitungszeit 10 Minuten*

In jeder Reihe befindet sich ein Element, das dort nicht hineingehört – um welches es sich handelt, sollen Sie herausfinden. Bitte streichen Sie es durch.

Hierzu ein Beispiel

Aufgabe

1)	Aa	Bb	CC	Dd

Antwort

~~CC~~

Es handelt sich um eine alphabetisch fortlaufende Reihe mit Buchstabenpaaren aus einem Groß- und einem Kleinbuchstaben. Das dritte Element passt nicht hinein; statt „CC" müsste es „Cc" heißen.

Bitte bearbeiten Sie nun die Aufgaben: Streichen Sie in jeder Reihe das Element durch, das dort nicht hineinpasst.

46)	S	RR	Q	P	O	NN	M	LL	K
47)	F	G	G	G	H	H	I	I	J
48)	Z	A	Y	A	B	A	W	A	V
49)	B	d	U	c	W	k	X	K	O
50)	Yx	q	Wv	x	Ut	o	Sr	n	Qp

51)	t	l	p	f	j	i	k	b	d
52)	Y	v	S	p	M	k	G	d	A
53)	A	B	C	D	H	I	M	N	O
54)	a	c	u	k	j	r	o	w	e
55)	p	q	q	q	p	q	o	q	n

Wortanalogien

Bearbeitungszeit 10 Minuten

Zu jeder Aufgabe erhalten Sie zwei analog aufgebaute Wortgleichungen: Ein Begriff verhält sich zum zweiten wie der dritte zum vierten.

Welche beiden Wörter fehlen?

Hierzu ein Beispiel

Aufgabe

1) _____ verhält sich zu **Tag** wie **Dunkelheit** zu _____.

A.	Helligkeit	1.	Mond
B.	Dämmerung	2.	Kälte
C.	Sonne	3.	Nacht
D.	Wärme	4.	Abend

Antwort

(A.)	Helligkeit	1.	Mond
B.	Dämmerung	2.	Kälte
C.	Sonne	(3.)	Nacht
D.	Wärme	4.	Abend

Helligkeit verhält sich zu Tag wie Dunkelheit zu Nacht: Am Tag ist es hell, in der Nacht dunkel.

Bitte beginnen Sie nun mit den Aufgaben: Vervollständigen Sie die Wortgleichungen, indem Sie jeweils den Lösungsbuchstaben des linken Begriffs markieren und die Lösungszahl des rechten.

56) _____ verhält sich zu **Brot** wie **Ei** zu _____.

A.	Teig	1.	Huhn
B.	Mehl	2.	Küken
C.	Butter	3.	Schale
D.	Scheibe	4.	Omelett

57) _____ verhält sich zu **Haus** wie **Tor** zu _____.

A.	Zimmer	**1.**	Platz
B.	Fenster	**2.**	Straße
C.	Tür	**3.**	Hof
D.	Wohnung	**4.**	Keller

58) _____ verhält sich zu **Schule** wie **Trainer** zu _____.

A.	Eltern	**1.**	Verein
B.	Klassensprecher	**2.**	Platz
C.	Rektor	**3.**	Mannschaft
D.	Lehrer	**4.**	Training

59) _____ verhält sich zu **Wüste** wie **Insel** zu _____.

A.	Oase	**1.**	Schiff
B.	Kamel	**2.**	Wasser
C.	Karawane	**3.**	Meer
D.	Sand	**4.**	Salz

60) _____ verhält sich zu **Sonne** wie **Planet** zu _____.

A.	Stern	**1.**	Mond
B.	Galaxie	**2.**	Komet
C.	All	**3.**	Sternschnuppe
D.	Raumfahrt	**4.**	Erde

61) _____ verhält sich zu **Gebäude** wie **Komponist** zu _____.

A.	Plan	**1.**	Dirigent
B.	Architekt	**2.**	Oper
C.	Bauherr	**3.**	Sänger
D.	Stein	**4.**	Instrument

62) _____ verhält sich zu **wissen** wie **Vermutung** zu _____.

A.	Anlass	1.	lernen
B.	Behauptung	2.	beschreiben
C.	Tatsache	3.	erklären
D.	Annahme	4.	glauben

63) _____ verhält sich zu **Tisch** wie **Fuß** zu _____.

A.	Bein	1.	Stuhl
B.	Wade	2.	Schrank
C.	Zeh	3.	Hocker
D.	Knie	4.	Kissen

64) _____ verhält sich zu **Pflaume** wie **Kern** zu _____.

A.	Dorn	1.	Mango
B.	Stein	2.	Birne
C.	Kai	3.	Kiwi
D.	Stiel	4.	Banane

65) _____ verhält sich zu **kommst** wie **wüsste** zu _____.

A.	kommt	1.	wusste
B.	kämst	2.	wissen
C.	käme	3.	weiß
D.	kämen	4.	wüssten

Schlussfolgerungen *Bearbeitungszeit 10 Minuten*

Jede Aufgabe konfrontiert Sie mit mehreren Aussagen. Welche Schlussfolgerung lässt sich daraus ziehen? Ob die Aussagen in einem sinnvollen Bezug zur Realität stehen, ist hierbei unerheblich.

66) Welche Schlussfolgerung ist logisch richtig, wenn die folgende Behauptung zugrunde gelegt wird? „Marc ist unbegabt. Wenn Marc unbegabt ist, dann malt er gerne."

A. Marc ist begabt und malt gerne.
B. Marc ist unbegabt und malt gerne.
C. Marc malt nicht gerne.
D. Marc ist begabt und malt nicht gerne.
E. Keine Antwort ist richtig.

67) Wer hat das Schachturnier gewonnen?

¬ Paul und Angela haben Remis gespielt.
¬ Barbara hat Paul, Martin und Angela geschlagen.
¬ Tanja hat gegen Barbara verloren, aber gegen Paul und Angela gewonnen.
¬ Martin hat gegen Angela eine Niederlage erlitten.
¬ Wilhelm musste sich nur Barbara geschlagen geben und hat alle anderen besiegt.

A. Angela
B. Barbara
C. Martin
D. Tanja
E. Keine Antwort ist richtig.

68) Welche Schlussfolgerung ist logisch richtig, wenn die folgende Behauptung zugrunde gelegt wird? „Alle Vögel können nicht fliegen, alle Vögel haben Füße."

A. Alle Vögel, die Füße haben, können fliegen.
B. Alle Vögel, die Füße haben, können nicht fliegen.
C. Alles, was Füße besitzt, ist ein Vogel.
D. Alle Vögel, die keine Füße haben, können fliegen.
E. Keine Antwort ist richtig.

69) Doris, Kurt, Marta, Peter und Michaela ziehen jeweils ein Stäbchen und legen fest, dass derjenige mit dem kürzesten Stäbchen abwaschen muss. Wer erledigt den Abwasch?

¬ Kurt hätte das längste Stäbchen, wenn Michaela nicht wäre.
¬ Peters Stäbchen ist ein wenig länger als Doris'.
¬ Peter und Marta haben gleich lange Stäbchen gezogen.

A. Marta
B. Kurt
C. Doris
D. Peter
E. Keine Antwort ist richtig.

70) Welche Lampe leuchtet am hellsten?

¬ Lampe Mega ist heller als Lampe Solar.
¬ Lampe Beta ist etwas dunkler als Lampe Delta.
¬ Lampe Delta wird auch als Lampe Gamma bezeichnet.
¬ Lampe Gamma ist genauso hell wie Lampe Xenon.
¬ Lampe Xenon ist dunkler als Lampe Solar.

A. Lampe Delta
B. Lampe Gamma
C. Lampe Mega
D. Lampe Solar
E. Keine Antwort ist richtig.

71) Welche Schlussfolgerung ist logisch richtig, wenn die folgende Behauptung zugrunde gelegt wird? „Alle Gläser sind voll. Was voll ist, wurde aufgefüllt. Was aufgefüllt wurde, ist passiv."

A. Gläser sind passiv.
B. Was passiv ist, ist ein Glas.
C. Was aufgefüllt wurde, ist ein Glas.
D. Gläser sind nicht passiv.
E. Keine Antwort ist richtig.

72) „Wenn es regnet, dann wird die Straße nass. Die Straße ist trocken. Also …"

A. hat es geregnet, wenn die Straße nass ist.
B. hat es geregnet.
C. hat es nicht geregnet.
D. hat es nicht geregnet, wenn die Straße nass ist.
E. Keine Antwort ist richtig.

73) „Alle Bilder sind Flaschen. Die meisten Flaschen sind Dosen. Dosen kann man mieten. Bilder kann man sowohl kaufen als auch mieten, was bei Flaschen und Dosen nicht der Fall ist. Also …"

A. ist eine Flasche eine Dose und eine Dose ein Bild.
B. sind Dosen teuer, wenn auch Bilder teuer sind.
C. sind Bilder günstig, wenn Flaschen günstig sind.
D. kann man alle Flaschen mieten.
E. Keine Antwort ist richtig.

74) Welche Schlussfolgerung ist logisch richtig, wenn die folgende Behauptung zugrunde gelegt wird? „Wenn Claudia Klaus liebt, dann wird sie ihm vorschlagen, gemeinsam eine Wohnung zu mieten. Claudia schlägt Klaus vor, gemeinsam eine Wohnung zu mieten."

A. Klaus liebt Claudia nicht.
B. Klaus liebt Claudia.
C. Claudia liebt Klaus.
D. Claudia liebt Klaus nicht.
E. Keine Antwort ist richtig.

75) „Wenn Peter das Spiel gewonnen hat, ist Klaus oder Max Zweiter geworden. Wenn Klaus Zweiter geworden ist, hat Peter das Spiel nicht gewonnen. Wenn Alberto Zweiter geworden ist, dann ist es nicht Max geworden. Peter hat das Spiel gewonnen. Also …"

A. ist Peter Zweiter geworden.
B. ist Alberto Zweiter geworden.
C. ist Klaus Zweiter geworden.
D. ist Max Zweiter geworden.
E. Keine Antwort ist richtig.

Bedingungen

Bearbeitungszeit 10 Minuten

Nun geht es um Ihren analytischen Scharfsinn.

Welche Angaben brauchen Sie, um die Fragestellung eindeutig zu beantworten? Bitte markieren Sie jeweils den richtigen Lösungsbuchstaben.

76) Welche Aussage(n) brauchen Sie, um herauszufinden, welcher Affe die meisten Bananen gegessen hat?

a) Der Schimpanse hat mehr Bananen gegessen als der Bonobo.

b) Der Orang-Utan hat mehr Bananen gegessen als der Gorilla, der die zweitgrößte Bananenmenge verzehrt hat.

c) Der Gibbon hat weniger Bananen gegessen als der Orang-Utan.

A. Nur Aussage a)
B. Nur Aussage b)
C. Nur Aussage c)
D. Aussagen b) und c)
E. Keine Antwort ist richtig.

77) Welche Aussagen brauchen Sie, um herauszufinden, ob Ali und Ina gleich alt sind?

a) Lea ist nicht jünger als Jan.

b) Wenn Ali jünger ist als Jan, ist Ina auch jünger als Jan.

c) Wenn Ali und Ina gleich alt sind, ist Ali älter als Pia.

d) Wenn Kim und Ben gleich alt sind, sind auch Ali und Ina gleich alt.

e) Wenn Ali älter ist als Pia, ist Lea jünger als Jan.

A. Aussagen a), b) und c)
B. Aussagen c), d) und e)
C. Aussagen b), c) und d)
D. Aussagen a), c) und e)
E. Keine Antwort ist richtig.

78) Welche Aussage(n) brauchen Sie, um die gesuchte Zahl zu ermitteln?

a) Die gesuchte Zahl ist eine Quadratzahl.

b) Die gesuchte Zahl ist durch 2 teilbar.

c) Die gesuchte Zahl ist größer als 2 und kleiner als 8.

A. Nur Aussage a)
B. Nur Aussage b)
C. Nur Aussage c)
D. Aussagen a) und c)
E. Keine Antwort ist richtig.

79) Welche Aussagen brauchen Sie, um herauszufinden, an welchem Wochentag der Termin stattfindet?

a) Heute ist nicht Dienstag.

b) Der Termin findet 2 Tage nach übermorgen statt.

c) Morgen ist 2 Tage nach Freitag.

d) Gestern waren es bis zum Termin noch 5 Tage.

A. Aussagen a) und b)
B. Aussagen b) und d)
C. Aussagen a) und c)
D. Aussagen c) und d)
E. Keine Antwort ist richtig.

80) Herr Mayer erhält Zinsen auf sein Tagesgeldkonto. Welcher Zinsbetrag hat sich nach einem Jahr angesammelt? Um die Aufgabe zu lösen, brauchen Sie zusätzlich …

A. den Anlagebetrag und den Zinssatz.
B. nur den Zinssatz.
C. nur den Anlagebetrag.
D. keine weiteren Angaben.
E. Keine Antwort ist richtig.

81) Welche Aussage(n) brauchen Sie, um herauszufinden, wie viele Kilogramm Heu die Pferde im Stall pro Woche insgesamt fressen?

a) Der Hengst Caligula frisst pro Tag 5 kg Heu.

b) Die Stute Abbey frisst pro Woche 30 kg Heu.

c) Drei der Pferde fressen zusammen 430 kg Heu pro Monat.

d) Neben Caligula sind noch sechs weitere Pferde im Stall.

e) Pro Jahr fressen die Pferde zusammen 8 Ballen Heu.

f) Außer Abbey fressen alle Pferde gleich viel.

A. a), b), d), e)
B. a), b), c), d)
C. b), c), d), e)
D. a), b), d), f)
E. Keine Antwort ist richtig.

82) Gegeben sind folgende Gleichungen:

$x + y + z = 18$

$3x = z$

$z = 6y$

$x = 2y$

Um x, y und z zu berechnen, brauchen Sie …

A. nur eine der angegebenen Gleichungen.
B. nur zwei der angegebenen Gleichungen.
C. nur drei der angegebenen Gleichungen.
D. alle vier angegebenen Gleichungen.
E. Keine Antwort ist richtig.

83) An einem Tag dreht sich die Erde einmal um die eigene Achse. Wie schnell dreht sich ein Haus um die Erdachse, das genau auf der Äquatorlinie steht? Um die Aufgabe zu lösen, brauchen Sie zusätzlich …

A. keine weiteren Angaben.
B. den Erdumfang.
C. die Strecke vom Haus zum Erdmittelpunkt und den Erdumfang.
D. den Erdumfang und die Strecke vom Haus zur Sonne.
E. Keine Antwort ist richtig.

84) Ein umzäunter Garten hat die Form eines U. Der gestrichelte Teil des Gartenzauns soll erneuert werden – wie lang ist dieser Abschnitt? Um die Aufgabe zu lösen, brauchen Sie …

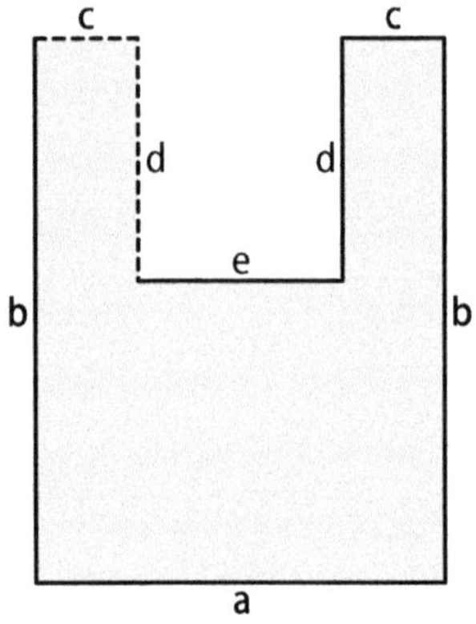

A. nur die Gesamtlänge des Zauns sowie die Seiten a und b.
B. nur die Gesamtlänge des Zauns sowie die Seiten a, c und e.
C. nur die Gesamtlänge des Zauns sowie die Seiten e, b und c.
D. unbedingt die Gesamtlänge des Zauns sowie die Seiten a, b, c und e.
E. Keine Antwort ist richtig.

85) Wie viele Aussage(n) brauchen Sie mindestens, um die gesuchte Zahl zu bestimmen?

a) Die Zahl ist ein Vielfaches von 3.

b) Die Zahl ist um 1 kleiner als eine Primzahl.

c) Die Zahl ist ein Vielfaches von 12.

d) Die Zahl ist kleiner als 45.

e) Die erste Ziffer der Zahl ist halb so groß wie die zweite.

f) Die Zahl ist ohne Rest durch 9 teilbar.

g) Die Zahl ist ein Vielfaches von 4.

A. Mindestens 2 Aussagen

B. Mindestens 3 Aussagen

C. Mindestens 4 Aussagen

D. Mindestens 6 Aussagen

E. Keine Antwort ist richtig.

Möglich oder unmöglich? *Bearbeitungszeit 10 Minuten*

Möglich oder nicht? Darum geht es in diesem Abschnitt.

Ausgehend vom gleichen Satzanfang werden bei jeder Aufgabe fünf Behauptungen aufgestellt. Davon ist nur eine einzige richtig – oder aber falsch. Bitte markieren Sie den Lösungsbuchstaben dieses aus der Reihe fallenden Antwortvorschlags.

86) Völlig unmöglich ist es, dass elektrischer Strom …?

A. gefriert.
B. schmilzt.
C. verdampft.
D. brennt.
E. fließt.

87) Ein Dreieck kann auf keinen Fall …?

A. eine größere Fläche haben als ein Viereck.
B. zwei rechte Winkel haben.
C. spiegelbildlich teilbar sein.
D. drei gleich große Winkel haben.
E. drei gleich lange Seiten haben.

88) Es ist unmöglich, dass ein Stoff im Wasser …?

A. schmilzt.
B. abkühlt.
C. untergeht.
D. schwimmt.
E. lebt.

89) Multipliziert man zwei ganze Zahlen, die größer sind als 0, kann das Ergebnis auf keinen Fall …?

A. kleiner sein als 1.
B. kleiner sein als 2.
C. größer sein als 1.000.
D. durch 5 teilbar sein.
E. ungerade sein.

90) Bei Sonnenaufgang ist es unmöglich, …?

A. nicht aufzuwachen.
B. Vögel zwitschern zu hören.
C. dass die Luft sich erwärmt.
D. dass die Sonne hinter dem Horizont verschwindet.
E. den Mond zu sehen.

91) Eine Primzahl kann auf keinen Fall …?

A. gerade sein.
B. ungerade sein.
C. größer als 10.000.000 sein.
D. auf 7 enden.
E. auf 15 enden.

92) Auf keinen Fall kann ein kleiner Magnet …?

A. große Feuer löschen.

B. das Licht einer Taschenlampe ablenken.

C. Kompassnadeln beeinflussen.

D. potentielle Energie in chemische Energie umwandeln.

E. aus Wärme Strom erzeugen.

93) Es ist nicht völlig auszuschließen, dass kein Mensch …?

A. noch nie im Weltall war.

B. etwas von einer unbekannten Tierart weiß.

C. auf einem fremden Planeten dauerhaft unglücklich wäre.

D. geboren wurde, ohne vorher im Mutterleib herangewachsen zu sein.

E. nicht sterben muss.

94) Keinesfalls kann kein Tier nicht …?

A. aus Zellen bestehen.

B. unsterblich sein.

C. Eier legen.

D. älter als 100 Jahre werden.

E. in der Tiefsee leben.

95) Es ist möglich, dass niemand …?

A. nicht sterben muss.

B. niemals glücklich ist.

C. nicht unter Wasser ohne Hilfsmittel atmen kann.

D. immer recht hat.

E. dauerhaft ohne Sauerstoff auskommt.

Kombinationsvermögen *Bearbeitungszeit 5 Minuten*

Um die Aufgaben zu lösen, müssen Sie die benötigten Informationen aus den vorangestellten Aussagen herausfiltern und richtig miteinander verknüpfen.

Eine bunte Wohngemeinschaft

Fünf Studentinnen leben gemeinsam in einer Wohngemeinschaft. Jede hat ihr eigenes Zimmer; die Räume heißen „Alpha", „Beta", „Gamma", „Delta" und „Omega". Alle Studentinnen sind grundverschieden: Sie studieren andere Fächer, haben andere Haarfarben, hören andere Musik und bevorzugen andere Sportarten.

Satz a) Die Bewohnerin des „Gamma"-Zimmers spielt Handball, die Germanistin verabscheut Techno und Klassik, aus dem „Omega"-Zimmer dröhnt weder Techno noch Ska, eine Studentin hört Hiphop.

Satz b) Die Blondine studiert Germanistik und die Handballerin Wirtschaft; die Brünette mag keine Klassik und wohnt nicht im „Omega"-Zimmer.

Satz c) Die „Delta"-Bewohnerin studiert Amerikanistik, die Chemiestudentin tanzt gern Zumba und hat keine roten Haare.

Satz d) Die „Beta"-Bewohnerin mag Jura und Ska, die Studentin mit grünem Haar steht auf Country-Musik, die Jura-Studentin ist zu klein für Hochsprung.

Satz e) Die Schwimmerin ist blond, die Radballerin ist schwarzhaarig, die „Gamma"-Bewohnerin hat grüne Haare.

Bitte bearbeiten Sie nun die folgenden Aufgaben: Markieren Sie jeweils den richtigen Lösungsbuchstaben.

96) Welchen Sport betreibt die rothaarige Studentin?

A. Handball
B. Schwimmen
C. Zumba
D. Hochsprung
E. Keine Antwort ist richtig.

97) Welches Fach studiert die Radballerin?

A. Wirtschaft
B. Jura
C. Chemie
D. Amerikanistik
E. Keine Antwort ist richtig.

98) Welche Haarfarbe hat die Amerikanistin?

A. Brünett
B. Blond
C. Schwarz
D. Rot
E. Keine Antwort ist richtig.

99) Welches Zimmer bewohnt die Germanistin?

A. Alpha
B. Beta
C. Gamma
D. Delta
E. Keine Antwort ist richtig.

100) Welche Musik mag die „Alpha"-Bewohnerin?

A. Hiphop
B. Ska
C. Klassik
D. Techno
E. Die Sätze widersprechen sich; es gibt keine Lösung.

Problemlösendes Denken *Bearbeitungszeit 15 Minuten*

Bei den folgenden Aufgaben handelt es sich um Brainteaser: kleine Kniffeleien, bei denen Sie alle logischen Register ziehen müssen.

Bitte bearbeiten Sie die folgenden Aufgaben, indem Sie den richtigen Lösungsbuchstaben markieren oder die Antwort aufschreiben.

101) Im Dezimalsystem kann man alle Zahlen mit den Ziffern 1, 2, 3, 4, 5, 6, 7, 8, 9, 0 darstellen. Wie viele Ziffern braucht man, um alle Seitenzahlen eines 100-seitigen Buchs zu schreiben?

A. 100
B. 168
C. 192
D. 250
E. Keine Antwort ist richtig.

102) An der Bordwand eines Segelschiffs hängt eine Strickleiter herab. Die Leiter hat 15 Sprossen, zwischen denen jeweils 20 Zentimeter Abstand liegen. Die unterste Sprosse ist genau 10 Zentimeter von der Wasseroberfläche entfernt. Nun setzt die Flut ein: Pro Stunde steigt der Wasserspiegel um 15 Zentimeter. Wie lange dauert es, bis das Wasser die dritte Sprosse von unten erreicht hat?

A. 3 Stunden, 20 Minuten
B. 2 Stunden, 30 Minuten
C. 1 Stunde, 45 Minuten
D. Das Wasser wird die Sprossen nicht erreichen.
E. Das kann man nicht wissen.

103) Max fährt mit der Bahn von Bergstadt nach Seefeld. Alle 10 Minuten kommt ihm auf dem Gegengleis eine Bahn von Seefeld nach Bergstadt entgegen. Angenommen, alle Bahnen fahren gleich schnell: Wie viele Bahnen verlassen Seefeld pro Stunde in Richtung Bergstadt?

A. 6
B. 5
C. 4
D. 3
E. Keine Antwort ist richtig.

104) In Jans Keller gibt es drei Lampen mit Glühbirnen. Die Lampen lassen sich vom Wohnzimmer aus ein- und ausschalten – für jede Lampe gibt es einen Schalter. Allerdings hat Jan vergessen, welcher Schalter für welche Lampe zuständig ist. Wie oft muss er mindestens in den Keller gehen, um es herauszufinden?

A. Viermal
B. Dreimal
C. Zweimal
D. Einmal
E. Keine Antwort ist richtig.

105) Auf der Flucht vor wilden Tieren müssen vier Abenteurer in der Dunkelheit eine marode Hängebrücke überqueren. Sie können die Brücke höchstens zu zweit betreten und brauchen für jeden Übergang ihre einzige Taschenlampe, um den Weg auszuleuchten. Die Abenteurer sind unterschiedlich schnell: Der erste schafft es in drei Minuten auf die andere Seite, der zweite in fünf Minuten, der dritte in acht Minuten und der vierte in neun Minuten. Wie lange dauert es mindestens, bis alle am anderen Ufer sind?

A. 25 Minuten
B. 27 Minuten
C. 23 Minuten
D. 31 Minuten
E. Keine Antwort ist richtig.

106) Tom und Mely spielen ein Spiel: Tom denkt sich eine Zahl zwischen 1 und 100 und Mely soll herausfinden, welche. Dazu darf sie ihm Fragen stellen, die Tom nur mit „ja" oder „nein" beantworten kann. Nach wie vielen Fragen kennt Mely die Zahl mit Sicherheit?

A. 100
B. 50
C. 25
D. 7
E. Keine Antwort ist richtig.

107) Ein Fechtturnier verläuft nach dem K.-o.-System: Immer zwei Fechter treten gegeneinander an, der Verlierer scheidet aus. Nach wie vielen Gefechten steht der Turniersieger fest, wenn 100 Fechter teilnehmen?

A. Nach 50 Gefechten
B. Nach 51 Gefechten
C. Nach 99 Gefechten
D. Nach 100 Gefechten
E. Keine Antwort ist richtig.

108) Eine Balkenwaage hat zwei Schalen: Je nachdem, in welcher Schale das größere Gewicht liegt, neigt sich die Waage in die eine oder in die andere Richtung. Nun stellen Sie sich vor, sie haben neun Kugeln: acht sind gleich schwer, eine ist etwas leichter. Wie viele Wiegevorgänge brauchen Sie mindestens, um die leichtere Kugel mit Sicherheit herauszufinden?

A. 7
B. 9
C. 2
D. 3
E. Keine Antwort ist richtig.

109) Sie haben zwei Sanduhren: In der einen ist der Sand nach genau fünf Minuten durchgelaufen, in der anderen nach exakt acht Minuten. Wie können Sie damit einen Zeitraum von einer Minute präzise abmessen?

110) Peter macht mit seinen Kindern Paul, Patrick und Pia einen Ausflug zu einer Aussichtsplattform in den Bergen. Der Aufzug, der zur Plattform führt, bietet allerdings höchstens zwei Personen Platz. Leider verträgt sich Pia heute überhaupt nicht mit den beiden Jungen, sodass Peter sie nicht mit Paul oder Patrick alleine lassen will. Außerdem muss Peter immer mitfahren, da sich die Kinder ohne ihn im Aufzug fürchten. Wie kommen alle zufrieden auf der Plattform an?

Symbolrechnen

Bearbeitungszeit 10 Minuten

In jeder Aufgabe stehen gleiche Symbole für gleiche Zahlen. Jedes Symbol repräsentiert eine Zahl von 0 bis 9, zwei zusammengezogene Symbole entsprechen einer zweistelligen Zahl. Welche Zahl wird durch das gesuchte Symbol ausgedrückt?

Hierzu ein Beispiel

Aufgabe

1) Für welche Zahl steht das Symbol Ω?

$$\Omega \times \Omega = \Omega$$

A. 4
B. 3
C. 2
D. 1
E. Keine Antwort ist richtig.

Antwort

(D.) 1

Gesucht wird eine Zahl, die mit sich selbst multipliziert sich selbst zum Ergebnis hat – von den Auswahlmöglichkeiten kommt nur die 1 infrage: $1 \times 1 = 1$.

Bitte bearbeiten Sie nun die Aufgaben: Markieren Sie jeweils den Lösungsbuchstaben des richtigen Antwortvorschlags.

111) Für welche Zahl steht das Symbol Δ?

$$\Delta\Delta \times \Pi = \Pi\Pi$$

A. 1
B. 2
C. 4
D. 8
E. Keine Antwort ist richtig.

112) Für welche Zahl steht das Symbol Δ?

$$\Delta^2 = \Delta + \Delta + \Delta$$

A. 1
B. 3
C. 9
D. 2
E. Keine Antwort ist richtig.

113) Für welche Zahl steht das Symbol Δ?

$$\Delta\Delta = \Delta + \Delta$$

A. 2
B. 1
C. 3
D. 4
E. Keine Antwort ist richtig.

114) Für welche Zahl steht das Symbol θ?

$$3 \times \theta = 1\Psi$$

A. 3
B. 5
C. 7
D. 4
E. Keine Antwort ist richtig.

115) Für welche Zahl steht das Symbol Ψ?

$$\Pi\Pi + \Pi = \Pi\Psi$$

A. 1
B. 7
C. 5
D. 4
E. Keine Antwort ist richtig.

116) Für welche Zahl steht das Symbol Δ?

$$\Pi 9 - \Pi = 2\Delta$$

A. 9
B. 7
C. 6
D. 3
E. Keine Antwort ist richtig.

117) Für welche Zahl steht das Symbol Ψ?

$$4\Psi \div \Psi = \Psi - 2$$

A. 8
B. 7
C. 5
D. 9
E. Keine Antwort ist richtig.

118) Für welche Zahl steht das Symbol Δ?

$$(2 + \Psi) \times \Delta = \Delta$$

A. 1
B. 3
C. 5
D. 0
E. Keine Antwort ist richtig.

119) Für welche Zahl steht das Symbol Ω?

$$\sqrt{\Delta\Psi\Omega} = 1\Omega$$

A. 6

B. 3

C. 9

D. 8

E. Keine Antwort ist richtig.

120) Für welche Zahl steht das Symbol Ψ?

$$\partial\Psi - \partial = \Psi\partial$$

A. 3

B. 6

C. 8

D. 1

E. Keine Antwort ist richtig.

Flussdiagramme

Bearbeitungszeit 2×5 Minuten

Flussdiagramme sind ein Mittel, um Vorgänge mit verschiedenen Verlaufsalternativen anschaulich abzubilden: So lassen sich verzweigte Abläufe planen, steuern und erklären.

Hierzu ein Beispiel

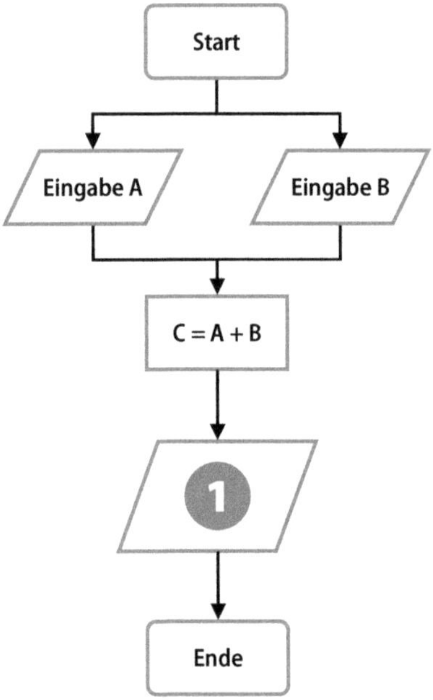

Aufgabe

1) Wofür steht die Zahl 1 im Flussdiagramm?

A. Ausgabe C
B. Ausgabe A
C. Ausgabe B
D. Eingabe A
E. Keine Antwort ist richtig.

Antwort

(A.) Ausgabe C

Im abgebildeten Prozess werden zwei Variablen A und B eingegeben und zum Ergebnis C addiert. Sinnvollerweise wird dieses Ergebnis anschließend ausgegeben, also z. B. auf einem Monitor angezeigt.

Wie funktionieren Flussdiagramme?

Ein Flussdiagramm besteht aus verschiedenen Symbolen, die beschriftet und durch waagerechte oder senkrechte Verlaufspfeile miteinander verbunden sind. Die Symbole lassen sich grob in fünf Gruppen einordnen:

- **Rechtecke mit abgerundeten Ecken** stehen für Prozessbeginn und -ende.
- **Rauten** stellen Bedingungen dar.
- **Rechtecke** symbolisieren eigene, in sich geschlossene Unterprozesse.
- **Ovale** kennzeichnen Entscheidungen oder Konsequenzen.
- **Parallelogramme** stehen für prozessinterne Ein- und Ausgaben (Inputs/Outputs).

I. Zinsrechner

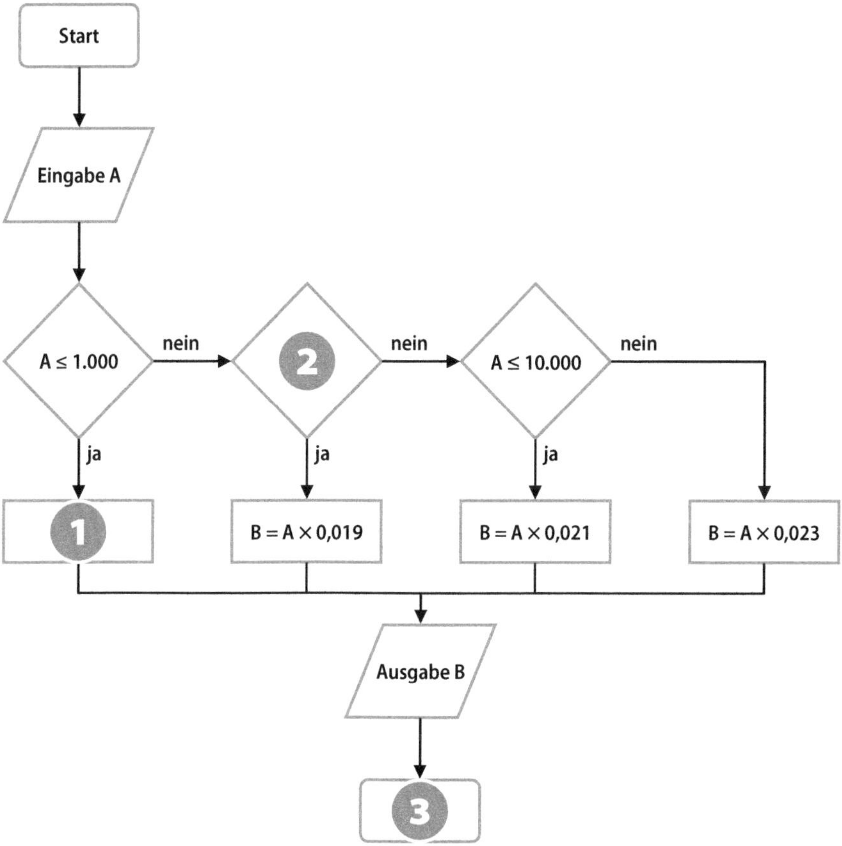

Bitte bearbeiten Sie nun die Aufgaben: Markieren Sie jeweils den Lösungsbuchstaben des richtigen Antwortvorschlags. Sie haben dafür **5 Minuten** Zeit.

121) Durch welche Antwort wird die Zahl 1 im Flussdiagramm sinnvoll ersetzt?

A. Variable A ist eine Zahl größer 1.000
B. C = A × B
C. Ausgabe A
D. Eingabe C
E. B = A × 0,015

122) Durch welche Antwort wird die Zahl 2 im Flussdiagramm sinnvoll ersetzt?

A. Variable A ist eine Zahl größer 5.000
B. C = A × B
C. A ≤ 5.000
D. Eingabe B
E. B = A × 0,015

123) Durch welche Antwort wird die Zahl 3 im Flussdiagramm sinnvoll ersetzt?

A. Ende
B. C = A × B
C. Ausgabe B
D. Eingabe B
E. B = A × 0,015

124) Welches Ergebnis erhalten Sie, wenn für Variable A die Zahl 1.000 eingegeben wird?

A. 15 €
B. 19 €
C. 21 €
D. 150 €
E. 190 €

125) Welches Ergebnis erhalten Sie, wenn für Variable A die Zahl 10.000 eingegeben wird?

A. 19 €
B. 21 €
C. 150 €
D. 190 €
E. 210 €

II. Warenwirtschaftssystem

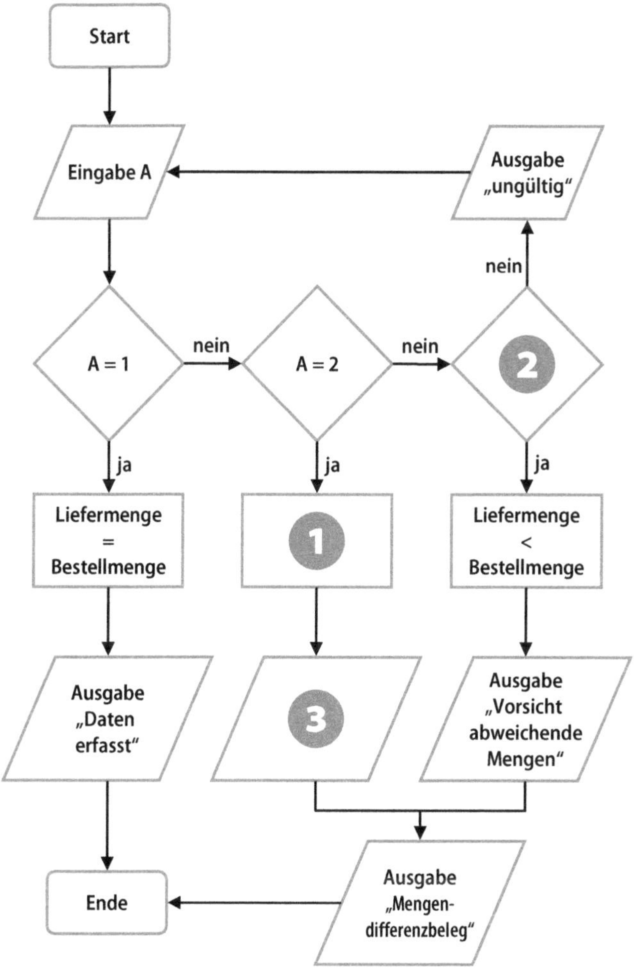

Bitte bearbeiten Sie nun die Aufgaben: Markieren Sie jeweils den Lösungsbuchstaben des richtigen Antwortvorschlags. Sie haben dafür **5 Minuten** Zeit.

126) Durch welche der Antworten wird die Zahl 1 im Flussdiagramm sinnvoll ersetzt?

A. Bestellmengen und Liefermengen stimmen überein
B. Mengendifferenzbeleg wird gedruckt
C. Eingabe falsch
D. Liefermenge > Bestellmenge
E. Bestellmenge > Liefermenge

127) Durch welche der Antworten wird die Zahl 2 im Flussdiagramm sinnvoll ersetzt?

A. B = A + C
B. Ende
C. Eingabe B
D. A = 3
E. Ausgabe Faxbeleg

128) Durch welche der Antworten wird die Zahl 3 im Flussdiagramm sinnvoll ersetzt?

A. Liefermenge = Bestellmenge
B. Ausgabe „Vorsicht abweichende Mengen“
C. Ausgabe „Mengen stimmen überein“
D. Eingabe neue Menge
E. Ausgabe „Menge nicht möglich“

129) Was passiert, wenn Sie für Variable A einen Wert von 2 eingeben?

A. Ausgabe „Menge neu eingeben“
B. Eingabe A
C. Ausgabe „ungültig“
D. Ausgabe „Vorsicht abweichende Mengen“
E. Ausgabe „Daten erfasst“

130) Was passiert, wenn Sie für Variable A einen Wert von 5 eingeben?

A. Ausgabe „Vorsicht abweichende Mengen“
B. Ausgabe „Mengendifferenzbeleg“
C. Ausgabe „ungültig“
D. B = 5 + A
E. Ausgabe „Daten erfasst“

Route optimieren *Bearbeitungszeit 7 Minuten*

Sie sind ein gefeierter Popstar und gerade auf Promotiontour, um Ihr neues Album vorzustellen.

Soeben sind Sie am Flughafen (Start/Ziel) gelandet. Nun stehen Interviews bei verschiedenen Radiosendern (A bis F) an. Einige Sender haben mit Ihnen ein Telefoninterview ausgemacht (Telefon-Symbol) – Ihr Smartphone ist jedoch leider heute Morgen zu Bruch gegangen. Sie können aber die Telefonanlagen dieser Sender nutzen, um vereinbarte Telefonate mit anderen Sendern zu erledigen. Bei den übrigen Studios müssen Sie persönlich erscheinen.

Jedes Interview dauert 5 Minuten, die Fahrtzeiten zwischen den Radiostationen sind im vorliegenden Plan vermerkt. Wie schnell können Sie alle Interviews erledigen und frühestens wieder am Flughafen sein?

131) Wie viele Minuten brauchen Sie für die schnellste Route?

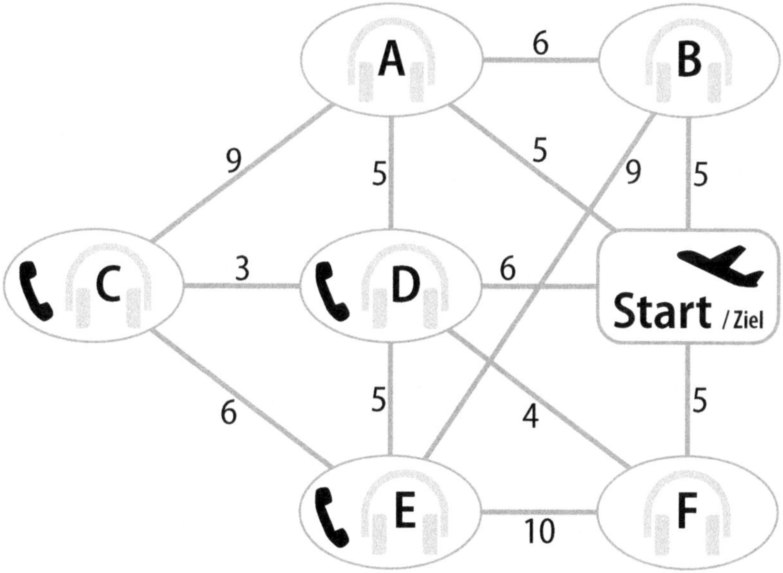

Lösungen: Logisches Denkvermögen

1) B	31) A	61) B2
2) D	32) D	62) C4
3) A	33) D	63) A2
4) A	34) A	64) B2
5) D	35) B	65) B3
6) A	36) C	66) B
7) C	37) D	67) B
8) D	38) C	68) B
9) A	39) D	69) C
10) C	40) A	70) C
11) B	41) A	71) A
12) B	42) D	72) C
13) C	43) C	73) C
14) A	44) A	74) E
15) A	45) A	75) D
16) B	46) P	76) B
17) D	47) G	77) D
18) C	48) B	78) D
19) C	49) K	79) D
20) A	50) x	80) A
21) C	51) i	81) D
22) C	52) k	82) C
23) D	53) D	83) B
24) D	54) j	84) C
25) D	55) p	85) B
26) B	56) B4	86) E
27) E	57) C3	87) B
28) D	58) D1	88) E
29) C	59) A3	89) A
30) A	60) A4	90) D

91) E	**105)** B	**119)** A
92) C	**106)** D	**120)** C
93) A	**107)** C	**121)** E
94) A	**108)** C	**122)** C
95) C	**109)** siehe Erklärung	**123)** A
96) D	**110)** siehe Erklärung	**124)** A
97) B	**111)** A	**125)** E
98) D	**112)** B	**126)** D
99) E	**113)** A	**127)** D
100) D	**114)** D	**128)** B
101) C	**115)** D	**129)** D
102) D	**116)** B	**130)** C
103) D	**117)** A	**131)** 55 Minuten
104) D	**118)** D	

Zahlenreihen (Aufgaben 1–15)

Zu 1) B. 18

x | x × 3 | x × 3 × 3 | y | y × 3 | y × 3 × 3 | z | z × 3

Zu 2) D. 20

x | y | x – 10 | y × 2 | x – 10 – 10 | y × 3 | x – 10 – 10 – 10

Zu 3) A. 11

–6 | +7 | –8 | +9 | –10 | +11

Zu 4) A. 108

×3 | –3 | +3 | ×3 | –3 | +3 | ×3

Zu 5) D. 34

+2 | +4 | +8 | +2 | +4 | +8

Zu 6) A. 8

Die jeweils nächste Zahl ergibt sich aus der Addition ihrer beiden Vorläuferinnen.

1 + 1 = 2; 1 + 2 = 3; 2 + 3 = 5; 3 + 5 = 8

Zu 7) C. 644

–3 | ×4 | –3 | ×4 | –3 | ×4

Zu 8) D. 64

–6 | ×5 | –6 | ×5 | –6

Zu 9) A. 2

÷2 | –2 | ×2 | ÷2 | –2 | ×2

Zu 10) C. 32

x | y | x + 4 | y × 2 | x + 4 + 4 | y × 2 × 2 | x + 4 + 4 + 4 | y × 2 × 2 × 2

Zu 11) B. 29

Es handelt sich um Primzahlen in aufsteigender Folge. Primzahlen sind nur durch sich selbst und 1 teilbar.

Zu 12) B. 85

×4 | +3 | −2 | ×4 | +3 | −2

Zu 13) C. 20

+2 | +3 | −4 | +2 | +3

Zu 14) A. 937

−7 | ×6 | −5 | ×4 | −3

Zu 15) A. 1

−1 | +3 | −5 | +7 | −9 | +11 | −13

Buchstabenreihen (Aufgaben 16–30)

Zu 16) B. S

Es handelt sich um die Anfangsbuchstaben der positiven ganzen Zahlen in aufsteigender Folge: **E**ins, **Z**wei, **D**rei, **V**ier, **F**ünf, **S**echs, **S**ieben.

Zu 17) D. R

Die Reihe beginnt bei C und läuft in Dreierschritten voran.

Zu 18) C. S

Das P ist mit einer von Q ausgehenden, alphabetisch voranschreitenden Buchstabenreihe verschachtelt.

Zu 19) C. O

Die Reihe beginnt bei F und läuft zweimal je einen Schritt im Alphabet rückwärts, um dann fünf Schritte vorwärts zu gehen. Diese Abfolge wiederholt sich anschließend.

Bewegung in alphabetischer Folge:

−1 | −1 | +5 | −1 | −1 | +5 | −1 | −1 | +5

Zu 20) A. H

Eine von C ausgehende, voranschreitende Buchstabenreihe ist im Zweierschritt mit einer von X aus rückwärtslaufenden Reihe verschachtelt.

Bewegung in alphabetischer Folge:

C | C + 1 | X | X − 1 | C + 2 | C + 3 | X − 2 | X − 3 | C + 4 | C + 5

Zu 21) C. M

Die Buchstaben O und P sind mit einer von F ausgehenden, im Alphabet vorwärtslaufenden Buchstabenreihe verschachtelt. Die sich wiederholende Grundregel lautet: Gehe einen Buchstaben im Alphabet weiter, füge O und P ein und gehe zwei Buchstaben weiter.

Bewegung in alphabetischer Folge:

+1 | O | P | +2 | +1 | O | P | +2 | +1

Zu 22) C. C

Die Reihe beginnt bei Q und läuft in Zweierschritten rückwärts.

Bewegung in alphabetischer Folge:

–2 | –2 | –2 | –2 | –2 | –2 | –2

Zu 23) D. U

Auf eine in Einerschritten vorwärtslaufende Buchstabenreihe mit drei Elementen (D, E, F) folgt eine in Einerschritten rückwärtslaufende Buchstabenreihe mit drei Elementen (W, V, U).

Bewegung in alphabetischer Folge:

D | D + 1 | D + 1 + 1 | W | W – 1 | W – 1– 1

Zu 24) D. R

Starten Sie beim Buchstaben T und gehen Sie zuerst vier Buchstaben zurück, dann fünf Buchstaben zurück, daraufhin sechs Buchstaben zurück und schließlich einen Schritt vorwärts. Bei A angekommen, setzen Sie die Bewegung bei Z fort.

Bewegung in alphabetischer Folge:

–4 | –5 | –6 | +1 | –4 | –5 | –6 | +1

Zu 25) D. K

Starten Sie beim Buchstaben K, gehen Sie im Alphabet zweimal drei Buchstaben rückwärts und kehren Sie zurück zur Ausgangsposition K.

Bewegung in alphabetischer Folge:

–3 | –3 | +6 | –3 | –3 | +6

Zu 26) B. Q

Starten Sie beim Buchstaben C und gehen Sie in alphabetischer Folge erst zwei, dann drei, daraufhin vier usw. Buchstaben voran.

Bewegung in alphabetischer Folge:

+2 | +3 | +4 | +5

Zu 27) E. G

Hier sind zwei Reihen miteinander verschachtelt: Die erste Reihe enthält Vokale in umgekehrt alphabetischer Folge, die zweite Reihe nennt jeweils den alphabetisch vorletzten Buchstaben vor dem voranstehenden Vokal.

Zu 28) D. M

Es handelt sich um die Anfangsbuchstaben der Wochentage in umgekehrter Reihenfolge: **S**onntag, **S**amstag, **F**reitag, **D**onnerstag, **M**ittwoch, **D**ienstag, **M**ontag.

Zu 29) C. N

Hier ist eine bei W beginnende Reihe, die in Dreierschritten rückwärtsläuft, mit einer zweiten Reihe verschachtelt, die bei M beginnt und in Einerschritten voranschreitet.

Bewegung in alphabetischer Folge:

W | M | W – 3 | M + 1 | W – 3 – 3 | M + 1 + 1 | W – 3 – 3 – 3

Zu 30) A. I

Die Reihe startet bei E und läuft zuerst einen Schritt alphabetisch vorwärts, dann zwei zurück und schließlich drei vorwärts. Diese Abfolge wiederholt sich.

Bewegung in alphabetischer Folge:

+1 | −2 | +3 | +1 | −2 | +3

Zahlenmatrizen (Aufgaben 31–45)

Zu 31) A. 65

Die Reihen werden nach folgendem Prinzip gebildet: Von 98 aus wird von links nach rechts und über die Zeilengrenzen hinweg immer 11 subtrahiert.

Zu 32) D. 24

Waagerecht, senkrecht und diagonal werden Reihen in 6er-Schritten gebildet (aufsteigend von links nach rechts sowie von unten nach oben).

Zu 33) D. 32

Die Zahlen der rechten Spalte sowie der unteren Reihe ergeben sich aus der Multiplikation der zwei anderen Zahlen der jeweiligen Spalte bzw. Reihe.

Zu 34) A. 1

Beide Quadrate sind gleich aufgebaut: Multiplizieren Sie die Summe der zwei oberen Zahlen mit der linken unteren Zahl, und Sie erhalten die rechte untere Zahl.

Linkes Quadrat: $(1 + 2) \times 3 = 9$

Rechtes Quadrat: $(3 + 1) \times 2 = 8$

Zu 35) B. 28

Die obere Reihe und die linke Spalte sind vorgegeben. Jede weitere Zahl erhält man, indem man die jeweils darüber stehende Zahl mit ihrem linken Nachbarn addiert. So berechnet sich die gesuchte Zahl aus $12 + 16 = 28$.

Zu 36) C. 5

Die Addition der Zahlen einer Spalte, einer Zeile oder einer Diagonalen führt immer zum Ergebnis 33.

Zu 37) D. 10

Die Addition der Zahlen einer Spalte, einer Zeile oder einer Diagonalen führt immer zum Ergebnis 34. Das Quadrat ist zudem ein magisches Quadrat, das heißt jede Zahl von 1 bis 16 kommt nur einmal vor.

Zu 38) C. 19

Die Reihen werden waagrecht nach folgendem Prinzip gebildet: Subtrahieren Sie 3 von der jeweils links stehenden Zahl. Dividieren Sie anschließend durch 3 und addieren Sie zum erhaltenen Wert schließlich nochmals 3.

$-3| \div 3 | +3$

Zu 39) D. 6

Die Pyramide ist nach folgendem Prinzip aufgebaut: Der Wert einer Zelle ergibt sich aus der Multiplikation der Werte der beiden Zellen darunter.

1. Reihe: $432 = 12 \times 36$

2. Reihe: $12 = 2 \times 6$; $36 = 6 \times 6$

3. Reihe: $2 = 1 \times 2$; $6 = 2 \times 3$; $6 = 3 \times 2$

Zu 40) A. 10

Die Pyramide ist nach folgendem Prinzip aufgebaut: Der Wert einer Zelle ergibt sich, in dem der kleinere von beiden Werten der darunter liegenden Zellen vom größeren Wert abgezogen wird.

1. Reihe: $76 = 86 - 10$

2. Reihe: $86 = 108 - 22$; $10 = 32 - 22$

3. Reihe: $108 = 187 - 79$; $22 = 79 - 57$; $32 = 89 - 57$

Zu 41) A. 1

Die Pyramide ist nach folgendem Prinzip aufgebaut: Die jeweils untere Reihe gibt an, wie oft eine Zahl in der darüber liegenden Reihe vertreten ist. In der obersten Reihe steht einmal die 4, demnach müssen in der Reihe darunter eine 1 und eine 4 stehen. Damit sind in dieser Reihe einmal die 1 und einmal die 4 vertreten, folgerichtig lauten die Zahlen der nächsten Reihe 1, 1, 1, 4. Damit sind in dieser Reihe dreimal die 1 und einmal die 4 vertreten, was in der untersten Reihe aufgeschlüsselt wird.

Zu 42) D. 13

Die Pyramide besteht aus der Aufzählung der Primzahlen, die unten links beginnt und sich in aufsteigender Folge s-förmig durch das Raster schlängelt: 2, 3, 5, 7, 11, 13, 17, 19, 23, 29.

Zu 43) C. 5

Die Multiplikation der Zahlen einer Reihe oder Spalte führt immer zum Ergebnis 200.

Zu 44) A. 16

Die obere Reihe und die linke Spalte sind vorgegeben. Jede weitere Zahl erhalten Sie, indem Sie von der jeweils darüber stehenden Zahl deren linke Nachbarzahl abziehen. So berechnet sich die gesuchte Zahl aus $5 - (-11) = 16$.

Zu 45) A. 9

Alle drei Pyramiden sind gleich aufgebaut: Teilen Sie jeweils die Zahl rechts unten durch die Zahl links unten, und Sie erhalten den Wert in der Spitze.

Obere Pyramide: $27 \div 3 = 9$

Linke untere Pyramide: $64 \div 16 = 4$

Rechte untere Pyramide: $45 \div 5 = 9$

Ein Element passt nicht hinein (Aufgaben 46–55)

Zu 46)	S	RR	Q	~~P~~	O	NN	M	LL	K

Die Reihe läuft alphabetisch rückwärts, wobei jeder zweite Buchstabe doppelt genannt wird. Anstelle des P müsste daher PP stehen.

Zu 47)	F	~~G~~	G	G	H	H	I	I	J

Die Reihe besteht aus jeweils doppelt angegebenen Buchstaben in alphabetischer Folge. Anstelle des ersten G müsste daher das wiederholte F stehen.

Zu 48)	Z	A	Y	A	~~B~~	A	W	A	V

Hier wechselt sich eine Buchstabenreihe, die alphabetisch rückwärts läuft (Z, Y, X …) mit dem Buchstaben A ab. Anstelle des B müsste daher ein X stehen.

Zu 49)	B	d	U	c	W	k	X	~~K~~	O

Hier wechseln sich groß- (B, U, W …) und kleingeschriebene Buchstaben (d, c, k …) ab, das K fällt daher aus der Reihe.

Zu 50)	Yx	q	Wv	~~x~~	Ut	o	Sr	n	Qp

Hier ist eine Buchstabenreihe, die alphabetisch rückwärts läuft und deren Elemente jeweils zweistellige Buchstabenpaare sind (Yx, Wv, Ut …), mit einer zweiten Buchstabenreihe verschachtelt, die bei q beginnt und ebenfalls alphabetisch rückwärts läuft (q, p, o …). Anstelle des x müsste daher ein p stehen.

Zu 51)	t	l	p	f	j	~~i~~	k	b	d

Das i ist der einzige Vokal der Reihe, die sonst nur aus Konsonanten besteht.

Zu 52)	Y	v	S	p	M	~~k~~	G	d	A

Die Reihe läuft in Dreierschritten alphabetisch rückwärts, wobei jeder zweite Buchstabe kleingeschrieben wird. Anstelle des k müsste demnach ein j stehen.

Zu 53)	A	B	C	~~D~~	H	I	M	N	O

Hier werden die Buchstaben in alphabetischer Folge aufgezählt, wobei nach jeweils drei Buchstaben die drei Folgebuchstaben ausgelassen werden. Anstelle des D müsste daher ein G stehen.

Zu 54)	a	c	u	k	~~j~~	r	o	w	e

Hier wechseln sich Vokale (a, u, o ...) und Konsonanten (c, k, r ...) ab, anstelle des j müsste daher ein weiterer Vokal stehen.

Zu 55)	~~p~~	q	q	q	p	q	o	q	n

Hier wechselt sich eine Buchstabenreihe, die alphabetisch rückwärts läuft (r, q, p ...), mit dem Buchstaben q ab. Anstelle des ersten p müsste daher ein r stehen.

Wortanalogien (Aufgaben 56–65)

Zu 56) B4. Mehl | Omelett

Brot wird aus Mehl hergestellt, aus Eiern kann man Omelett machen.

Zu 57) C3. Tür | Hof

Durch eine Tür tritt man ins Haus, durch ein Tor auf einen Hof.

Zu 58) D1. Lehrer | Verein

Lehrer unterrichten Schüler an einer Schule, Trainer leiten Sportler in einem Verein an.

Zu 59) A3. Oase | Meer

Oasen sind Vegetationsflecken in einer Wüste, oft an einer Wasserstelle; Inseln sind Landflecken in einem Gewässer.

Zu 60) A4. Stern | Erde

Die Sonne ist ein Stern, die Erde ein Planet.

Zu 61) B2. Architekt | Oper

Architekten entwerfen Gebäude, Komponisten konzipieren Opern.

Zu 62) C4. Tatsache | glauben

Wer eine Tatsache kennt, der weiß etwas. Wer eine Vermutung hat, nimmt etwas an, über das er sich nicht sicher sein kann – das heißt, er glaubt es.

Zu 63) A2. Bein | Schrank

„Beine" nennt man die Stützen eines Tisches, „Füße" die tragenden Teile eines Schranks.

Zu 64) B2. Stein | Birne

Im Inneren einer Pflaume findet sich ein Stein, Birnen enthalten Kerne.

Zu 65) B3. kämst | weiß

„Kommst" steht in der 2. Person Präsens Indikativ; im Konjunktiv II wird daraus „kämst". Analog dazu steht „wüsste" in der 1. Person Präsens Konjunktiv II – im Indikativ wird daraus „weiß".

Schlussfolgerungen (Aufgaben 66–75)

Zu 66) B. Marc ist unbegabt und malt gerne.

Hier handelt es sich um die logische Form des Modus ponens, der bestimmt: Wenn die Bedingung X erfüllt ist („wenn Marc unbegabt ist"), dann gilt auch Y („dann malt er gerne"). Da Marc laut den angegebenen Prämissen unbegabt ist, malt er demzufolge auch gerne – Antwort B stimmt. Die Antworten A und D fallen weg, da „Marc ist begabt" nicht zutrifft, denn er ist laut Prämissen unbegabt. Zudem trifft Antwort C nicht zu, da sich wie gezeigt schlussfolgern lässt, dass Marc gerne malt.

Zu 67) B. Barbara

Da Barbara gegen jeden ein Spiel gewonnen hat, ist sie die Siegerin. Die richtige Reihenfolge der Spielstärke nach lautet: Barbara, Wilhelm, Tanja, Angela, Paul, Martin.

Zu 68) B. Alle Vögel, die Füße haben, können nicht fliegen.

Beide vorgestellten Aussagen – „Alle Vögel können nicht fliegen" und „Alle Vögel haben Füße" – beziehen sich auf die gleiche Gruppe, nämlich die Gesamtheit der Vögel. Also lässt sich ableiten: Alle Vögel, die Füße haben – d. h. sämtliche Vögel –, können nicht fliegen.

Zu 69) C. Doris

Doris muss abwaschen. Die Aussage „Kurt hätte das längste Stäbchen, wenn Michaela nicht wäre" gibt die Information, dass Michaela und Kurt die längsten Stäbchen haben, d. h. die anderen haben kürzere. Da Peter und Marta gleichauf sind, aber Doris'

Stäbchen kürzer als Peters ist, muss sie die Verliererin sein. Die Reihenfolge nach Stäbchenlänge: Michaela, Kurt, Peter und Marta, Doris.

Zu 70) C. Lampe Mega

Lampe Mega leuchtet am hellsten. Da Lampe Solar dunkler als Lampe Mega ist, kann sie nicht die hellste sein. Lampe Xenon scheidet aus, da sie dunkler als Lampe Solar ist, und Lampe Delta bzw. Gamma ist genauso hell wie Lampe Xenon. Lampe Beta ist noch dunkler als Lampe Delta und kommt nicht als hellste Lampe infrage. Absteigend nach Helligkeit sortiert: Mega, Solar, Gamma/Delta, Xenon, Beta.

Zu 71) A. Gläser sind passiv.

Antwort A ist korrekt: Die Gläser sind voll, wurden also aufgefüllt und sind somit auch passiv. Antwort D besagt fälschlicherweise das Gegenteil („Gläser sind nicht passiv"). Antwort C ist falsch, da sich zum einen aus der Prämisse „Was voll ist, wurde aufgefüllt" nicht der Umkehrschluss „Was aufgefüllt wurde, ist voll" ziehen lässt. Zum anderen müsste irrigerweise angenommen werden, dass alles, was voll ist, ein Glas ist. Auch Vorschlag B entfällt: Er nimmt neben den besprochenen Fehlschlüssen zu Antwort C auch noch an, dass alles Passive aufgefüllt wurde.

Zu 72) C. hat es nicht geregnet.

Hier handelt es sich um die logische Form des Modus tollens. Dabei folgt aus X („Es regnet") zwingend Y („Die Straße wird nass"). Im Umkehrschluss heißt das: Wenn Y nicht erfüllt ist, kann auch X nicht erfüllt sein – anders ausgedrückt: Wenn die Straße trocken ist, kann es nicht geregnet haben; Antwort C stimmt. Antwort A ist falsch, da die Straße aus vielen Gründen nass werden könnte, z. B. auch durch eine Überschwemmung. Antwort B scheidet aus, da es nicht geregnet haben kann, wenn die Straße trocken ist. Antwort D liegt offensichtlich falsch, da es sich nicht ausschließen lässt, dass es geregnet hat, wenn die Straße nass ist.

Zu 73) C. sind Bilder günstig, wenn Flaschen günstig sind.

„Bilder sind günstig, wenn Flaschen günstig sind" ist korrekt, da alle Bilder Flaschen sind und so auch über alle Eigenschaften von Flaschen verfügen. Antwort A ist falsch, da laut Prämissen nur einige („Die meisten Flaschen sind Dosen"), aber nicht alle Flaschen Dosen sind. Aus diesem Grund sind auch die Antworten B und D nicht richtig, da sich Eigenschaften wie der Preis oder die Vermietbarkeit nur übertragen ließen, wenn alle Flaschen Dosen wären.

Zu 74) E. Keine Antwort ist richtig.

Die Antworten A und B können ausgeschlossen werden, da in den Prämissen nichts darüber ausgesagt wird, ob Klaus Claudia liebt oder nicht. Die Antworten C und D kommen ebenfalls nicht in Betracht, da man nicht weiß, ob Claudia Klaus liebt oder nicht. Ein Trugschluss wäre die Annahme, dass Claudia ihn liebt, weil sie ihm die gemeinsame Wohnung vorschlägt: Dies könnte auch aus anderen, zum Beispiel finanziellen Erwägungen geschehen. Somit stimmt keiner der Lösungsvorschläge.

Zu 75) D. ist Max Zweiter geworden.

Da Peter das Spiel gewonnen hat, lässt sich folgern, dass entweder Klaus oder Max Zweiter geworden ist. Aus der Prämisse „Wenn Klaus Zweiter geworden ist, hat Peter das Spiel nicht gewonnen" und der Feststellung „Peter hat gewonnen" lässt sich folgern, dass Klaus nicht Zweiter geworden ist – sonst hätte Peter ja nicht gewonnen. Da Klaus nicht Zweiter ist und entweder Klaus oder Max Zweiter geworden ist, kann es nur Max sein. Antwort D ist korrekt.

Bedingungen (Aufgaben 76–85)

Zu 76) B. Nur Aussage b)

Satz b) genügt: Wenn der Gorilla die zweitgrößte Bananenmenge verzehrt hat und der Orang-Utan mehr gegessen hat, muss dieser folglich der gesuchte Affe sein.

Zu 77) D. Aussagen a), c) und e)

Den logischen Ausgangspunkt bildet Satz c) mit der Feststellung, dass Ali älter ist als Pia, wenn er genauso alt ist wie Ina. In diesem Fall müsste Lea gemäß Aussage e) jünger sein als Jan, was jedoch laut Satz a) nicht zutrifft. Folglich sind Ali und Ina nicht gleich alt.

Zu 78) D. Aussagen a) und c)

Um die gesuchte Zahl zu ermitteln, brauchen Sie die Aussagen a) und c): Es gibt nur eine Quadratzahl zwischen 2 und 8, nämlich 4. Würde man nur eine einzige Aussage nutzen, fände man keine eindeutige Lösung.

Zu 79) D. Aussagen c) und d)

Ermitteln Sie zuerst, welcher Tag heute ist. Die Informationen dazu liefert Satz c): Wenn morgen zwei Tage nach Freitag ist, ist morgen Sonntag, also ist heute Samstag. Daran anknüpfen könnte man mit Aussage b) oder d) – beide besagen dasselbe, nämlich dass der Termin von heute aus betrachtet in vier Tagen stattfindet. Als Antwortmöglichkeit ist jedoch nur die Kombination der Sätze c) und d) angegeben.

Zu 80) A. den Anlagebetrag und den Zinssatz.

Die Laufzeit ist angegeben, sie liegt bei einem Jahr (das entspricht in der kaufmännischen Zinsrechnung 360 Tagen). Zur Berechnung des Zinsbetrags braucht man außerdem das angelegte Kapital und den Zinssatz:

$$\text{Zinsen} = \frac{\text{Kapital} \times \text{Zinssatz} \times \text{Tage}}{100 \times 360\,\text{d}}$$

Zu 81) D. a), b), d), f)

Gemäß Satz d) stehen insgesamt sieben Pferde im Stall. Sechs davon fressen laut Satz f) gleich viel – wie viel genau, beziffert Aussage a). Hochgerechnet fressen diese sechs Pferde pro Woche $5 \times 6 \times 7 = 210$ kg. Rechnet man Abbeys Bedarf aus Aussage b) hinzu, kommt man auf insgesamt 240 kg.

Zu 82) C. nur drei der angegebenen Gleichungen.

Um alle drei Variablen zu berechnen, brauchen Sie drei der angegebenen Gleichungen – eine davon muss die erste Gleichung sein. Beispielhaft lässt sich die Aufgabe lösen, indem Sie zuerst die Werte für z und x aus der dritten bzw. vierten Gleichung in die erste Gleichung einsetzen und y berechnen:

$$x + y + z = 18$$

$$2y + y + 6y = 18$$

$$9y = 18 \qquad | \div 2$$

$$y = 2$$

Dieses Ergebnis setzen Sie nun in die Gleichungen 3 und 4 ein, um z und x zu bestimmen:

$$z = 6y = 6 \times 2 = 12$$

$$x = 2y = 2 \times 2 = 4$$

Zu 83) B. den Erdumfang.

Die Geschwindigkeit berechnet sich aus Weg durch Zeit. Die Zeit ist mit einem Tag angegeben, der Weg ist in diesem Fall der Erdumfang (ungefähr 40.000 km). Die Rechnung lautet also:
$V = 40.000\text{ km} \div 24\text{ h}$
$\approx 1.666{,}67\text{ km/h}$.

Zu 84) C. nur die Gesamtlänge des Zauns sowie die Seiten e, b und c.

Das gesuchte Teilstück (c + d) erhalten Sie, indem Sie die übrigen Teilstücke von der Gesamtlänge (G) abziehen:

$c + d = G - a - b - b - c - d - e$

Aus der Skizze geht hervor: Seite a ist genauso lang wie die Summe der zwei Seiten c und der Seite e ($a = 2c + e$). Sie können die Variable a in der obigen Gleichung also einfach ersetzen:

$c + d = G - (2c + e) - b - b - c - d - e$
$= G - 2c - e - b - b - c - d - e$

Die Unbekannte d entfernen Sie geschickt aus der rechten Gleichungsseite, indem Sie die gesuchte Strecke c + d auf beiden Seiten addieren.

$2 \times (c + d) = G - 2c - e - b - b - e$
$= G - 2c - 2e - 2b$

Den Faktor 2 auf der linken Gleichungsseite können Sie vernachlässigen, denn die Lösung zeigt sich bereits: Sie können die Länge des gesuchten Zaunabschnitts bestimmen, wenn Sie die Größen G, c, e und b kennen.

Zu 85) B. Mindestens 3 Aussagen

Satz c) bündelt die Informationen der Sätze a) und g). Kombiniert mit den Aussagen d) und f) zeigt sich, dass sich die gesuchte Zahl durch 9 und 12 teilen lässt und kleiner ist als 45. Damit haben Sie alle Informationen, um die gesuchte Zahl 36 zu ermitteln.

Möglich oder unmöglich? (Aufgaben 86–95)

Zu 86) E. fließt.

Vorschlag E ergibt hier die einzige falsche Behauptung: Wenn Ladungsträger wandern, spricht man vom Stromfluss – elektrischer Strom fließt. Allerdings in einem anderen Sinne als Flüssigkeiten: Elektrischer Strom ist kein Stoff, er hat keinen Aggregatzustand (fest, flüssig, gasförmig) und kann demzufolge auch nicht gefrieren, schmelzen, verdampfen oder brennen (nichtsdestotrotz kann man ihn nutzen, um etwas in Brand zu setzen).

Zu 87) B. zwei rechte Winkel haben.

Vorschlag B ergibt hier die einzige richtige Behauptung: Die Winkelsumme im Dreieck beträgt 180 Grad und wäre mit zwei 90-Grad-Winkeln bereits ausgeschöpft. Somit bliebe die Form an einer Seite offen.

Zu 88) E. lebt.

Vorschlag E ergibt hier die einzige richtige Behauptung: „Stoff" bezeichnet leblose Materie, die folglich nicht leben kann, auch nicht im Wasser. Je nach Zustand und Beschaffenheit können solche Substanzen darin jedoch sehr wohl schwimmen, untergehen, schmelzen oder sich abkühlen.

Zu 89) A. kleiner sein als 1.

Zahlen, die größer sind als 0, nennt man auch „positive Zahlen". Die Reihe der positiven ganzen Zahlen beginnt bei 1 und reicht ins Unendliche. Das kleinste Produkt zweier solcher Zahlen ist $1 \times 1 = 1$; somit ergibt Vorschlag A hier die einzige richtige Behauptung.

Zu 90) D. dass die Sonne hinter dem Horizont verschwindet.

Vorschlag D ergibt hier die einzige richtige Behauptung: Wenn die Sonne aufgeht, kann sie nicht gleichzeitig untergehen („hinter dem Horizont verschwinden"). Alle weiteren Aussagen sind falsch: Es ist durchaus möglich, bei Sonnenaufgang weiterzuschlafen, Vogelgezwitscher zu hören oder den Mond zu sehen. Und wenn sich Luft nicht durch Sonnenstrahlung erwärmen würde, wäre es tagsüber genauso kühl wie nachts.

Zu 91) E. auf 15 enden.

Vorschlag E ergibt hier die einzige richtige Behauptung: Jede Zahl, die auf 15 endet, kann durch 5 geteilt werden und ist somit keine Primzahl. Alle weiteren Aussagen stimmen nicht: Primzahlen können ungerade sein (3, 5, 7 ...) und auf 7 enden (7, 17, 37 ...). Die größte bislang bekannte Primzahl ist mit über 17 Millionen Stellen deutlich größer als 10.000.000. Außerdem gibt es genau eine gerade Primzahl – nämlich die 2.

Zu 92) C. Kompassnadeln beeinflussen.

Vorschlag C ergibt hier die einzige falsche Behauptung: Mit einem Magneten kann man Kompassnadeln ablenken, die dazu gedacht sind, sich am irdischen Magnetfeld auszurichten. Alle weiteren Aussagen stimmen: Magneten können weder Licht ablenken noch Wärme in Strom oder potentielle in kinetische Energie umwandeln – geschweige denn Brände löschen.

Zu 93) A. noch nie im Weltall war.

Knifflig ist hier die Verkettung mehrerer Verneinungen. Zur Vereinfachung lässt sich der Satzbeginn „Es ist nicht völlig auszuschließen" mit „Es ist möglich" übersetzen. Nun können Sie die Sätze überprüfen: Wenn kein

Mensch noch nie im Weltall war, war jeder Mensch schon einmal dort – das ist unmöglich, folglich ist Behauptung A falsch. Die weiteren Aussagen stimmen: Dass niemand etwas von einer unbekannten Tierart weiß (Vorschlag B), versteht sich von selbst. Gleiches gilt für die Annahmen, dass jeder Mensch sterblich ist (Antwort E) und vor seiner Geburt im Mutterleib herangewachsen ist (Lösung D). Aussage C bezieht sich auf ein rein fiktives Szenario, kann nicht widerlegt werden und ist zumindest möglich.

Zu 94) A. aus Zellen bestehen.

Vereinfachen Sie zuerst die mehrfachen Verneinungen im Satzbeginn: „kein Tier kann nicht" bedeutet das gleiche wie „jedes Tier kann". Im Klartext lautet die Einleitung also „keinesfalls kann jedes Tier …". Kombiniert mit den Vorschlägen B bis E ergibt sich jedes Mal eine wahre Behauptung: Kein Tier ist unsterblich, und nur manche Tiere können Eier legen, älter als 100 Jahre werden oder in der Tiefsee leben. Lösungsvorschlag A ergibt die einzige falsche Behauptung, denn alle Lebewesen bestehen aus Zellen.

Zu 95) C. nicht unter Wasser ohne Hilfsmittel atmen kann.

Mit A und B ergeben sich doppelte Verneinungen und richtige Behauptungen: Wenn niemand nicht sterben muss, muss jeder sterben, und das trifft zu. Wenn niemand niemals glücklich ist, ist jeder irgendwann einmal glücklich – das ist zumindest möglich, das Gegenteil lässt sich nicht beweisen. Ähnliches gilt für Variante D: Was „recht haben" genau bedeutet, ist unklar, aber man kann annehmen, dass niemand immer die Wahrheit sagt oder das bessere Argument für sich hat. Vorschlag E gibt die Tatsache wider, dass jeder Mensch zum Leben Sauerstoff braucht. Lösungsmöglichkeit C ergibt hier die einzige unwahre Behauptung: Wenn niemand nicht ohne Hilfsmittel unter Wasser atmen kann, muss es im Umkehrschluss jeder können – was offensichtlich falsch ist.

Kombinationsvermögen (Aufgaben 96–100)

Zu 96) D. Hochsprung

Aus **Satz e)** geht hervor: Die Schwimmerin ist blond, die Radballerin schwarzhaarig und die grünhaarige Studentin ist die „Gamma"-Bewohnerin, die laut **Satz a)** gern Handball spielt. Nun sind nur noch zwei Sportarten übrig. **Satz c)** besagt, dass die Zumba-Tänzerin keine roten Haare hat – die rothaarige Studentin muss folglich die Hochspringerin sein.

Haarfarbe	Sportart	Zimmer	Fach	Musik
Blond	Schwimmen			
Schwarz	Radball			
Grün	Handball	„Gamma"		
Rot	Hochsprung			
Brünett	Zumba			

Zu 97) B. Jura

Neben den bisherigen Erkenntnissen hilft hier **Satz b)** weiter: Die Germanistin ist blond und die Handballerin studiert Wirtschaft. Laut **Satz c)** studiert die Zumba-Tänzerin Chemie und nach **Satz d)** studiert die Hochspringerin nicht Jura – also kommt dafür nur die Radballerin infrage.

Haarfarbe	Sportart	Zimmer	Fach	Musik
Blond	Schwimmen		**Germanistik**	
Schwarz	Radball		**Jura**	
Grün	Handball	„Gamma"	**Wirtschaft**	
Rot	Hochsprung			
Brünett	Zumba		**Chemie**	

Zu 98) D. Rot

Bis hierhin wurden vier der fünf Studienfächer schon zugeordnet. Das letzte fehlende Fach, die Amerikanistik, lässt sich leicht der rothaarigen Studentin zuordnen.

Haarfarbe	Sportart	Zimmer	Fach	Musik
Blond	Schwimmen		Germanistik	
Schwarz	Radball		Jura	
Grün	Handball	„Gamma"	Wirtschaft	
Rot	Hochsprung		**Amerikanistik**	
Brünett	Zumba		Chemie	

Zu 99) E. Keine Antwort ist richtig.

Die Haarfarben, Sportarten und Studienfächer wurden bereits zugeordnet. Bekannt ist auch, dass die Studentin mit den grünen Haaren das „Gamma"-Zimmer belegt. Für die weitere Zimmerbelegung gibt es folgende Informationen: Die Amerikanistin wohnt im „Delta"-Zimmer (**Satz c)**) und die Juristin im „Beta"-Zimmer (**Satz d)**). Für die brünette Studentin, die laut **Satz b)** nicht im „Omega"-Zimmer wohnt, bleibt somit nur das „Alpha"-Zimmer übrig. Die blonde Germanistik-Studentin hat also das „Omega"-Zimmer, das sich jedoch nicht in den Lösungsmöglichkeiten wiederfindet. Also stimmt Vorschlag E: Keine Antwort ist richtig.

Haarfarbe	Sportart	Zimmer	Fach	Musik
Blond	Schwimmen	**„Omega"**	Germanistik	
Schwarz	Radball	**„Beta"**	Jura	
Grün	Handball	„Gamma"	Wirtschaft	
Rot	Hochsprung	**„Delta"**	Amerikanistik	
Brünett	Zumba	**„Alpha"**	Chemie	

Zu 100) D. Techno

Satz d) erklärt die „Beta"-Bewohnerin zur Ska-Hörerin und lässt die „Gamma"-Bewohnerin für Country-Musik schwärmen. Folgt man den **Sätzen a) und b)**, hören weder die Germanistin noch die brünette Studentin klassische Musik, die sich somit nur der „Delta"-Bewohnerin zuordnen lässt. Da die Germanistin auch kein Techno mag, bleibt für sie nur Hiphop übrig, und im „Alpha"-Zimmer der Chemiestudentin läuft Techno.

Haarfarbe	Sportart	Zimmer	Fach	Musik
Blond	Schwimmen	„Omega"	Germanistik	**Hiphop**
Schwarz	Radball	„Beta"	Jura	**Ska**
Grün	Handball	„Gamma"	Wirtschaft	**Country**
Rot	Hochsprung	„Delta"	Amerikanistik	**Klassik**
Brünett	Zumba	„Alpha"	Chemie	**Techno**

Problemlösendes Denken (Aufgaben 101–110)

Zu 101) C. 192

Für die Seitenzahlen 1 bis 9 braucht man je eine Ziffer, für die zweistelligen Seitenzahlen von 10 bis 99 jeweils zwei Ziffern und für die 100 drei Ziffern. Die Summe der benötigten Ziffern beträgt: $9 \times 1 + 90 \times 2 + 1 \times 3 = 9 + 180 + 3 = 192$.

Zu 102) D. Das Wasser wird die Sprossen nicht erreichen.

Hier geht es nicht um Ihre Rechenkünste, sondern um reine Logik: Das Segelschiff schwimmt auf dem Wasser. Wenn der Wasserspiegel steigt, steigt auch das Schiff – und mit ihm die Strickleiter, die daran befestigt ist. Die Zahlenangaben sind vollkommen unwichtig und lenken nur vom Wesentlichen ab.

Zu 103) D. 3

Zu berücksichtigen ist: Auch die Bahn, in der Max sitzt, bewegt sich. Als die zweite Bahn an Max vorbeifährt, geschieht das 10 Minuten entfernt von der Stelle, wo ihn die erste Bahn passiert hat. Diesen Punkt erreicht die zweite Bahn nach weiteren 10 Minuten. Die entgegenkommenden Bahnen haben also einen Abstand von 20 Minuten – pro Stunde fahren in Seefeld folglich drei Bahnen nach Bergstadt ab.

Zu 104) D. Einmal

Einmal reicht. Jan muss nur darauf kommen, dass brennende Glühbirnen sich erwärmen. Dann kann er so vorgehen: Eine Lampe bleibt aus, eine schaltet Jan an, die dritte lässt er eine Weile an und schaltet sie kurz vor dem Hinuntergehen aus. Im Keller angekommen, kann er die einzige leuchtende Lampe direkt zuordnen. Bei den anderen prüft er, welche Glühbirne warm ist – diese muss dann soeben noch gebrannt haben.

Zu 105) B. 27 Minuten

Beim ersten Übergang geht der Schnellste mit dem Zweitschnellsten (5 Minuten). Anschließend kehrt der Schnellste zurück (3 Minuten) und überreicht die Taschenlampe an den Drittschnellsten, der sich daraufhin mit dem Langsamsten zur anderen Seite aufmacht (9 Minuten). Dort angekommen, geben sie die Taschenlampe dem Zweitschnellsten, der die Brücke überquert (5 Minuten) und den Schnellsten abholt (5 Minuten). Macht zusammen: 5 Minuten + 3 Minuten + 9 Minuten + 5 Minuten + 5 Minuten = 27 Minuten.

Zu 106) D. 7

Mit etwas Glück kann Mely die Zahl eventuell schnell erraten. Doch hier geht es darum, wann sie die Zahl sicher weiß. Mit jeder Frage kann Mely maximal die Hälfte der Zahlen ausschließen. Ihre erste Frage müsste lauten: „Ist die Zahl größer als 50?" Wenn ja, kommen nur noch die Zahlen von 51 bis 100 in Betracht, andernfalls die Zahlen von 1 bis 50. Mit einer einzigen Frage hat Mely also die verbleibende Zahlenmenge von 100 auf 50 reduziert.

Auf diese Weise bleiben nach der zweiten Frage 25 Zahlen übrig, nach der dritten Frage maximal 13 Zahlen, nach der vierten höchstens 7 Zahlen, nach der fünften 4 Zahlen, nach der sechsten 2 Zahlen – und nach der siebten Frage kennt Mely die Lösung mit Sicherheit.

Zu 107) C. Nach 99 Gefechten

Nach jedem Gefecht scheidet der Verlierer aus, und die Zahl der verbleibenden Fechter reduziert sich um 1. Wenn der Sieger feststeht, wurden 99 Fechter eliminiert – und dafür braucht man 99 Gefechte.

Zu 108) C. 2

Sie müssen tatsächlich nur zweimal wiegen. Zunächst bilden Sie aus den Kugeln drei Dreiergruppen: Die erste Gruppe legen Sie auf eine Waagschale, die zweite auf die andere und die dritte kommt beiseite. Wenn sich die Waage zu einer Seite neigt, befindet sich die leichtere Kugel auf der anderen Seite; verharrt die Waage im Gleichgewicht, gehört die gesuchte Kugel zur dritten Gruppe. Nun bleiben nur noch drei Kugeln übrig, die Sie im nächsten Schritt auf dieselbe Weise untersuchen.

Zu 109)

Drehen Sie beide Sanduhren gleichzeitig um, und sobald eine Uhr abgelaufen ist, starten Sie sie erneut. Wenn die 5-Minuten-Sanduhr dreimal durchgelaufen ist, sind genau 15 Minuten vergangen: Jetzt dauert es noch exakt eine weitere Minute, bis die 8-Minuten-Uhr zum zweiten Mal durchgelaufen ist.

Zu 110)

Zuerst fährt Peter mit Pia nach oben, danach mit einem der Jungen. Damit sich die Kinder auf der Plattform nicht in die Haare kriegen, nimmt er beim Abwärtsfahren Pia wieder mit, die unten warten muss, während Peter mit dem anderen Jungen nach oben fährt. Schließlich holt Peter Pia, und alle sind zufrieden oben angelangt.

Symbolrechnen (Aufgaben 111–120)

Zu 111) A. 1

Das Symbol Δ steht für die Zahl 1. Nur durch die Multiplikation eines einstelligen Werts mit 11 erhält man als Ergebnis stets eine zweistellige Zahl, deren Zehner- und Einerziffer der einstelligen Zahl entsprechen:

$11 \times 1 = 11; 11 \times 2 = 22; 11 \times 3 = 33$ usw.

Zu 112) B. 3

Die Quadratzahl der gesuchten Zahl ist zugleich das Dreifache des gesuchten Werts. Dies trifft nur auf Antwort B zu:

$3^2 = 3 \times 3 = 3 + 3 + 3$

Das Symbol Δ steht also für die Zahl 3.

Zu 113) A. 2

Setzt man die möglichen Lösungen in die Rechnung ein, kommt man schnell zu dem Ergebnis, dass nur 2 die gesuchte Zahl sein kann:

$2^2 = 4; 2 + 2 = 4$

$1^1 = 1; 1 + 1 = 2$

$3^3 = 27; 3 + 3 = 6$

$4^4 = 256; 4 + 4 = 8$

Zu 114) D. 4

Es gibt nur drei Zahlen, deren Multiplikation mit 3 zu einem Ergebnis zwischen 10 und 19 führt:

$3 \times 4 = 12$

$3 \times 5 = 15$

$3 \times 6 = 18$

Die zweite Möglichkeit scheidet aus, da die Endziffer des Ergebnisses in diesem Fall mit dem Faktor θ identisch sein müsste. Die letzte Möglichkeit ist nicht in den Lösungsvorschlägen angegeben. Das gesuchte Symbol steht also für die Zahl 4.

Zu 115) D. 4

Das Symbol Π kann nur für 1, 2, 3 oder 4 stehen, da bei allen größeren Werten das Ergebnis über die jeweilige „Zehnergrenze" springen würde. Für Π = 1, Π = 3 oder Π = 4 führt die Rechnung jedoch zu einem Ergebnis von Ψ, das nicht als Antwortmöglichkeit angegeben ist:

$11 + 1 = 12$

$33 + 3 = 36$

$44 + 4 = 48$

Das Symbol Ψ steht demnach für die Zahl 4:

$22 + 2 = 24$

Zu 116) B. 7

Wird eine beliebige einstellige Zahl von einer zweistelligen Zahl mit der Endziffer 9 abgezogen, bleibt deren Zehnerstelle gleich. Also trägt das Ergebnis (2Δ) dieselbe Zehnerstelle wie die Zahl, von der subtrahiert wurde. Das Symbol Π steht demnach für den Wert 2; die Rechnung lautet:

$29 - 2 = 27$

Das Symbol Δ steht für die Zahl 7.

Zu 117) A. 8

Anhand der angegebenen Lösungsmöglichkeiten kommen folgende Gleichungen infrage:

$48 \div 8 = 8 - 2$ $47 \div 7 = 7 - 2$

$45 \div 5 = 5 - 2$ $49 \div 9 = 9 - 2$

Durch Ausprobieren lässt sich die richtige Lösung schnell erkennen – das Symbol Ψ muss für die Zahl 8 stehen:

$48 \div 8 = 6 = 8 - 2$

Zu 118) D. 0

Bei der Multiplikation zweier Faktoren entspricht das Produkt nur dann einem dieser beiden Faktoren, wenn einer der Faktoren 0 oder 1 lautet:

$1 \times 2 = 2$; $1 \times 4 = 4$ usw. (wenn ein Faktor 1 ist)

$1 \times 0 = 0$; $2 \times 0 = 0$ usw. (wenn ein Faktor 0 ist)

Da der erste Faktor durch die Addition gleich oder größer als 2 ist, entfällt die erste Möglichkeit. Somit kann nur Lösung D stimmen. Das Symbol Δ steht für 0.

Zu 119) A. 6

Die Wurzel der dreistelligen Quadratzahl liegt zwischen 10 und 19. Die Endziffer der Wurzel ist zugleich die Endziffer der Quadratzahl. Diese Bedingung erfüllen im Zahlenraum zwischen 10 und 19 nur die 11 (Quadratzahl 121), die 15 (Quadratzahl 225) und die 16 (Quadratzahl 256). Da sich bei 121 und 225 weitere Ziffern wiederholen, bei der gegebenen Quadratzahl jedoch nicht, entfallen diese Möglichkeiten. Demnach kann die Wurzel nur 16 lauten – das Symbol Ω steht folglich für 6.

Zu 120) C. 8

Das Ergebnis Ψ∂ ist die Umkehrzahl des Ausgangswerts ∂Ψ: Erste und zweite Stelle sind vertauscht. Da der Subtrahend ∂ zwischen 0 und 9 liegen muss, kann eine Umkehrzahl nur dann entstehen, wenn ∂ und Ψ genau um 1 auseinanderliegen. Die Differenz zwischen ∂Ψ und Ψ∂ beträgt dann für alle beliebigen Werte immer 9:

$32 - 23 = 9$

$54 - 45 = 9$

87 – 78 = 9

Das Symbol ∂ steht also für die Zahl 9. Die Rechnung lautet nun:

9Ψ – 9 = Ψ9

Das Symbol Ψ repräsentiert folgerichtig die Zahl 8:

98 – 9 = 89

Flussdiagramme (Aufgaben 121–130)

I. Zinsrechner

Zu 121) E. B = A × 0,015

Da das Symbol Rechteck einen Prozess kennzeichnet, kommen nur die Lösungsmöglichkeiten B und E in Betracht. B ist falsch, da durch den Prozess C = A × B weder die im Anschluss auszugebende Variable B bestimmt wird, noch im weiteren Verlauf des Diagramms eine Variable C vorkommt.

Zu 122) C. A ≤ 5.000

Eine Raute kennzeichnet eine Verzweigung bzw. Bedingung. Somit kann nur A oder C stimmen. A kann ausgeschlossen werden, da die weitere Bedingung A ≤ 10.000 des Diagramms dann unlogisch wäre.

Zu 123) A. Ende

Prozessbeginn und -ende sind durch Rechtecke mit abgerundeten Ecken visualisiert. Nach der vorausgegangenen Ausgabe des Werts B ist der Ablauf hier beendet.

Zu 124) A. 15 €

Der Wert 1.000 erfüllt die Bedingung A ≤ 1.000. Somit wird der Betrag mit 1,5 Prozent verzinst: 1.000 × 0,015 = 15. Die Zinsen betragen also 15 €.

Zu 125) E. 210 €

Der Wert 10.000 erfüllt die Bedingung A ≤ 10.000. Somit wird der Betrag mit 2,1 Prozent verzinst: 10.000 × 0,021 = 210. Die Zinsen betragen demnach 210 €.

Lösungshinweis

Das Flussdiagramm simuliert einen Tagesgeldrechner. Abhängig von der Höhe des durch die Eingabe festgelegten Anlagebetrags A wird diesem ein bestimmter Zinssatz zugewiesen: Für Beträge kleiner oder gleich 1.000 € liegt dieser Satz bei 1,5 Prozent, für Beträge zwischen 1.001 € und 5.000 € bei 1,9 Prozent, für Beträge zwischen 5.001 € und 10.000 € bei 2,1 Prozent und für alle größeren Werte bei 2,3 Prozent. Der Zinsbetrag wird als Wert B berechnet und ausgegeben.

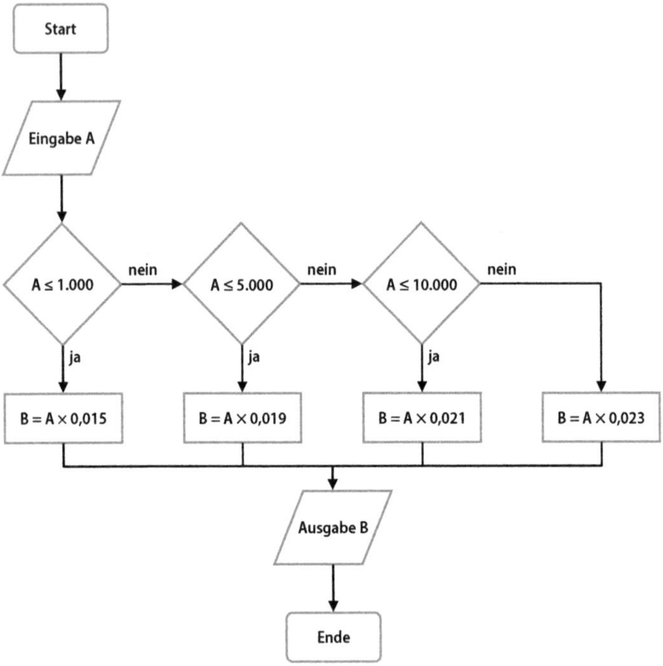

II. Warenwirtschaftssystem

Zu 126) D. Liefermenge > Bestellmenge

Analog zum Ablauf bei der Bedingung A = 1 muss sich auch an die Bedingung A = 2 ein Vergleich von Liefer- und Bestellmenge anschließen. Die Möglichkeiten Liefermenge < Bestellmenge (dem entspricht Möglichkeit E: Bestellmenge > Liefermenge) und Liefermenge = Bestellmenge sind bereits erfasst, die richtige Lösung ist also D: Liefermenge > Bestellmenge.

Zu 127) D. A = 3

Gefragt ist – angezeigt durch das Raute-Symbol – nach einer Bedingung. Alle Möglichkeiten außer D lassen sich somit ausschließen.

Zu 128) **B.** Ausgabe „Vorsicht abweichende Mengen"

A und D sind keine Ausgaben und entfallen daher. Die gesuchte Ausgabe führt zur weiteren Ausgabe „Mengendifferenzbeleg". Es muss sich also um die Feststellung abweichender Mengen handeln.

Zu 129) **D.** Ausgabe „Vorsicht abweichende Mengen"

Ist A = 2, so ist die Liefermenge größer als die Bestellmenge. In diesem Fall wird „Vorsicht abweichende Mengen" ausgegeben.

Zu 130) **C.** Ausgabe „ungültig"

Eine solche Eingabe ist nicht vorgesehen, da alle Verhältnisse von Liefer- und Bestellmenge bereits durch A = 1, A = 2, und A = 3 abgedeckt sind. A = 5 führt also zur Ausgabe „ungültig" und fordert zu einer neuen Eingabe auf.

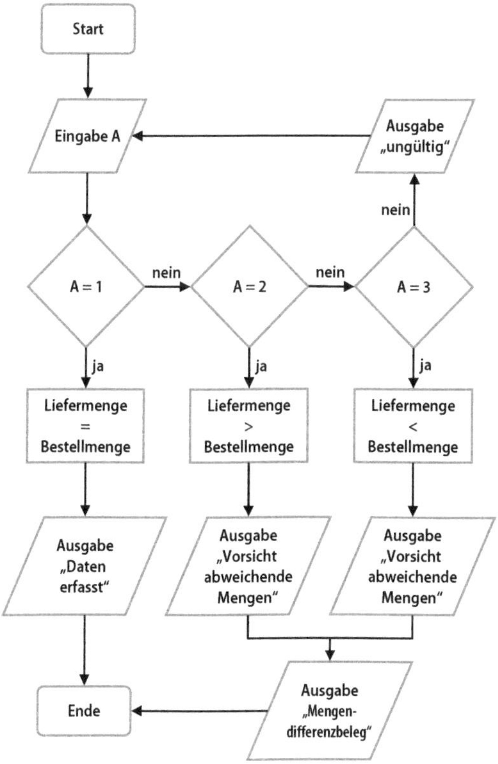

Lösungshinweis

Das Diagramm bildet einen Ausschnitt der Warenverwaltung in einem Unternehmen ab. Nach der Ankunft einer Warenlieferung wird die erhaltene Liefermenge eines Produkts mit der Bestellmenge verglichen. Der Schlüssel A = 1 steht dabei für die exakte Übereinstimmung beider Mengen, A = 2 zeigt zu viel und A = 3 zu wenig gelieferte Ware an. Für den Fall, dass beide Mengen identisch sind, endet der Ablauf mit der Meldung, dass alle Daten (korrekt) erfasst wurden. In den beiden anderen Fällen wird zunächst eine Abweichung von Bestell- und Liefermenge festgestellt und daraufhin ein Beleg über die jeweilige Differenz ausgegeben.

Route optimieren (Aufgabe 131)

Zu 131) Auf dem schnellsten Weg brauchen Sie 55 Minuten.

Berechnen Sie zuerst die reine Gesprächszeit: Wenn jedes Interview fünf Minuten dauert, brauchen Sie für alle sechs Gespräche 30 Minuten.

Nun kümmern Sie sich um die Routenplanung. Welche Stationen müssen Sie dabei berücksichtigen? An den Sendern A, B und F führt kein Weg vorbei, aber von den Sendern C, D und E brauchen Sie nur einen anzufahren – schließlich können Sie die Telefonanlage eines Senders zur Abwicklung aller Telefonate nutzen. Ein Vergleich zeigt, dass Station D am günstigsten angebunden ist. Jetzt ist Ihr Auftrag schon wesentlich überschaubarer: Suchen Sie die schnellste Verbindung zwischen dem Flughafen und den Stationen A, B, D und F.

Mit etwas Herumprobieren erhält man folgende Streckenführung: Sie fahren vom Flughafen zum Sender B (5 Minuten), dann zum Sender A (6 Minuten) und anschließend zum Sender D (5 Minuten). Dort erledigen Sie Ihre Telefoninterviews mit den Sendern C und E. Zum Schluss fahren Sie zu Station F (4 Minuten) und zurück zum Flughafen (5 Minuten). Natürlich können Sie die Stationen auch in umgekehrter Reihenfolge abfahren – an der Fahrtzeit von insgesamt 25 Minuten ändert sich dadurch nichts.

Zum Schluss addieren sie die Gesprächszeit und die Fahrtzeit: 30 Minuten + 25 Minuten = 55 Minuten.

	Start		B		A		D		F		Ziel	
Fahrtzeit		5		6		5		4		5		25
Redezeit	–		5		5		3 × 5		5		–	30

Visuelles Denkvermögen

Figurenreihen

Bearbeitungszeit 10 Minuten

Jede Figurenreihe ist so aufgebaut, dass sich ein logischer Zusammenhang zwischen den einzelnen Abbildungen ergibt. Welche der zur Auswahl gestellten Figuren setzt die Reihe fort?

Hierzu ein Beispiel

Aufgabe

1)

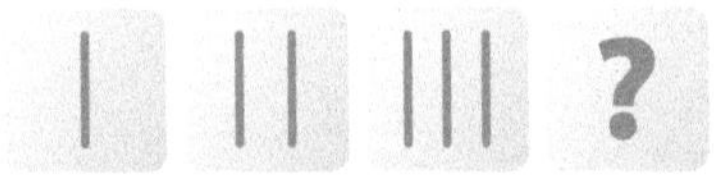

Welche Figur setzt die Reihe logisch fort?

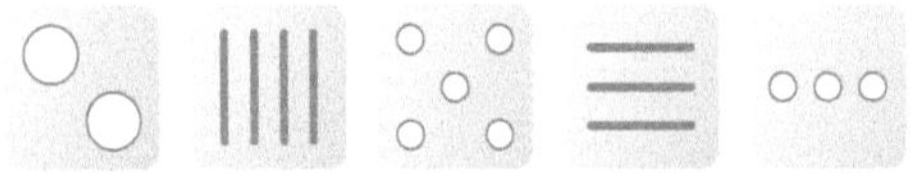

A B C D E

Antwort

(B)

Die Abbildungen zeigen eine steigende Anzahl senkrechter Striche – Figur B setzt diese Reihe logisch fort.

Bitte bearbeiten Sie nun die Aufgaben: Markieren Sie jeweils den Lösungsbuchstaben des richtigen Antwortvorschlags. Sie haben dafür **10 Minuten** Zeit.

1)

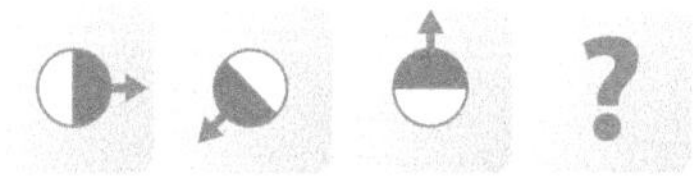

Welche Figur setzt die Reihe logisch fort?

A B C D E

2)

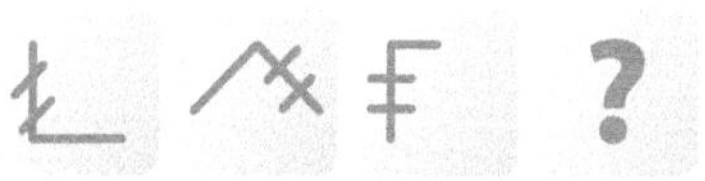

Welche Figur setzt die Reihe logisch fort?

A B C D E

3)

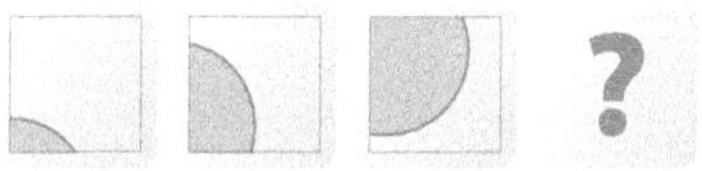

Welche Figur setzt die Reihe logisch fort?

A B C D E

4)

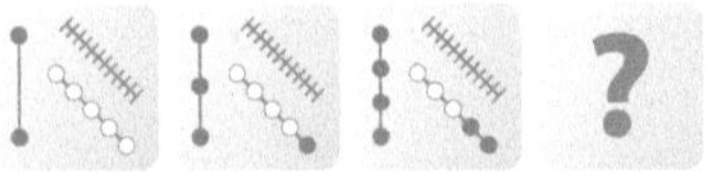

Welche Figur setzt die Reihe logisch fort?

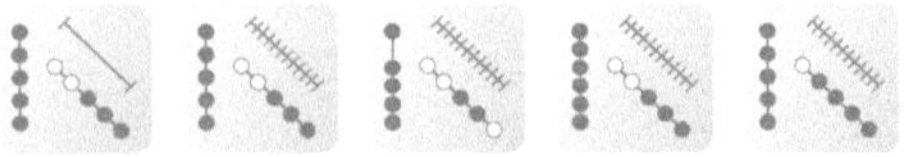

A B C D E

5)

Welche Figur setzt die Reihe logisch fort?

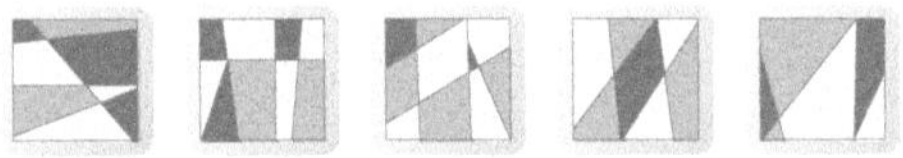

A B C D E

6)

Welche Figur setzt die Reihe logisch fort?

A B C D E

7)

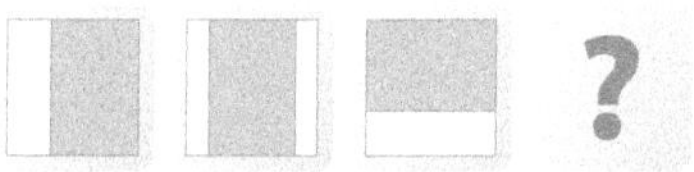

Welche Figur setzt die Reihe logisch fort?

A B C D E

8)

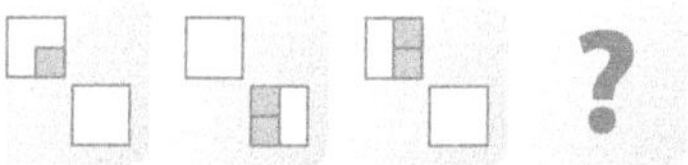

Welche Figur setzt die Reihe logisch fort?

A B C D E

9)

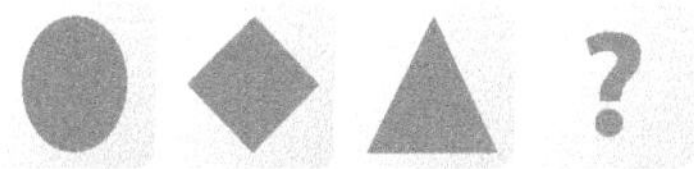

Welche Figur setzt die Reihe logisch fort?

A B C D E

10)

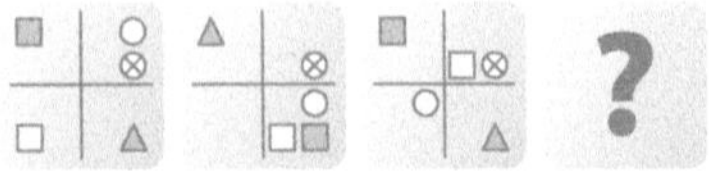

Welche Figur setzt die Reihe logisch fort?

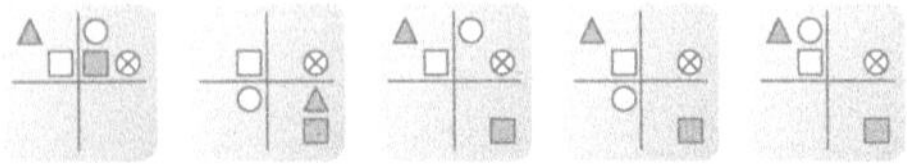

A B C D E

Figurenmatrizen

Bearbeitungszeit 10 Minuten

Finden Sie heraus, nach welcher Regel die Figurenmatrix aufgebaut ist, und ergänzen Sie die fehlende Figur.

Hierzu ein Beispiel

Aufgabe

1)

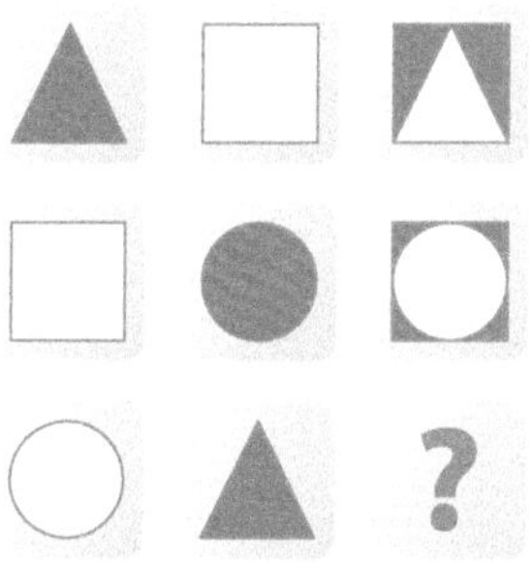

Welche Figur ersetzt das Fragezeichen logisch?

A B C D E

Antwort

(A)

Die beiden linken Figuren einer Reihe überlagern sich rechts, wobei sie ihre Farben tauschen.

Bitte bearbeiten Sie nun die Aufgaben: Markieren Sie den Lösungsbuchstaben der fehlenden Figur. Sie haben dafür **10 Minuten** Zeit.

11)

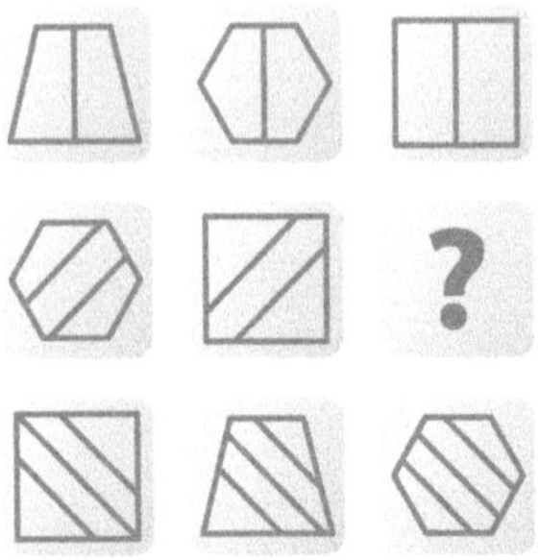

Welche Figur ersetzt das Fragezeichen logisch?

A B C D E

12)

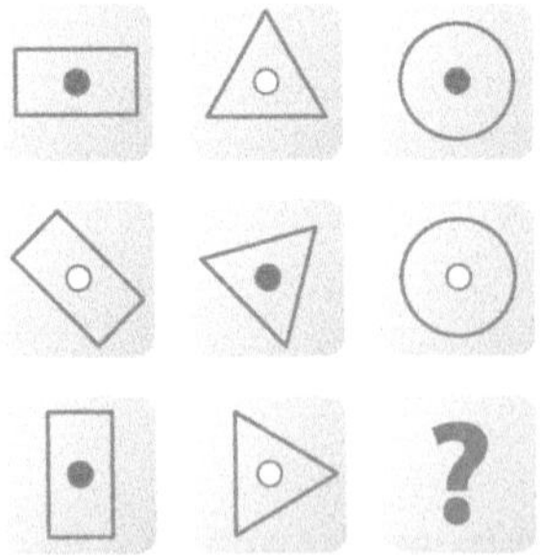

Welche Figur ersetzt das Fragezeichen logisch?

A B C D E

13)

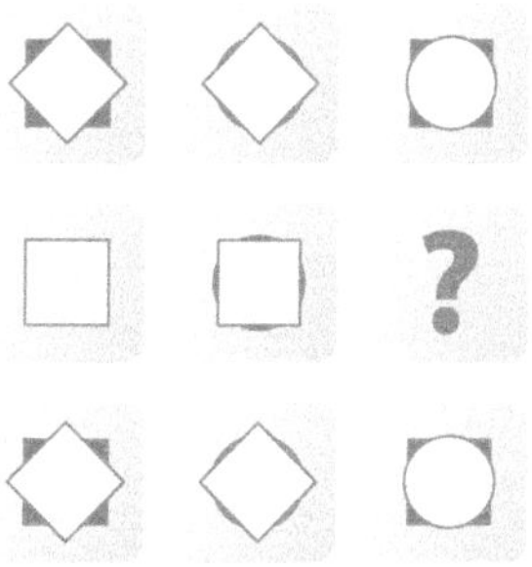

Welche Figur ersetzt das Fragezeichen logisch?

A B C D E

14)

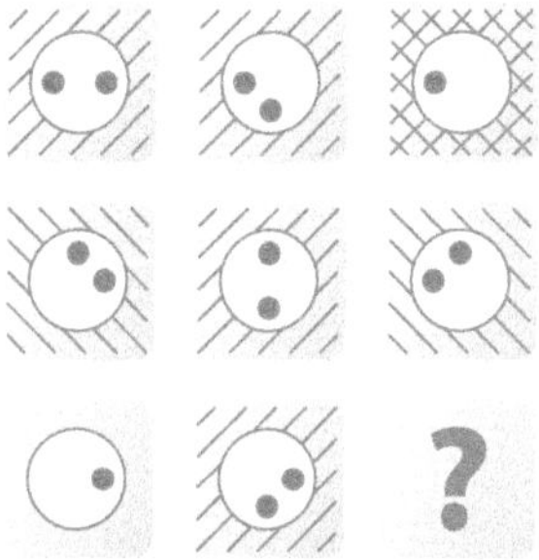

Welche Figur ersetzt das Fragezeichen logisch?

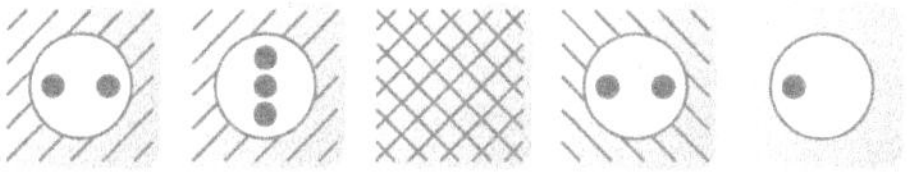

A B C D E

15)

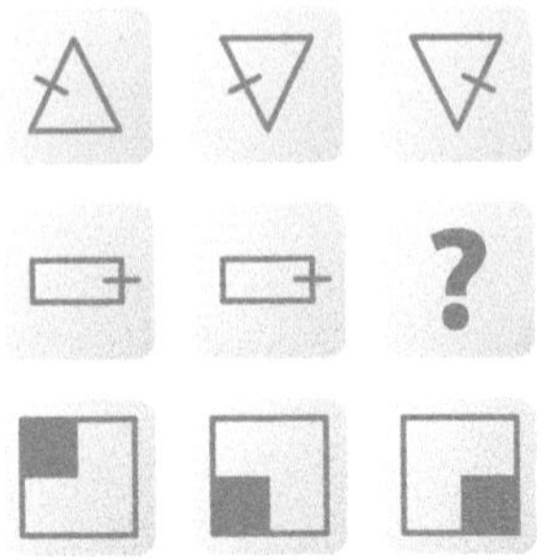

Welche Figur ersetzt das Fragezeichen logisch?

A B C D E

16)

Welche Figur ersetzt das Fragezeichen logisch?

A B C D E

17)

Welche Figur ersetzt das Fragezeichen logisch?

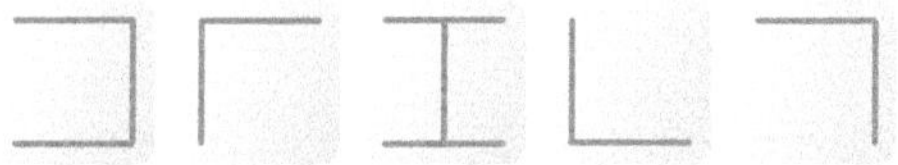

A B C D E

18)

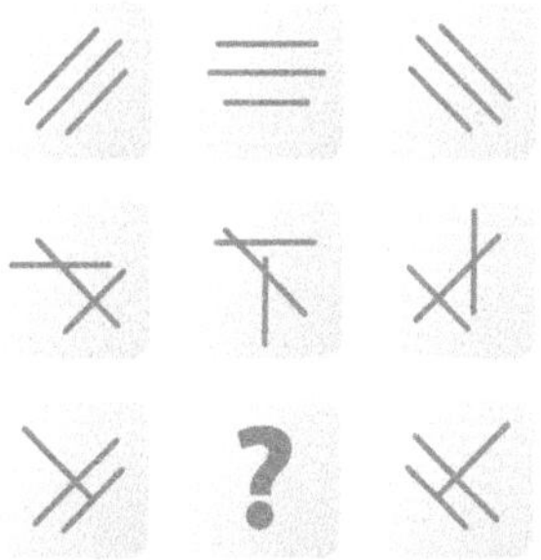

Welche Figur ersetzt das Fragezeichen logisch?

A B C D E

19)

Welche Figur ersetzt das Fragezeichen logisch?

A B C D E

20)

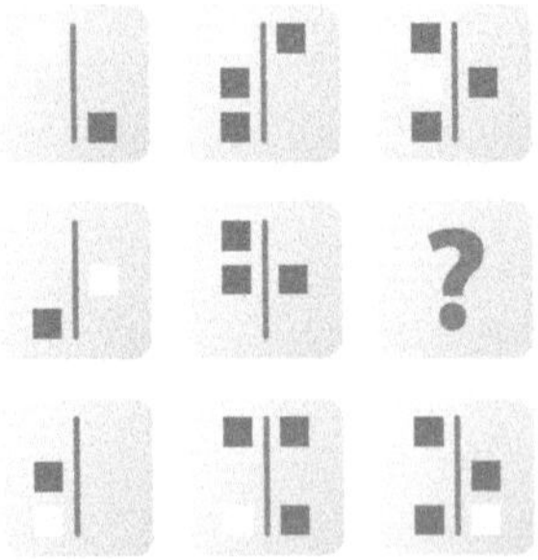

Welche Figur ersetzt das Fragezeichen logisch?

A B C D E

Figurengruppen

Bearbeitungszeit 10 Minuten

Zu jeder Aufgabe erhalten Sie zwei Gruppen mit Figuren, die nach logischen Regeln einsortiert sind. Bitte erkennen Sie diese Regeln und ordnen Sie die vorgestellten Aufgabenfiguren richtig zu.

Hierzu ein Beispiel

Aufgabe

1)

Gruppe 1			***Gruppe 2***		
A B C D	C D E F	E F G H	D C B A	E D C B	G F E D

Aufgabenfiguren:

C D E F	F G H I	E F G H	I H G F	F E D C
A	B	C	D	E

Welche Figur gehört in Gruppe 1, welche in Gruppe 2?

Gruppe 1: **A B C D E** | Gruppe 2: **A B C D E**

Antwort

Gruppe 1: **(A) (B) (C) D E** | Gruppe 2: **A B C (D) (E)**

In Gruppe 1 bilden die Buchstaben eine alphabetisch vorwärts laufende, in Gruppe 2 eine alphabetisch rückwärts laufende Reihe.

Bitte bearbeiten Sie nun die Aufgaben: Ordnen Sie die Figuren richtig zu. Sie haben dafür **10 Minuten** Zeit.

21)

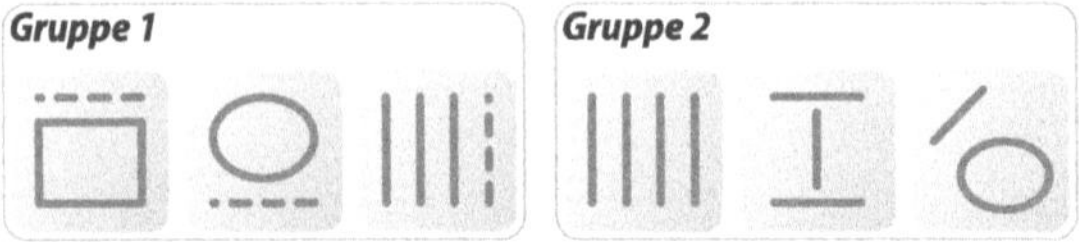

Aufgabenfiguren:

A B C D E

Welche Figur gehört in Gruppe 1, welche in Gruppe 2?

Gruppe 1: **A B C D E** | Gruppe 2: **A B C D E**

22)

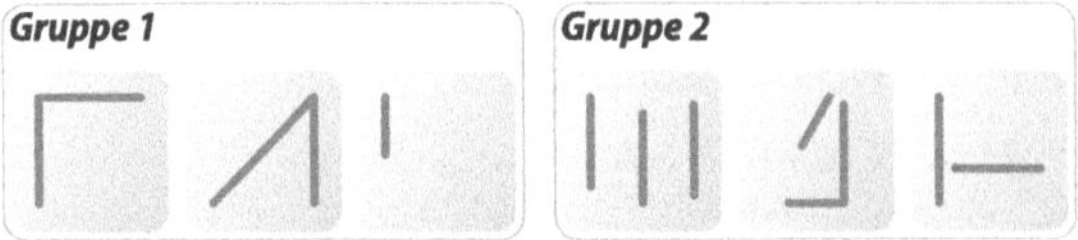

Aufgabenfiguren:

A B C D E

Welche Figur gehört in Gruppe 1, welche in Gruppe 2?

Gruppe 1: **A B C D E** | Gruppe 2: **A B C D E**

23)

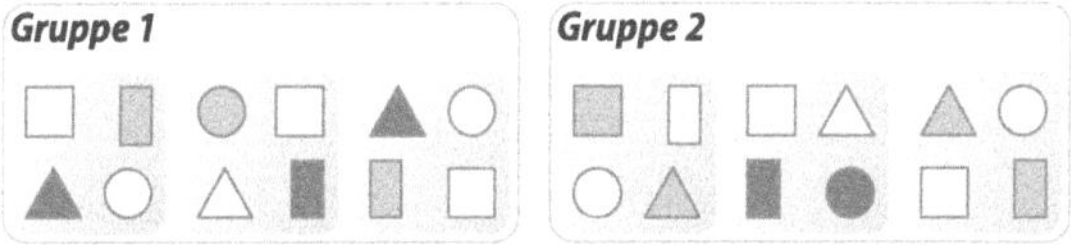

Aufgabenfiguren:

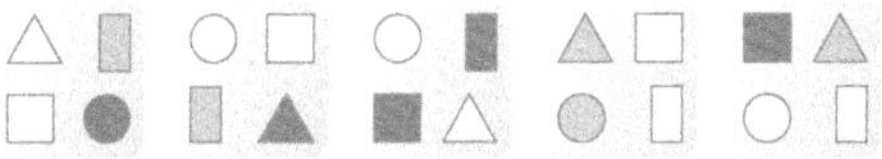

A B C D E

Welche Figur gehört in Gruppe 1, welche in Gruppe 2?

Gruppe 1: **A B C D E** | Gruppe 2: **A B C D E**

24)

Aufgabenfiguren:

A B C D E

Welche Figur gehört in Gruppe 1, welche in Gruppe 2?

Gruppe 1: **A B C D E** | Gruppe 2: **A B C D E**

25)

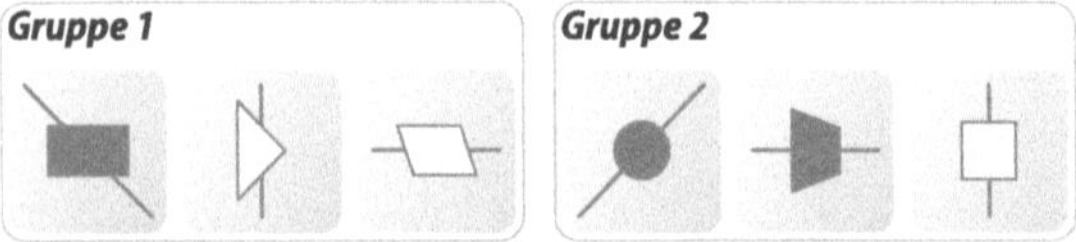

Aufgabenfiguren:

A B C D E

Welche Figur gehört in Gruppe 1, welche in Gruppe 2?

Gruppe 1: **A B C D E** | Gruppe 2: **A B C D E**

26)

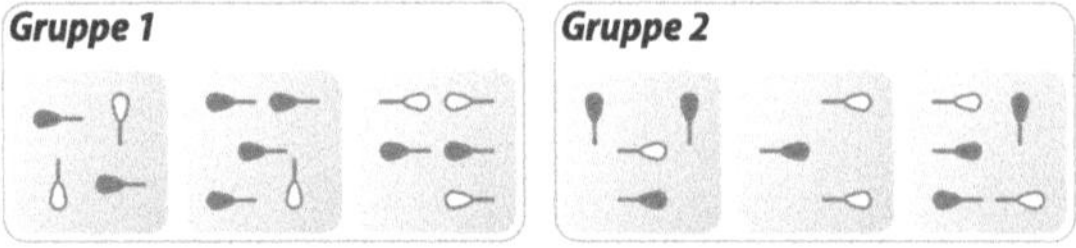

Aufgabenfiguren:

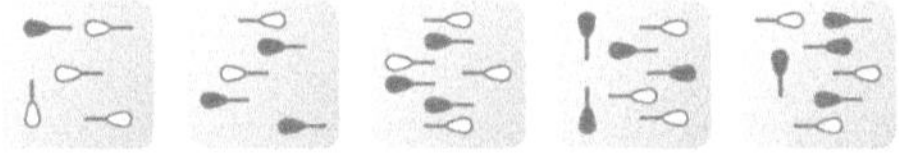

A B C D E

Welche Figur gehört in Gruppe 1, welche in Gruppe 2?

Gruppe 1: **A B C D E** | Gruppe 2: **A B C D E**

27)

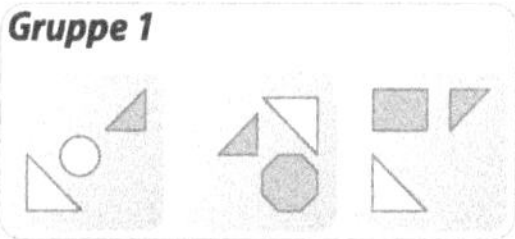

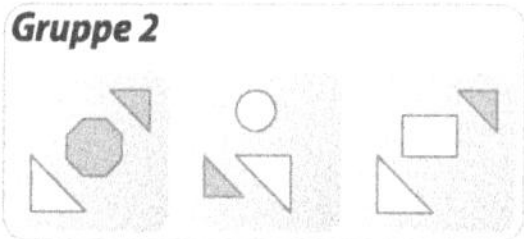

Aufgabenfiguren:

A B C D E

Welche Figur gehört in Gruppe 1, welche in Gruppe 2?

Gruppe 1: **A B C D E** | Gruppe 2: **A B C D E**

28)

Gruppe 1

E F G	D E F	L M N
A B C	V W X	R S T
J K L	O P Q	K L M

Gruppe 2

A F G	D E F	L M N
A B F	K F X	R Z T
J G L	O P E	K L B

Aufgabenfiguren:

A	B	C	D	E
D E F	D G F	G H I	G H J	J K L
V W X	V D X	W X Y	W X V	N O P
S T U	S T M	T U V	T F V	C D E

Welche Figur gehört in Gruppe 1, welche in Gruppe 2?

Gruppe 1: **A B C D E** | Gruppe 2: **A B C D E**

29)

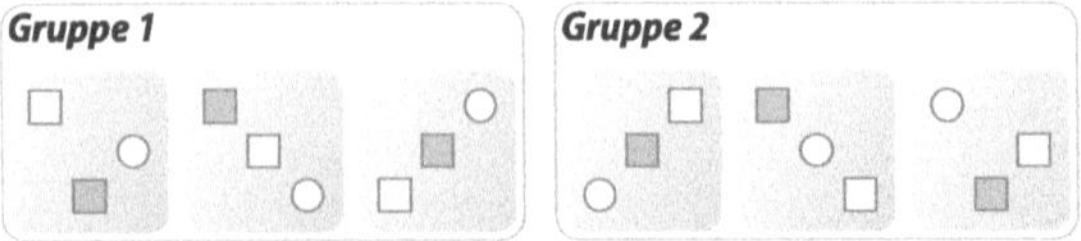

Aufgabenfiguren:

A B C D E

Welche Figur gehört in Gruppe 1, welche in Gruppe 2?

Gruppe 1: **A B C D E** | Gruppe 2: **A B C D E**

30)

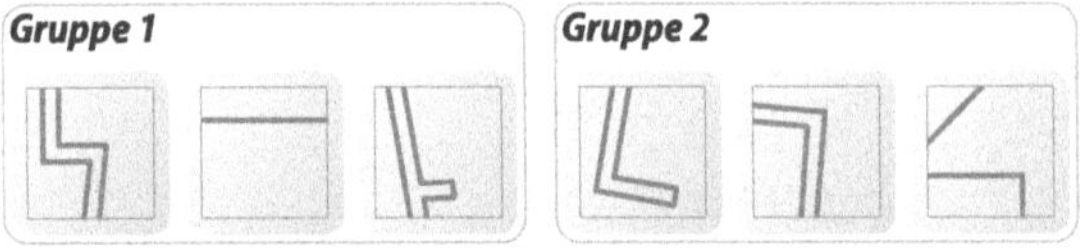

Aufgabenfiguren:

A B C D E

Welche Figur gehört in Gruppe 1, welche in Gruppe 2?

Gruppe 1: **A B C D E** | Gruppe 2: **A B C D E**

Faltvorlagen

Bearbeitungszeit 10 Minuten

Sie sehen jeweils eine Faltvorlage. Finden Sie heraus, welcher der fünf Körper A bis E daraus hergestellt werden kann.

Hierzu ein Beispiel

Aufgabe

1) Diese Faltvorlage ist die Außenseite eines Körpers.

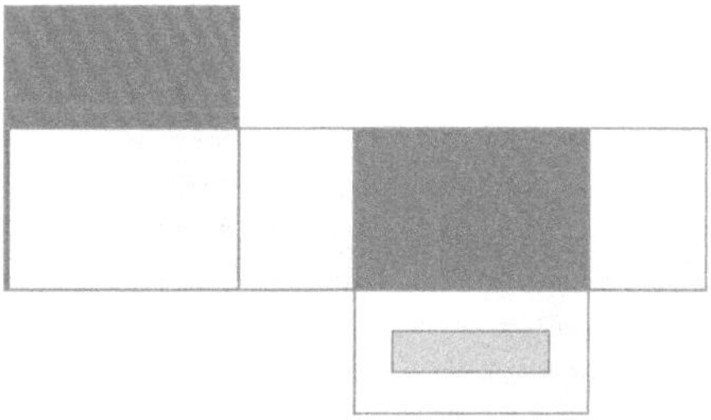

Welcher der Körper A bis E kann aus der Faltvorlage gebildet werden?

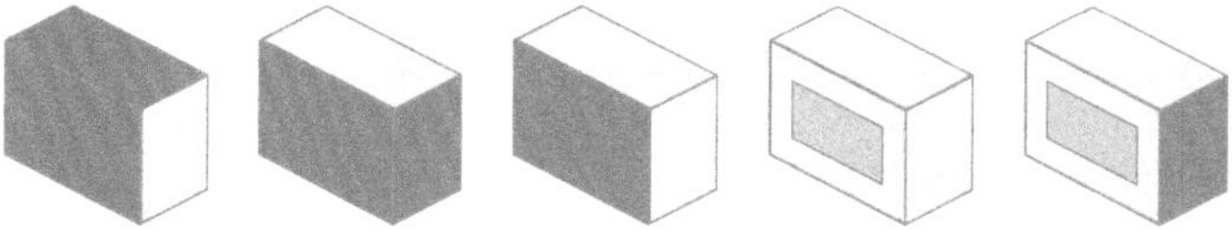

A B C D E

Antwort

(A)

Bitte bearbeiten Sie nun die Aufgaben: Markieren Sie jeweils den Lösungsbuchstaben des richtigen Antwortvorschlags. Sie haben dafür **10 Minuten** Zeit.

31) Diese Faltvorlage ist die Außenseite eines Körpers.

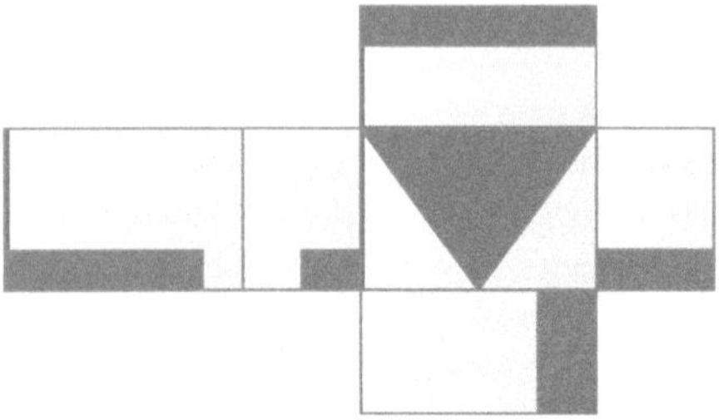

Welcher der Körper A bis E kann aus der Faltvorlage gebildet werden?

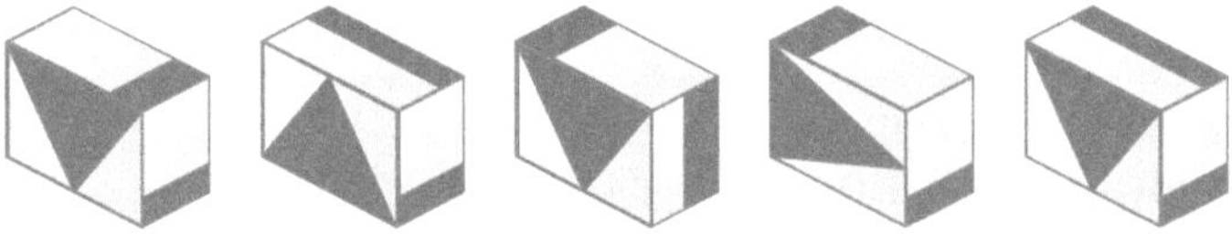

A B C D E

32) Diese Faltvorlage ist die Außenseite eines Körpers.

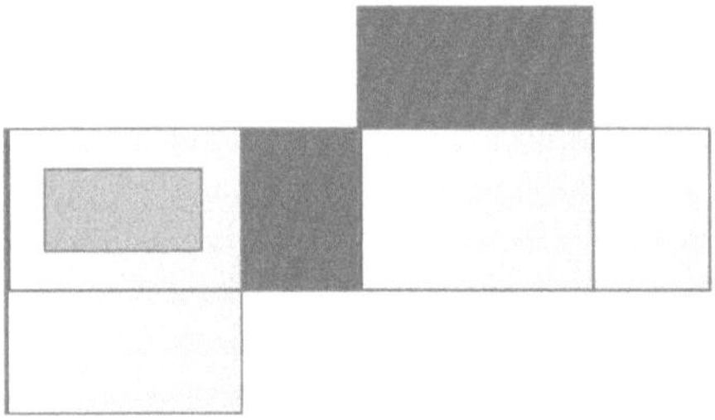

Welcher der Körper A bis E kann aus der Faltvorlage gebildet werden?

A B C D E

33) Diese Faltvorlage ist die Außenseite eines Körpers.

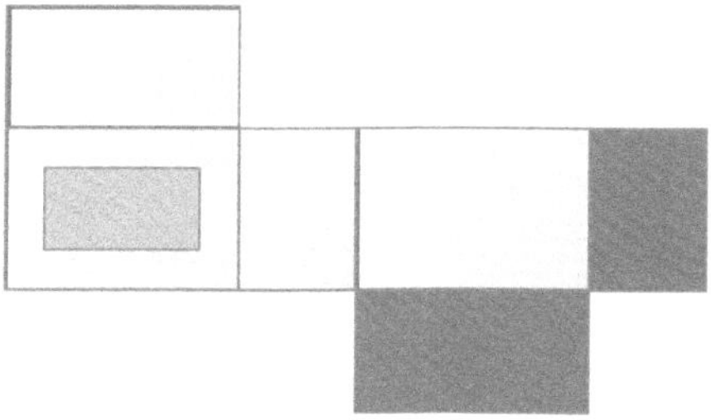

Welcher der Körper A bis E kann aus der Faltvorlage gebildet werden?

A B C D E

34) Diese Faltvorlage ist die Außenseite eines Körpers.

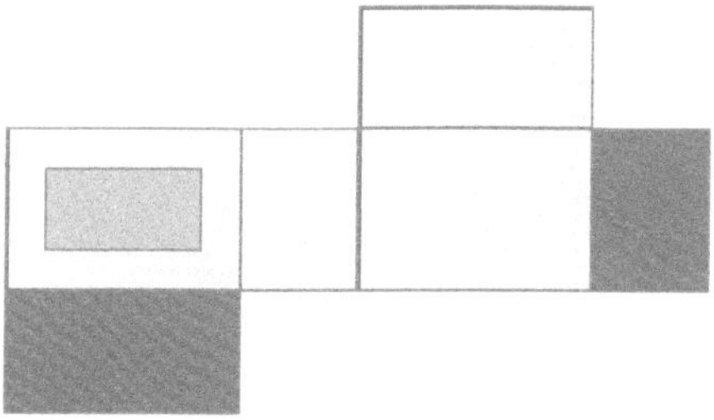

Welcher der Körper A bis E kann aus der Faltvorlage gebildet werden?

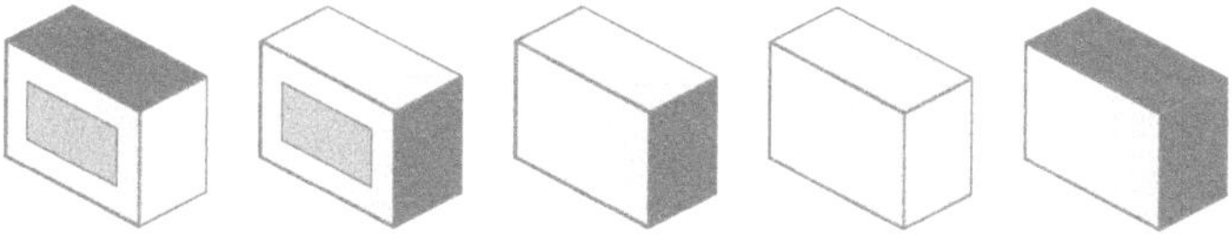

A B C D E

35) Diese Faltvorlage ist die Außenseite eines Körpers.

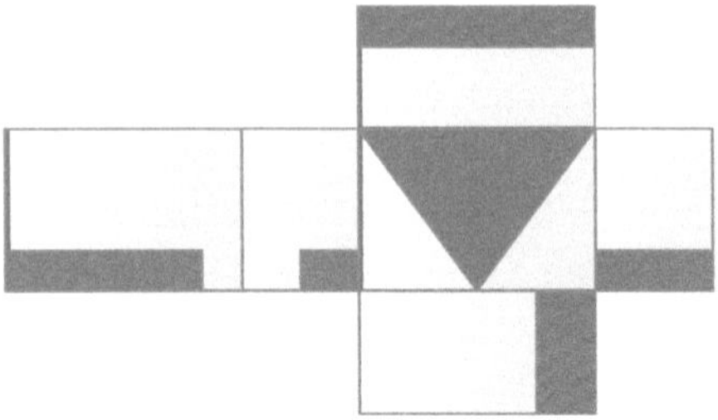

Welcher der Körper A bis E kann aus der Faltvorlage gebildet werden?

A B C D E

36) Diese Faltvorlage ist die Außenseite eines Körpers.

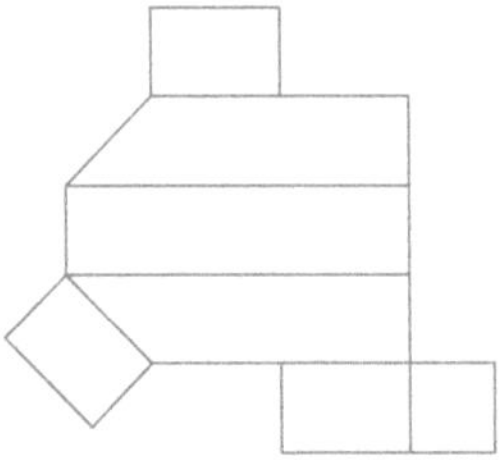

Welcher der Körper A bis E kann aus der Faltvorlage gebildet werden?

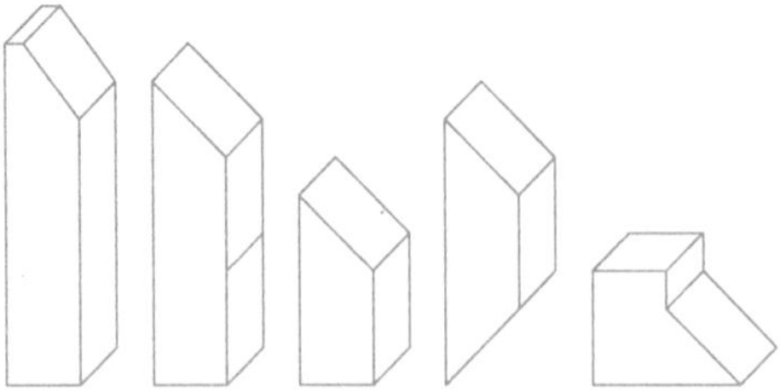

A B C D E

37) Diese Faltvorlage ist die Außenseite eines Körpers.

Welcher der Körper A bis E kann aus der Faltvorlage gebildet werden?

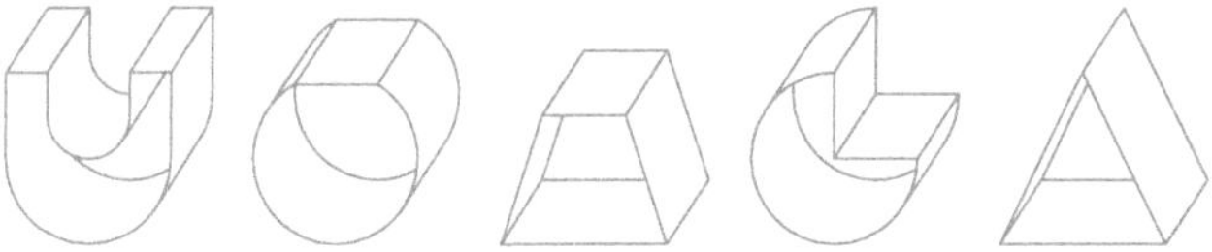

A **B** **C** **D** **E**

38) Diese Faltvorlage ist die Außenseite eines Körpers.

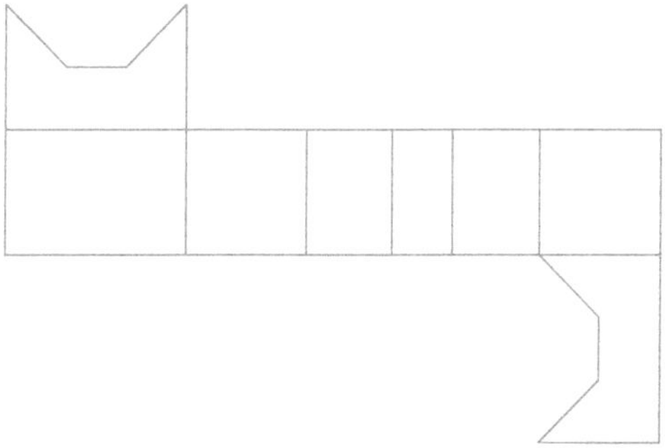

Welcher der Körper A bis E kann aus der Faltvorlage gebildet werden?

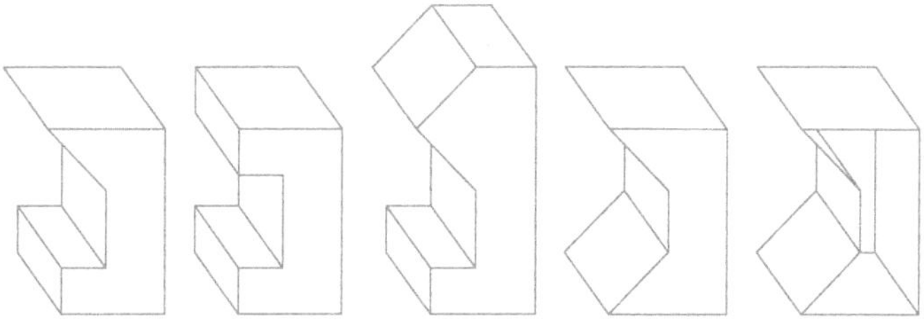

A **B** **C** **D** **E**

39) Diese Faltvorlage ist die Außenseite eines Körpers.

Welcher der Körper A bis E kann aus der Faltvorlage gebildet werden?

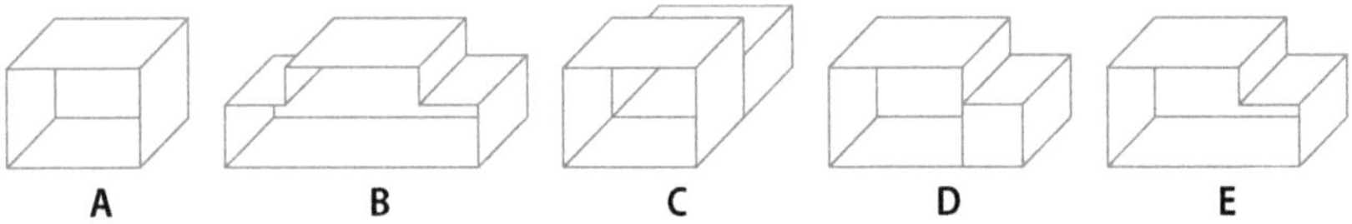

40) Diese Faltvorlage ist die Außenseite eines Körpers.

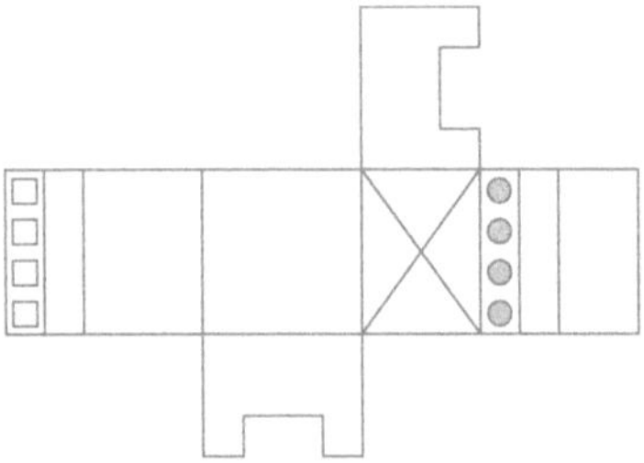

Welcher der Körper A bis E kann aus der Faltvorlage gebildet werden?

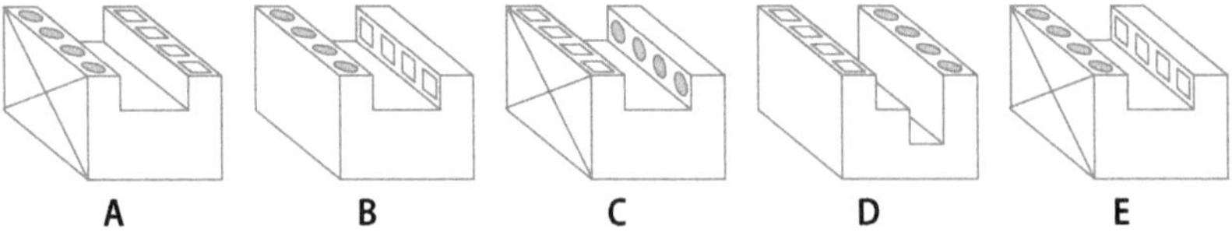

Würfelaufgaben

Bearbeitungszeit 10 Minuten

Zu jeder Aufgabe erhalten Sie einen Würfel, dessen Seiten unterschiedlich gemustert sind. Entscheiden Sie, welcher der abgebildeten Musterwürfel dem Aufgabenwürfel entspricht – dieser kann beliebig nach links oder rechts, nach vorne oder hinten, im oder gegen den Uhrzeigersinn gedreht bzw. gekippt werden.

Hierzu ein Beispiel

Aufgabe

1) Ihnen wird ein Aufgabenwürfel vorgegeben.

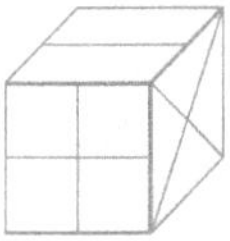

Welcher der Musterwürfel A bis E ist identisch mit dem Aufgabenwürfel?

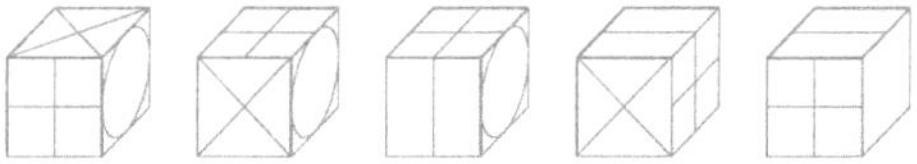

A B C D E

Antwort

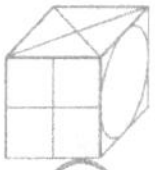

(A)

Kippen Sie den Aufgabenwürfel nach links.

Bitte bearbeiten Sie nun die Aufgaben: Markieren Sie jeweils den Lösungsbuchstaben des richtigen Antwortvorschlags. Sie haben dafür **10 Minuten** Zeit.

41) Ihnen wird ein Aufgabenwürfel vorgegeben.

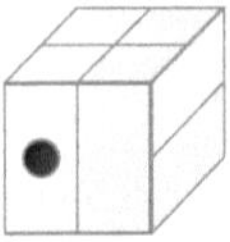

Welcher der Musterwürfel A bis E ist identisch mit dem Aufgabenwürfel?

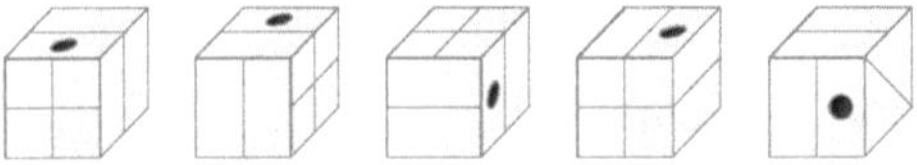

A B C D E

42) Ihnen wird ein Aufgabenwürfel vorgegeben.

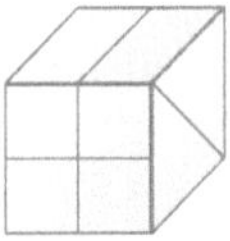

Welcher der Musterwürfel A bis E ist identisch mit dem Aufgabenwürfel?

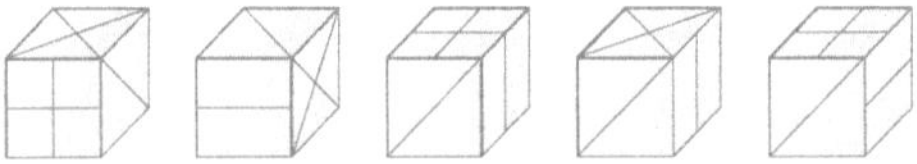

A B C D E

43) Ihnen wird ein Aufgabenwürfel vorgegeben.

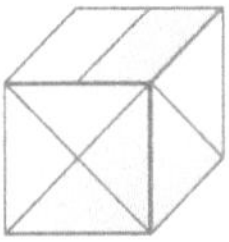

Welcher der Musterwürfel A bis E ist identisch mit dem Aufgabenwürfel?

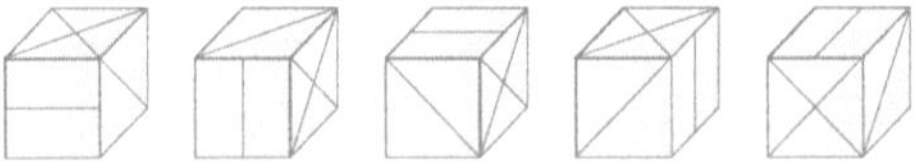

A B C D E

44) Ihnen wird ein Aufgabenwürfel vorgegeben.

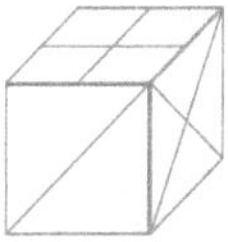

Welcher der Musterwürfel A bis E ist identisch mit dem Aufgabenwürfel?

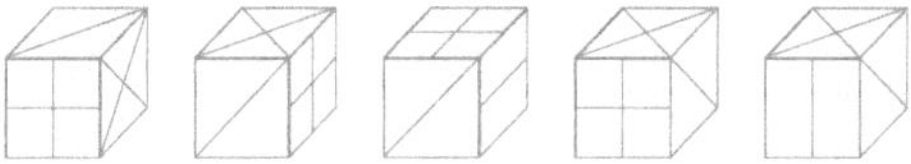

A B C D E

45) Ihnen wird ein Aufgabenwürfel vorgegeben.

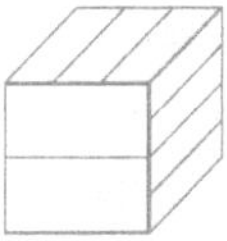

Welcher der Musterwürfel A bis E ist identisch mit dem Aufgabenwürfel?

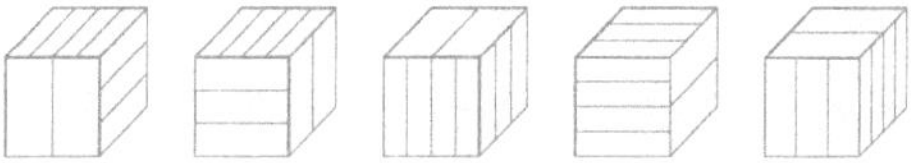

A B C D E

46) Ihnen wird ein Aufgabenwürfel vorgegeben.

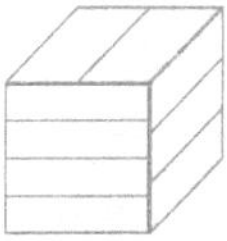

Welcher der Musterwürfel A bis E ist identisch mit dem Aufgabenwürfel?

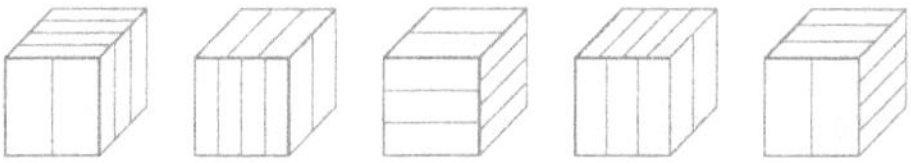

A B C D E

47) Ihnen wird ein Aufgabenwürfel vorgegeben.

Welcher der Musterwürfel A bis E ist identisch mit dem Aufgabenwürfel?

A B C D E

48) Ihnen wird ein Aufgabenwürfel vorgegeben.

Welcher der Musterwürfel A bis E ist identisch mit dem Aufgabenwürfel?

A B C D E

49) Ihnen wird ein Aufgabenwürfel vorgegeben.

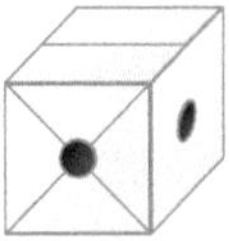

Welcher der Musterwürfel A bis E ist identisch mit dem Aufgabenwürfel?

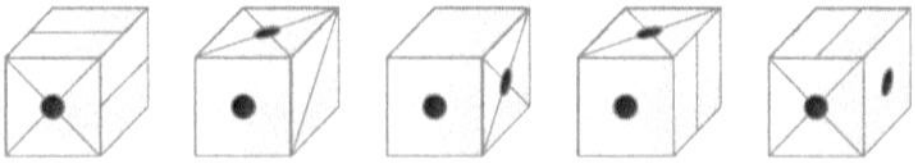

A B C D E

50) Ihnen wird ein Aufgabenwürfel vorgegeben.

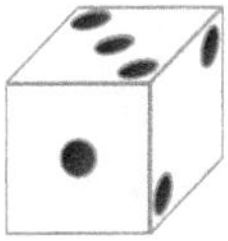

Welcher der Musterwürfel A bis E ist identisch mit dem Aufgabenwürfel?

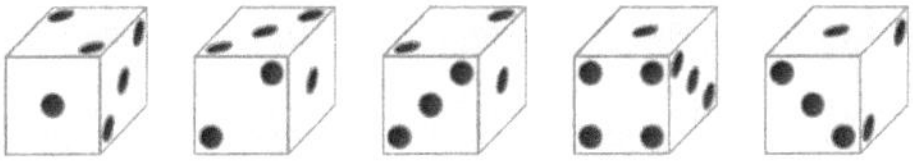

A B C D E

Figuren drehen

Bearbeitungszeit 2×5 Minuten

In diesem Abschnitt besteht die Herausforderung darin, verschiedene Figuren im Geiste zu drehen.

Variante 1

Zu jeder Aufgabe erhalten Sie eine Figur, die beliebig im oder gegen den Uhrzeigersinn gedreht werden kann. Bitte entscheiden Sie, welche Lösungsfigur der vorgegebenen Aufgabenfigur entspricht.

Für diesen Aufgabenblock haben Sie **5 Minuten** Zeit.

51) Sie erhalten folgende Aufgabenfigur:

Welche Lösungsfigur ist identisch mit der Aufgabenfigur?

A B C D E

52) Sie erhalten folgende Aufgabenfigur:

Welche Lösungsfigur ist identisch mit der Aufgabenfigur?

A B C D E

53) Sie erhalten folgende Aufgabenfigur:

Welche Lösungsfigur ist identisch mit der Aufgabenfigur?

A B C D E

54) Sie erhalten folgende Aufgabenfigur:

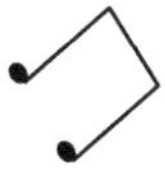

Welche Lösungsfigur ist identisch mit der Aufgabenfigur?

A B C D E

55) Sie erhalten folgende Aufgabenfigur:

Welche Lösungsfigur ist identisch mit der Aufgabenfigur?

A B C D E

Variante 2

Jede Aufgabenfigur besteht aus mehreren Elementen, die unabhängig voneinander gedreht werden können. Bitte führen Sie die vorgegebenen Operationen durch und markieren Sie den Antwortbuchstaben der korrekten Lösung.

Für diesen Aufgabenblock haben Sie **5 Minuten** Zeit.

56) Drehen Sie den Stern 45 Grad im Uhrzeigersinn und den Pfeil 270 Grad gegen den Uhrzeigersinn.

Welche Figur erhalten Sie?

A B C D E

57) Drehen Sie den dunklen Propeller 45 Grad gegen den Uhrzeigersinn, den hellen Propeller 180 Grad im Uhrzeigersinn und den Pfeil 160 Grad gegen den Uhrzeigersinn.

Welche Figur erhalten Sie?

A B C D E

58) Drehen Sie das Dreieck 60 Grad gegen den Uhrzeigersinn und den Propeller 135 Grad im Uhrzeigersinn.

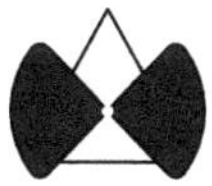

Welche Figur erhalten Sie?

A B C D E

59) Drehen Sie die Linie 90 Grad im Uhrzeigersinn, das dunkle Objekt 45 Grad im Uhrzeigersinn und das helle Objekt um 180.

Welche Figur erhalten Sie?

A B C D E

60) Drehen Sie das helle Dreieck 90 Grad gegen den Uhrzeigersinn, das dunkle Dreieck 270 Grad gegen den Uhrzeigersinn und die Kugelstange 135 Grad im Uhrzeigersinn.

Welche Figur erhalten Sie?

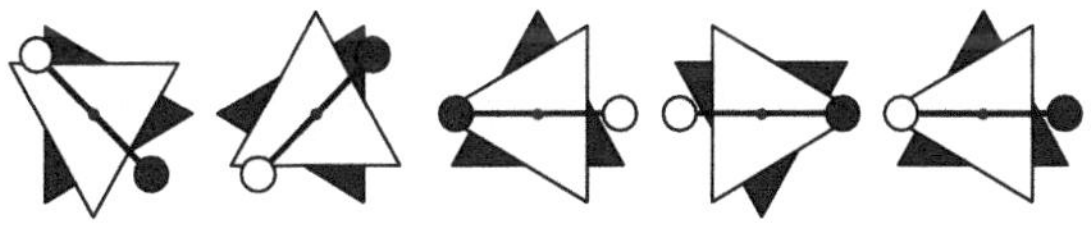

A B C D E

Lösungen: Visuelles Denkvermögen

1) E	21) G1: A B | G2: C D E	41) B
2) E	22) G1: D E | G2: A B C	42) C
3) E	23) G1: A B E | G2: C D	43) D
4) B	24) G1: A D | G2: B C E	44) D
5) B	25) G1: B C | G2: A D E	45) C
6) E	26) G1: A B C | G2: D E	46) D
7) E	27) G1: B E | G2: A C D	47) A
8) C	28) G1: A C E | G2: B D	48) A
9) E	29) G1: A E | G2: B C D	49) C
10) E	30) G1: B C | G2: A D E	50) C
11) E	31) E	51) B
12) A	32) D	52) C
13) A	33) C	53) E
14) D	34) C	54) E
15) C	35) B	55) A
16) A	36) B	56) B
17) B	37) D	57) D
18) D	38) D	58) A
19) A	39) E	59) B
20) D	40) E	60) E

Figurenreihen (Aufgaben 1–10)

Zu 1) E.

Jede folgende Figur ist um 135 Grad im Uhrzeigersinn gedreht.

Zu 2) E.

In jeder Figur wird eine von zwei Linien von zwei parallel laufenden kurzen Strichen gekreuzt.

Zu 3) E.

Die Figuren enthalten Kreisausschnitte, die von Schritt zu Schritt immer größere Teile derselben Kreisfläche zeigen. Die Lösungsmöglichkeiten A und C scheiden aus, da der hier abgebildete Kreis kleiner bzw. größer ist als in der Reihe.

Zu 4) B.

Die Figuren bestehen aus drei Elementen: Das linke Element erhält mit jedem Schritt eine weitere schwarze Kugel, beim mittleren Element färben sich die Kugeln nacheinander schwarz, das rechte Element bleibt unverändert.

Zu 5) B.

Die erste Figur verfügt über sechs gegeneinander abgegrenzte Flächen, die zweite über sieben und die dritte über acht – bei der vierten müssen es folglich neun Flächen sein.

Zu 6) E.

Im Vordergrund befindet sich ein Dreiviertelkreis, der ein Quadrat überlagert, dem ebenfalls ein Viertel fehlt. Der Kreis dreht sich schrittweise um 90° im Uhrzeigersinn, das Quadrat flippt horizontal hin und her. In der letzten Figur befinden sich die Aussparungen beider Objekte an derselben Stelle, nämlich rechts oben.

Zu 7) E.

In jeder Figur ist insgesamt ein Drittel der Quadratfläche weiß.

Zu 8) C.

Das kleine dunkle Quadrat springt zwischen den weißen Quadraten hin und her und ändert darin mit jedem Sprung seine horizontale Ausrichtung. Darüber hinaus wird bei jedem Sprung in das untere mittelgroße Quadrat ein weiteres graues Quadrat hinzugefügt.

Zu 9) E.

Im letzten Schritt werden alle vorangegangenen Formen positionsgetreu aufeinandergelegt.

Zu 10) E.

Von Schritt zu Schritt wechseln die dunklen Figuren (Viereck und Dreieck) ins jeweils diagonal gegenüberliegende Feld. Der Kreis mit dem Kreuz behält seine Position bei. Der weiße Kreis wandert im, das weiße Viereck gegen den Uhrzeigersinn durch die einzelnen Felder.

Figurenmatrizen (Aufgaben 11–20)

Zu 11) E.

Jede Reihe enthält ein Trapez, ein Sechseck und ein Quadrat. Von oben nach unten mehren sich die inneren Striche um 1. Gesucht wird also ein Trapez mit zwei Strichen.

Zu 12) A.

Die Figuren einer Spalte drehen sich von oben nach unten um jeweils 45° im Uhrzeigersinn. Schwarze und weiße Punkte wechseln sich ab. Es fehlt ein Kreis mit einem schwarzen Punkt – so wie Figur A.

Zu 13) A.

Gehen Sie in jeder Spalte von oben nach unten vor. In jedem Feld liegen zwei Objekte übereinander. Das jeweils obenauf liegende Objekt dreht sich von Feld zu Feld um 45° im Uhrzeigersinn, das untere ändert seine Lage nicht. In der rechten Spalte ist das obere Objekt ein Kreis, dem man die Drehungen nicht ansieht.

Zu 14) D.

Gehen Sie von oben nach unten vor. Jedes Feld zeigt ein Objekt vor einem Hintergrund. Von oben nach unten betrachtet, besteht der Hintergrund des untersten Feldes nur aus demjenigen Muster, das in beiden darüber liegenden Feldern ebenfalls vorkommt. In der linken Spalte sind beispielsweise die obersten Felder vollkommen unterschiedlich gemustert, so dass im untersten Feld als gemeinsames Muster nur eine leere Fläche übrigbleibt. Das Objekt ist ein Kreis mit zwei schwarzen Punkten. Von Feld zu Feld wird nun stets ein Punkt in derselben Position wiederholt, wobei der zweite Punkt um 90° im Uhrzeigersinn gedreht wird.

Zu 15) C.

Gehen Sie in den Reihen von links nach rechts vor: Zuerst wird das Objekt vertikal gespiegelt, anschließend horizontal.

Zu 16) A.

Gehen Sie in jeder Reihe von links nach rechts vor: Der längere Zeiger dreht sich von Feld zu Feld um jeweils 45° im Uhrzeigersinn, der kleine Zeiger rotiert bei jedem Schritt um 45° entgegen dem Uhrzeigersinn.

Zu 17) B.

Gehen Sie in den einzelnen Reihen von links nach rechts vor. Wird das links stehende Objekt an einer senkrechten Achse gespiegelt, erhält man das Objekt der jeweils zweiten Spalte. Dreht man dieses wiederum um 90° gegen den Uhrzeigersinn, kommt man auf das Objekt der rechten Spalte.

Zu 18) D.

In jeder Spalte drehen sich die Striche von oben nach unten in unterschiedlichen Winkeln: Ein Strich rotiert jeweils um 45° im Uhrzeigersinn, der zweite um 90° und der dritte um 180°.

Zu 19) A.

Das Zackenmuster ist überall gleich. Die Regel zur Positionierung der kleinen Objekte erkennen Sie, wenn Sie jede Spalte für sich betrachten: Im unteren Feld einer Spalte werden die Objekte des obersten Felds originalgetreu und die Elemente des mittleren Felds vertikal gespiegelt übernommen – Elemente oberhalb des Zackenmusters wandern nach unten und umgekehrt.

Zu 20) D.

Betrachten Sie jede Spalte für sich von oben nach unten: Die weißen und schwarzen Quadrate laufen im Uhrzeigersinn um den mittleren Balken, wobei sie auf jeder Seite drei Positionen einnehmen können. Die weißen Quadrate legen von Feld zu Feld zwei Positionen zurück, die schwarzen gehen in Einerschritten voran. Wenn sich auf einer Position Quadrate beider Farben befinden, ist nur das schwarze sichtbar.

Figurengruppen (Aufgaben 21–30)

Zu 21) Gruppe 1: **A, B** |
Gruppe 2: **C, D, E**

Nur in Gruppe 1 kommen gestrichelte Linien vor.

Zu 22) Gruppe 1: **D, E** |
Gruppe 2: **A, B, C**

Alle Figuren in Gruppe 1 bestehen aus einer einzigen bzw. mehreren verbundenen Linien. In Gruppe 2 bestehen die Formen aus zwei oder mehreren getrennten Linien.

Zu 23) Gruppe 1: **A, B, E** |
Gruppe 2: **C, D**

Die Figuren in Gruppe 1 bestehen aus Elementen mit drei unterschiedlichen Farbtönen. In Gruppe 2 gibt es nur Elemente mit zwei verschiedenen Färbungen.

Zu 24) Gruppe 1: **A, D** |
Gruppe 2: **B, C, E**

In Gruppe 1 ist der helle Flächenanteil genauso groß wie der dunkle – Figuren in Gruppe 2 haben mehr helle Fläche.

Zu 25) Gruppe 1: **B, C** |
Gruppe 2: **A, D, E**

Die Figuren in Gruppe 2 sind an der angedeuteten Achse spiegelbildlich teilbar. Alle übrigen Figuren landen in Gruppe 1.

Zu 26) Gruppe 1: **A, B, C** |
Gruppe 2: **D, E**

In Gruppe 1 zeigen alle schwarzen Köpfchen nach links, in Gruppe 2 zeigen alle weißen Köpfchen nach rechts.

Zu 27) Gruppe 1: **B, E** |
Gruppe 2: **A, C, D**

In Gruppe 2 stehen die langen Seiten des weißen und des grauen Dreiecks parallel zueinander, in Gruppe 1 nicht.

Zu 28) Gruppe 1: **A, C, E** |
Gruppe 2: **B, D**

In Gruppe 1 besteht jede Reihe aus Kombinationen von drei im Alphabet unmittelbar aufeinander folgenden Buchstaben, in Gruppe 2 nicht.

Zu 29) Gruppe 1: **A, E** |
Gruppe 2: **B, C, D**

In Gruppe 1 steht das weiße Viereck immer links vom Kreis, in Gruppe 2 stets rechts davon.

Zu 30) Gruppe 1: **B, C** |
Gruppe 2: **A, D, E**

In Gruppe 1 beginnen und enden die Linien an gegenüberliegenden Seiten. Alle übrigen Figuren gehören in Gruppe 2.

Faltvorlagen (Aufgaben 31–40)

Zu 31) E.

Dreieck im Fokus behalten, Quader zusammenfalten und 45 Grad im Uhrzeigersinn drehen.

Zu 32) D.

Doppelviereck im Fokus behalten, Quader zusammenfalten und 45 Grad im Uhrzeigersinn drehen.

Zu 33) C.

Doppelviereck im Fokus behalten, Quader zusammenfalten, zweimal nach rechts kippen und 45 Grad im Uhrzeigersinn drehen.

Zu 34) C.

Hellgraue Längsseite im Fokus behalten, Quader zusammenfalten und 45 Grad im Uhrzeigersinn drehen.

Zu 35) B.

Breite Seite mit schwarzem Balken im Fokus behalten, Quader zusammenfalten, zweimal nach links kippen und 45 Grad im Uhrzeigersinn drehen.

Zu 36) B.

Zu 37) D.

Zu 38) D.

Zu 39) E.

Zu 40) E.

Lösungshinweis

Falls Sie nicht durch das Zusammenfalten des Körpers im Geiste auf die richtige Lösung kommen: Vergleichen Sie die Anordnung der Flächen der Faltvorlage mit den Seiten der vorgeschlagenen Körper. Liegt z. B. eine graue Fläche neben einer weißen, eine Fläche mit einem Kreis neben einer Fläche mit einem Quadrat oder eine quadratische Fläche neben einer schmalen rechteckigen? Bei manchen Aufgaben ist auch die Anzahl der Flächen interessant – hat der Körper genauso viele Seiten wie die Faltvorlage Flächen?

Würfelaufgaben (Aufgaben 41–50)

Zu 41) B.

Kippen Sie den Aufgabenwürfel nach hinten und drehen Sie ihn um 90 Grad im Uhrzeigersinn.

Zu 42) C.

Drehen Sie den Aufgabenwürfel um 90 Grad im Uhrzeigersinn und kippen Sie ihn nach rechts.

Zu 43) D.

Drehen Sie den Aufgabenwürfel um 90 Grad im Uhrzeigersinn und kippen Sie ihn nach rechts.

Zu 44) D.

Drehen Sie den Aufgabenwürfel um 90 Grad gegen den Uhrzeigersinn und kippen Sie ihn nach vorne.

Zu 45) C.

Kippen Sie den Aufgabenwürfel nach hinten und drehen Sie ihn um 90 Grad im Uhrzeigersinn.

Zu 46) D.

Drehen Sie den Aufgabenwürfel um 90 Grad im Uhrzeigersinn und kippen Sie ihn nach rechts.

Zu 47) A.

Kippen Sie den Aufgabenwürfel nach hinten und drehen Sie ihn um 90 Grad im Uhrzeigersinn.

Zu 48) A.

Kippen Sie den Aufgabenwürfel nach hinten und drehen Sie ihn um 90 Grad im Uhrzeigersinn.

Zu 49) C.

Kippen Sie den Aufgabenwürfel zweimal nach vorne und drehen Sie ihn um 90 Grad im Uhrzeigersinn.

Zu 50) C.

Kippen Sie den Aufgabenwürfel nach links und drehen Sie ihn um 90 Grad gegen den Uhrzeigersinn.

Figuren drehen (Aufgaben 51–60)

Zu 51) B.

Drehen Sie die Aufgabenfigur um ca. 100 Grad gegen den Uhrzeigersinn.

Zu 52) C.

Drehen Sie die Aufgabenfigur um ca. 120 Grad im Uhrzeigersinn.

Zu 53) E.

Drehen Sie die Aufgabenfigur um ca. 80 Grad gegen den Uhrzeigersinn.

Zu 54) E.

Drehen Sie die Aufgabenfigur um ca. 170 Grad im Uhrzeigersinn.

Zu 55) A.

Drehen Sie die Aufgabenfigur um ca. 170 Grad gegen den Uhrzeigersinn.

Zu 56) B.

Gegenprobe: Drehen Sie den Pfeil 270 Grad im Uhrzeigersinn und den Stern 45 Grad gegen den Uhrzeigersinn.

Zu 57) D.

Gegenprobe: Drehen Sie den Pfeil 160 Grad im Uhrzeigersinn, den hellen Propeller 180 Grad gegen den Uhrzeigersinn und den dunklen Propeller 45 Grad im Uhrzeigersinn.

Zu 58) A.

Gegenprobe: Drehen Sie den Propeller 135 Grad gegen den Uhrzeigersinn und das Dreieck 60 Grad im Uhrzeigersinn.

Zu 59) B.

Gegenprobe: Drehen Sie das helle Objekt um 180 Grad, das dunkle Objekt 45 Grad gegen den Uhrzeigersinn und die Linie 90 Grad gegen den Uhrzeigersinn.

Zu 60) E.

Gegenprobe: Drehen Sie die Kugelstange 135 Grad gegen den Uhrzeigersinn, das dunkle Dreieck 270 Grad im Uhrzeigersinn und das helle Dreieck 90 Grad im Uhrzeigersinn.

Konzentration und Merkfähigkeit

„n/m“-Test *Bearbeitungszeit 3 Minuten*

Jede Aufgabenzeile enthält die Buchstaben „n“ und „m“.

Ihr Auftrag lautet, in jeder Zeile alle „n“s zu finden und die ermittelte Anzahl ins Lösungsfeld am Zeilenende zu schreiben.

Hierzu ein Beispiel

Aufgabe

1) n n n m m m m m m m m m m m m m m m m m ____

2) m m m m m m m m m m m m m m m m m m n n ____

Antwort

1) n n n m m m m m m m m m m m m m m m m m 3

2) m m m m m m m m m m m m m m m m m m n n 2

Bitte beginnen Sie nun mit der Bearbeitung: Schreiben Sie neben jede Zeile die Zahl der gefundenen „n“s. Sie haben dafür **3 Minuten** Zeit.

1) m m m n m m n m m m m m m m m m m m m m ____

2) m m n n m m n n m m m m m m m m m m m m ____

3) m m m m m m m n m n m n m m m m m m m m ____

4) m m m m m m m m m m m n n n m m m m m m ____

5) m m m m m m m m m m m m m m n n m n m n ____

6) m m m m m m m m m m n m m m m n m n m m ____

7) m m m m m m m m n m n m n m m m m m m m ____

8) m m m m m m n m m n m m m n m m m m m m ____

9) m n m m m m m m m m m m m m m m m m m m ____

10)	m	n	m	n	m	n	m	m	m	m	m	m	m	m	m	m	m	m	m	m	
11)	m	m	m	m	m	n	m	n	m	n	m	m	m	m	m	m	m	m	m	m	
12)	m	m	m	m	m	m	m	m	m	n	m	m	n	n	n	m	m	m	m	m	
13)	m	m	m	m	m	m	m	m	m	m	m	m	m	m	m	n	n	m	n	m	
14)	n	m	n	n	n	n	m	m	m	m	m	m	m	m	m	m	m	m	m	m	
15)	m	n	n	m	m	n	n	m	m	m	m	m	m	m	m	m	m	m	m	m	
16)	m	m	m	n	n	m	n	n	n	m	m	m	m	m	m	m	m	m	m	m	
17)	n	n	n	m	n	m	n	m	m	m	m	m	m	m	m	m	m	m	m	m	
18)	m	n	m	m	n	m	m	m	m	m	m	m	m	m	m	m	m	m	m	m	
19)	m	m	n	m	m	m	m	m	m	m	m	m	m	m	m	m	m	m	m	m	
20)	m	m	n	m	m	m	m	m	m	m	m	m	m	m	m	m	m	m	m	m	
21)	m	m	n	m	m	n	m	m	n	m	m	n	m	m	m	n	m	m	m	m	
22)	m	m	m	m	m	m	n	m	m	n	m	m	m	n	m	m	m	m	m	m	
23)	m	m	m	n	m	m	m	m	n	m	m	m	n	m	m	n	m	m	m	m	
24)	m	m	m	m	m	n	m	m	m	m	m	m	m	m	m	m	m	m	m	m	
25)	m	m	n	m	m	n	m	m	n	m	m	m	n	m	m	m	m	n	m	m	
26)	m	m	m	m	m	m	m	m	m	m	n	m	n	m	n	n	m	n	m	m	
27)	m	m	m	n	m	n	m	m	m	m	m	m	m	m	m	m	m	m	m	m	
28)	m	m	m	m	m	n	m	n	m	n	n	m	m	m	m	m	m	m	m	m	
29)	m	m	n	n	m	n	m	m	m	m	m	m	m	m	m	m	m	m	m	m	
30)	m	m	m	m	n	m	m	n	m	m	n	m	n	m	m	m	m	m	m	m	
31)	m	m	m	m	m	m	m	m	m	m	m	m	m	n	m	n	m	n	n	n	
32)	m	m	m	m	m	m	m	m	m	m	m	m	n	m	m	n	m	m	n	m	

33) m m m m m m m m m n m m m m m m m m m m ______

34) m m m m m m m m m n m m m m m m m m m m ______

35) m m m m m m m m m m m m n n m m n m m m ______

36) m m m m n m m m m n m m m m m n m m m m ______

37) m m n m n m n m m m m m m m m m m m m m ______

38) m m m m m m n m n m n m m m m m m m m m ______

39) m m m m m m m m m m n m m m m m m m m m ______

40) m m m m m m m n m n m m m m m m m m m m ______

Begriffe wiedererkennen *Einprägezeit 5 Minuten*

Bitte merken Sie sich die vorgegebenen Begriffe, um sie anschließend in einer nach Kategorien sortierten Begriffstabelle wiederfinden zu können.

Zum Einprägen haben Sie **5 Minuten** Zeit. Hierbei dürfen Sie sich keine Notizen machen.

Begriffe

Hannah	Libelle	graublau
Handball	Winter	Kreditkarte
Freude	Dachdecker	Hamster
Fiat	Kempten	Gesamtschule
Birke	Sakko	Pappe
Dreizehn	Meyer	Kuh
Italien	Gerbera	

! *Hinweis*

Bei dieser Aufgabe ist keine Unterbrechung notwendig, bitte beginnen Sie direkt mit der Bearbeitung!

Decken Sie dafür diese Seite ab.

Begriffe wiedererkennen *Bearbeitungszeit 5 Minuten*

Welche Begriffe lagen Ihnen soeben vor? Beginnen Sie bitte jetzt mit den Aufgaben und kreuzen Sie den richtigen Lösungsbuchstaben an.

41) Zahlen:

A. Dreizehn **B.** Sieben **C.** Neunzehn **D.** Acht

42) Sportarten:

A. Reiten **B.** Leichtathletik **C.** Handball **D.** Pilates

43) Insekten:

A. Mücke **B.** Libelle **C.** Heuschrecke **D.** Biene

44) Berufe:

A. Dachdecker **B.** Maurer **C.** Grafiker **D.** Buchhändler

45) Kleidungsstücke:

A. Bluse **B.** Hose **C.** Rock **D.** Sakko

46) Blumen:

A. Geranie **B.** Lilie **C.** Erika **D.** Gerbera

47) Zahlungsarten:

A. Überweisung **B.** Rechnung **C.** Kreditkarte **D.** Vorkasse

48) Schulformen:

A. Grundschule **B.** Gesamtschule **C.** Gymnasium **D.** Hauptschule

49) Nutztiere:

A. Huhn **B.** Rind **C.** Schwein **D.** Kuh

50) Vornamen:

A. Johanna **B.** Julia **C.** Hannah **D.** Franziska

51) Emotionen:

A. Freude **B.** Trauer **C.** Mitleid **D.** Angst

52) Bäume:

A. Fichte **B.** Ahorn **C.** Apfelbaum **D.** Birke

53) Reiseziele:

A. Spanien **B.** Italien **C.** USA **D.** Deutschland

54) Jahreszeiten:

A. Sommer **B.** Frühling **C.** Winter **D.** Herbst

55) Augenfarben:

A. grünbraun **B.** graublau **C.** blau **D.** blaugrau

56) Werkstoffe:

A. Pappe **B.** Holz **C.** Glas **D.** Metall

57) Automarke:

A. BMW **B.** Peugeot **C.** Fiat **D.** VW

58) Städte:

A. Kempten **B.** Freiburg **C.** Kempen **D.** Erfurt

59) Namen:

A. Meyer **B.** Mayer **C.** Meier **D.** Müller

60) Haustiere:

A. Hund **B.** Katze **C.** Kaninchen **D.** Hamster

Codierte Wörter

Bearbeitungszeit 3 Minuten

Jeder Einrichtung und jeder Stadt ist ein zweistelliger Zahlencode zugeordnet.

Setzen Sie die Einrichtungs- und Städtecodes richtig zusammen.

Hierzu ein Beispiel

Code-Tabelle

Einrichtung	Code	Stadt	Code
Polizei	01	Offenbach	01
Gymnasium	02	Hamburg	02

Aufgabe

1) Wie lautet der Code für das Gymnasium in Offenbach? 0201

Hier nun die Code-Tabelle:

Einrichtung	Code	Stadt	Code
Krankenhaus	01	Köln	01
Bibliothek	02	Mannheim	02
Schule	03	Düsseldorf	03
Rathaus	04	Dortmund	04
Ordnungsamt	05	Aachen	05
Kindertagesstätte	06	Erfurt	06
Kirchengemeinde	07	Dresden	07
Feuerwehr	08	Kiel	08
Polizei	09	Bochum	09
Zollamt	10	Leipzig	10

Bitte beginnen Sie nun mit den Aufgaben – Sie haben dafür **3 Minuten** Zeit.

Wie lautet der Code …

61) … für die Polizei in Dresden? ____________

62) … für die Bibliothek in Düsseldorf? ____________

63) … für das Rathaus in Kiel? ____________

Einrichtung	Code	Stadt	Code
Krankenhaus	01	Köln	01
Bibliothek	02	Mannheim	02
Schule	03	Düsseldorf	03
Rathaus	04	Dortmund	04
Ordnungsamt	05	Aachen	05
Kindertagesstätte	06	Erfurt	06
Kirchengemeinde	07	Dresden	07
Feuerwehr	08	Kiel	08
Polizei	09	Bochum	09
Zollamt	10	Leipzig	10

64) … für die Schule in Aachen? ________

65) … für das Schule in Dortmund? ________

66) … für die Schule in Erfurt? ________

67) … für das Schule in Bochum? ________

68) … für die Kindertagesstätte in Bochum? ________

69) … für die Feuerwehr in Kiel? ________

70) … für die Polizei in Bochum? ________

71) … für das Zollamt in Dresden? ________

72) … für die Feuerwehr in Dortmund? ________

73) … für die Kindertagesstätte in Aachen? ________

74) … für die Rathaus in Bochum? ________

75) … für die Polizei in Aachen? ________

76) … für das Krankenhaus in Köln? ________

77) … für die Kindertagesstätte in Dresden? ________

78) ... für die Feuerwehr in Bochum? ______

79) ... für die Bibliothek in Köln? ______

80) ... für die Rathaus in Dortmund? ______

81) ... für das Krankenhaus in Dresden? ______

82) ... für die Polizei in Erfurt? ______

83) ... für die Kindertagesstätte in Düsseldorf? ______

84) ... für die Feuerwehr in Erfurt? ______

85) ... für die Bibliothek in Dresden? ______

86) ... für das Rathaus in Erfurt? ______

87) ... für das Zollamt in Kiel? ______

88) ... für die Kindertagesstätte in Mannheim? ______

89) ... für die Polizei in Dortmund? ______

90) ... für das Krankenhaus in Kiel? ______

91) ... für die Feuerwehr in Leipzig? ______

92) ... für die Kindertagesstätte in Köln? ______

93) ... für das Rathaus in Aachen? ______

94) ... für die Bibliothek in Erfurt? ______

95) ... für das Krankenhaus in Düsseldorf? ______

96) ... für die Polizei in Leipzig? ______

97) ... für das Krankenhaus in Mannheim? ______

98) ... für die Kindertagesstätte in Leipzig? ______

99) ... für die Feuerwehr in Düsseldorf? ______

Einrichtung	Code	Stadt	Code
Krankenhaus	01	Köln	01
Bibliothek	02	Mannheim	02
Schule	03	Düsseldorf	03
Rathaus	04	Dortmund	04
Ordnungsamt	05	Aachen	05
Kindertagesstätte	06	Erfurt	06
Kirchengemeinde	07	Dresden	07
Feuerwehr	08	Kiel	08
Polizei	09	Bochum	09
Zollamt	10	Leipzig	10

100) … für die Bibliothek in Dortmund? ________

101) … für das Rathaus in Kiel? ________

102) … für die Polizei in Kiel? ________

103) … für das Krankenhaus in Leipzig? ________

104) … für das Krankenhaus in Köln? ________

105) … für die Feuerwehr in Aachen? ________

Figuren merken

Einprägezeit 4 Minuten

Wie gut können Sie sich visuelle Details einprägen?

Ihnen liegen 20 Figuren vor. In jeder Figur ist eine Teilfläche schwarz gefärbt – bitte merken Sie sich, welche.

Hierzu ein Beispiel

Aufgabe

1)

Antwort

1)

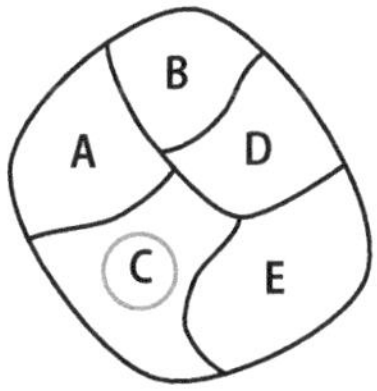

Die schwarzgefärbte Teilfläche im Original entspricht der Teilfläche C in der Lösungsfigur.

Hier nun die Figuren:

Bitte merken Sie sich, welche Teilflächen schwarz gefärbt sind. Sie haben dafür **4 Minuten** Zeit. Hierbei dürfen Sie sich keine Notizen machen.

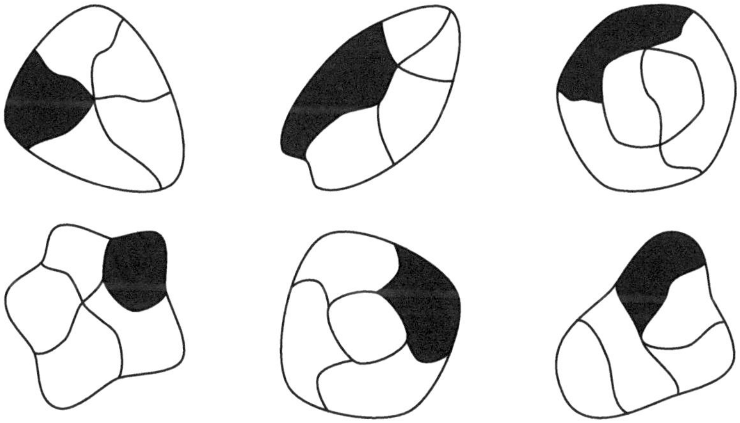

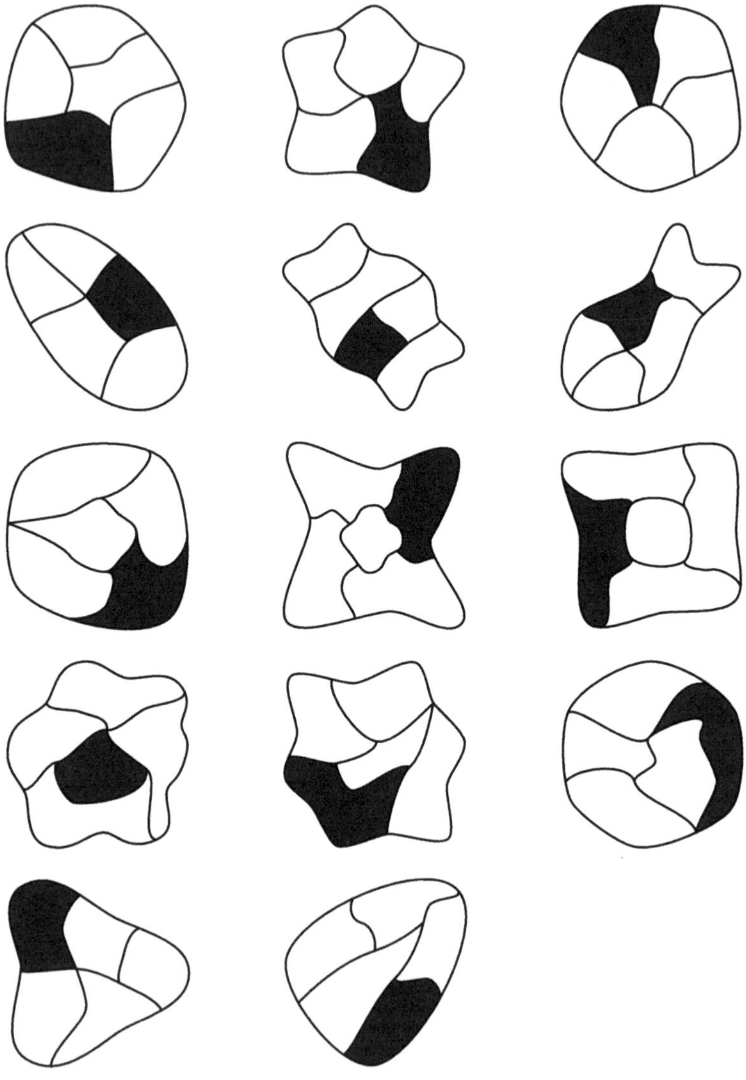

! ***Hinweis***

Nachdem Sie sich die Figuren eingeprägt haben, sollten Sie sich 5 Minuten mit etwas anderem beschäftigen, ehe Sie mit der Bearbeitung beginnen.

Bitte decken Sie dafür diese Seite ab.

Figuren merken

Bearbeitungszeit 5 Minuten

Soeben lagen Ihnen mehrere Flächenformen vor.

Bitte bearbeiten Sie nun die Aufgaben: Markieren Sie jeweils den Lösungsbuchstaben derjenigen Teilfläche, die im Original schwarz gefärbt war.

106)

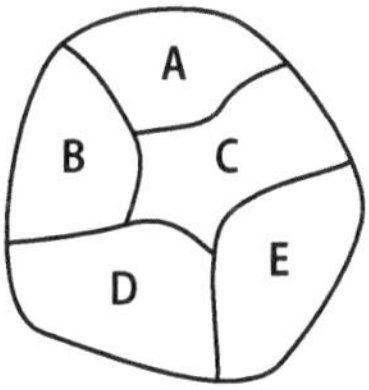

110)

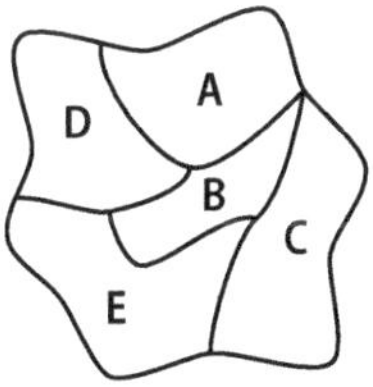

114)

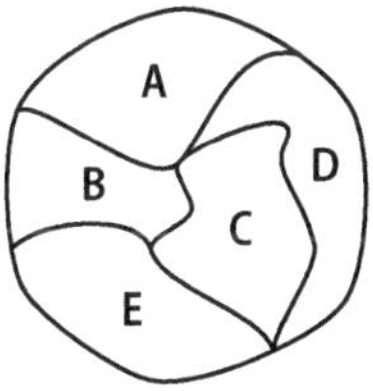

107)

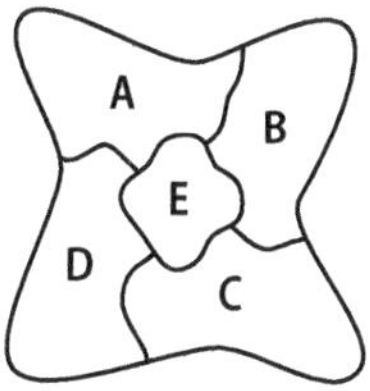

111)

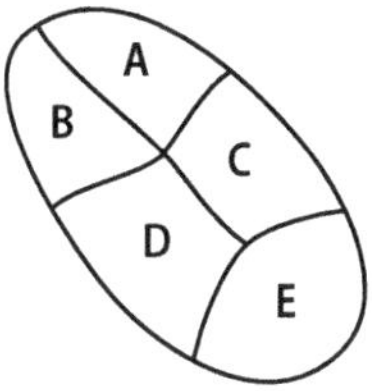

115)

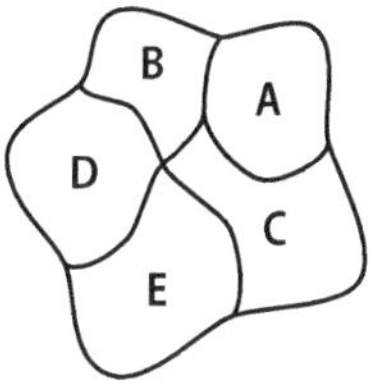

108)

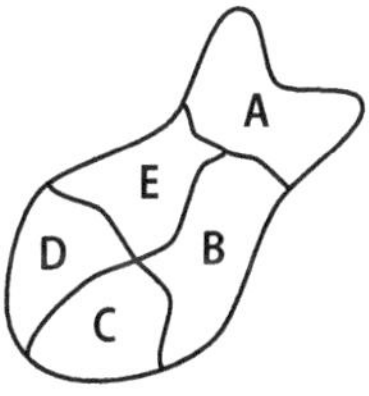

112)

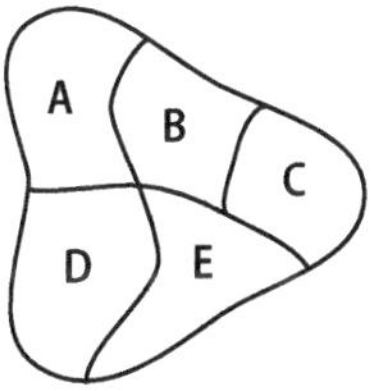

116)

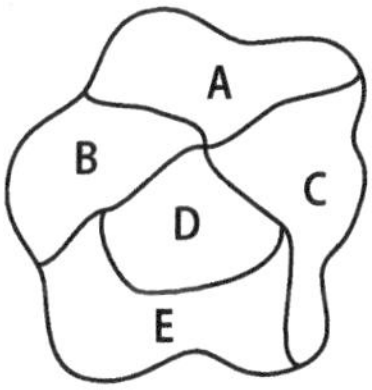

109)

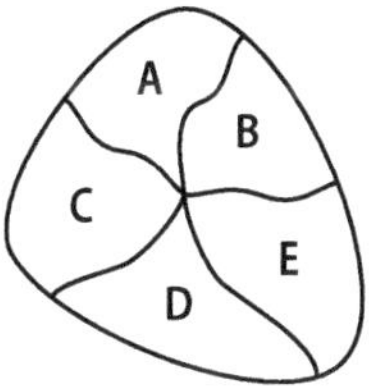

113)

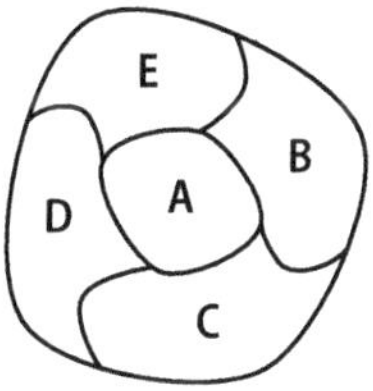

117)

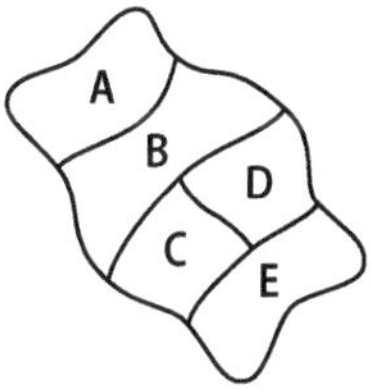

118)

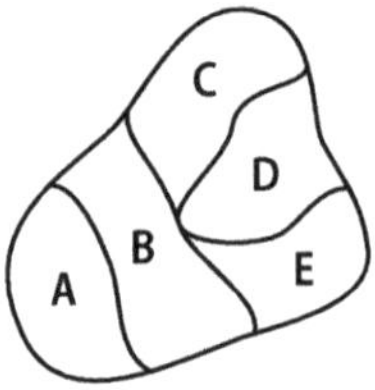

119)

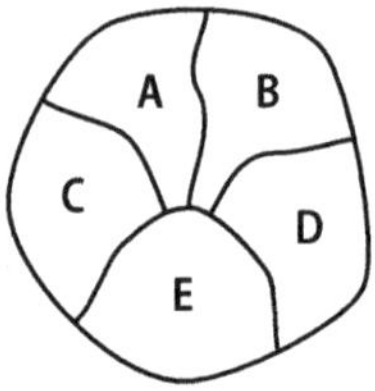

120)

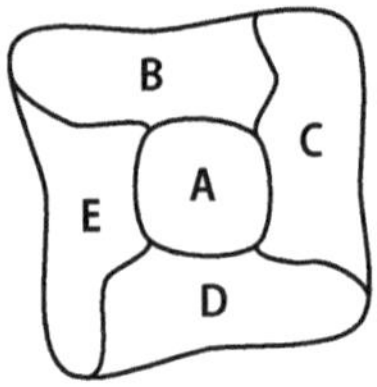

121)

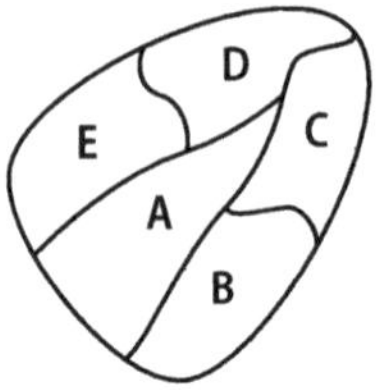

122)

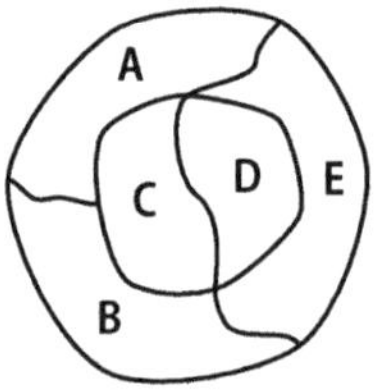

123)

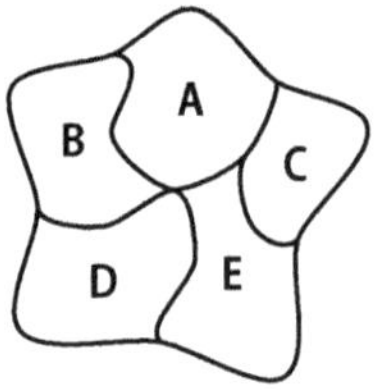

124)

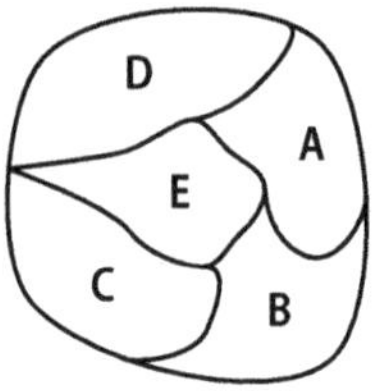

125)

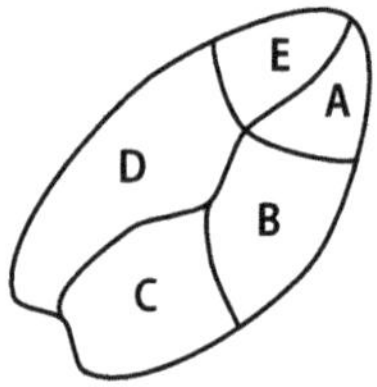

Kürzesten Weg finden

Bearbeitungszeit 2 Minuten

Zu jeder Aufgabe erhalten Sie ein Raster mit 8 × 8 Feldern.

Bitte zeichnen Sie den kürzesten Weg vom Startfeld zum Zielfeld in das Raster ein. Die Feldkoordinaten werden Ihnen wie bei einem Schachbrett vorgegeben: Ein Buchstabe benennt die Spalte, in der das Feld liegt, und eine Zahl die Reihe. Als kürzester Weg gilt derjenige, auf dem Sie die wenigsten Felder betreten, wobei Sie nur waagerecht und senkrecht vorangehen dürfen (nicht diagonal).

In jedem Raster sind Hindernisse eingebaut:

¬ Punkte auf den Grenzlinien zwischen zwei Feldern symbolisieren Absperrungen: Diese Linien dürfen Sie auf Ihrem Weg nicht überqueren.

¬ Quadrate in den Feldern symbolisieren Häuser: Diese Felder sind blockiert und können nicht betreten werden.

Hierzu ein Beispiel

Aufgabe

1) Startfeld: a1 | Zielfeld: d4

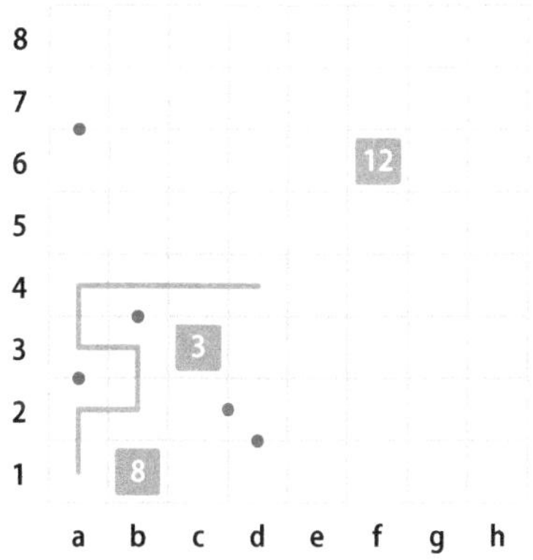

Bitte beginnen Sie nun mit der Bearbeitung: Zeichnen Sie jeweils den kürzesten Weg ein. Sie haben dafür **2 Minuten** Zeit.

126) Startfeld: h1 | Zielfeld: b3

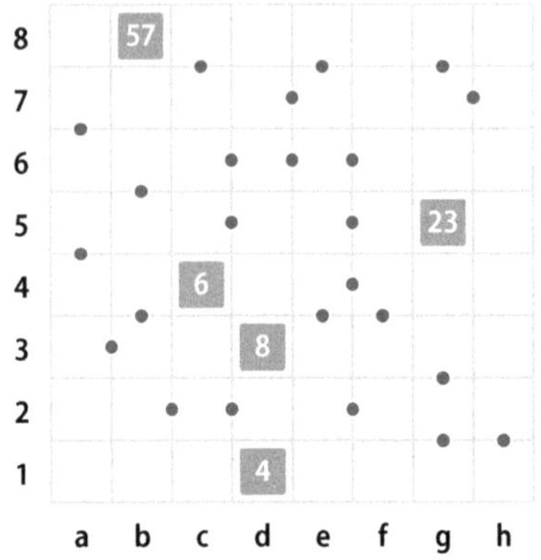

128) Startfeld: h1 | Zielfeld: h7

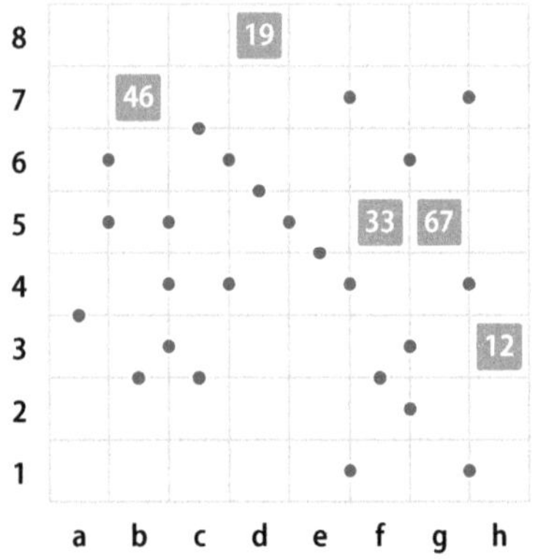

127) Startfeld: a8 | Zielfeld: h1

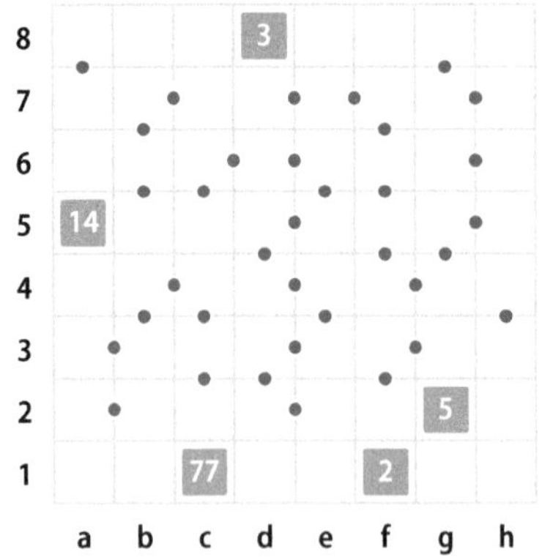

129) Startfeld: e1 | Zielfeld e8

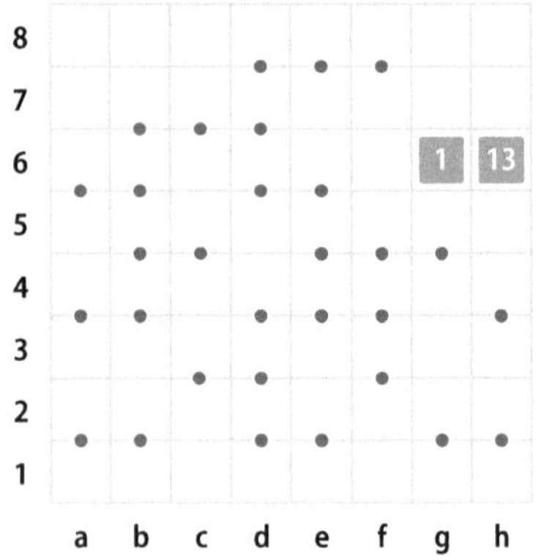

130) Startfeld: d4 | Zielfeld: d5

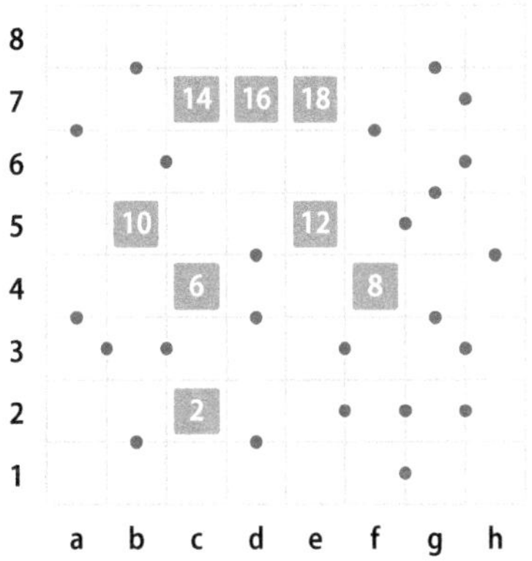

Personendatei merken

Einprägezeit 10 Minuten

Auf der übernächsten Seite finden Sie eine Datei mit zehn Fotos und personenbezogenen Angaben (darunter Vorname, Nachname und Beruf).

Prägen Sie sich die Porträts und die zugehörigen Informationen gut ein.

Hierzu ein Beispiel

Personendatei

IP: 84.173.232.212	IP: 84.215.136.121	IP: 96.172.137.182	IP: 96.190.166.158	IP: 84.110.151.238
Dekorateurin	Köchin	Handelsvertreter	Schauspieler	Kosmetikerin
Ute Ackermann	Eveline Fritsch	Peter Reinken	Tim Lorenz	Silke Männing

Alle Personendaten sind frei erfunden.

Aufgabe

1) Wie lautet der vollständige Name dieser Person?

A. Ute Ackermann
B. Eveline Fritsch
C. Silke Männing
D. Simone Klein
E. Doris Mader

Antwort

(A.) Ute Ackermann

Merkhilfe:

- Merken Sie sich zu jeder Person sowohl den vollständigen Namen als auch die Berufsbezeichnung.
- Die IP-Adresse kann unberücksichtigt bleiben.
- Versuchen Sie, die Personen zu typisieren. Beispielsweise ist ein älterer Herr im Anzug mit Krawatte wahrscheinlich eher Anwalt oder Bankangestellter als Automechaniker.
- Suchen Sie nach auffälligen Personenmerkmalen wie Haarschnitt, Glatze, Hakennase, Segelohren, Hornbrille, dichte Augenbrauen usw.
- Versuchen Sie, Assoziationsketten zu bilden und so etwa den Vornamen, Namen und/oder Beruf mit dem Aussehen zu verknüpfen.

Zum Einprägen haben Sie **10 Minuten** Zeit. Hierbei dürfen Sie sich keine Notizen machen.

Personendatei

IP: 96.232.235.112
Bauingenieur
Pierre Frey

IP: 84.166.176.251
Verlagskauffrau
Henrike Otter

IP: 96.222.237.242
Rechtsanwalt
Raimund Breit

IP: 84.171.196.185
Tierpflegerin
Margot Ebert

IP: 96.210.251.108
Musiker
Enrico Felici

IP: 84.208.108.128
Medienkauffrau
Bella Fontanella

IP: 96.234.173.231
Fachinformatiker
Ernst Kirsch

IP: 84.172.237.182
Journalistin
Helena König

IP: 96.143.225.239
Personalberater
Martin Ecker

IP: 84.110.151.238
Arzthelferin
Olivia Adam

! ***Hinweis***

Nachdem Sie sich die Personendatei eingeprägt haben, sollten Sie sich 5 Minuten mit etwas anderem beschäftigen, bevor Sie die dazugehörigen Fragen aus dem Gedächtnis beantworten.

Decken Sie dafür diese Seite ab.

Personendatei merken *Bearbeitungszeit 5 Minuten*

Soeben lag Ihnen eine Personendatei vor, die Sie sich einprägen sollten.

Bitte bearbeiten Sie nun die Aufgaben: Markieren Sie jeweils den Lösungsbuchstaben des richtigen Antwortvorschlags.

131) Wie lautet der vollständige Name dieser Person?

A. Pierre Frey
B. Raimund Breit
C. Enrico Felici
D. Martin Ecker
E. Ernst Kirsch

132) Wie lautet der vollständige Name dieser Person?

A. Henrike Otter
B. Margot Ebert
C. Bella Fontanella
D. Helena König
E. Olivia Adam

133) Wie lautet der vollständige Name dieser Person?

A. Pierre Frey
B. Raimund Breit
C. Enrico Felici
D. Ernst Kirsch
E. Martin Ecker

134) Wie lautet der vollständige Name dieser Person?

A. Pierre Frey
B. Raimund Breit
C. Enrico Felici
D. Ernst Kirsch
E. Martin Ecker

135) Welchen Beruf übt diese Person aus?

A. Verlagskauffrau
B. Tierpflegerin
C. Medienkauffrau
D. Journalistin
E. Arzthelferin

136) Welchen Beruf übt diese Person aus?

A. Bauingenieur
B. Rechtsanwalt
C. Musiker
D. Fachinformatiker
E. Personalberater

137) Welchen Beruf übt diese Person aus?

A. Verlagskauffrau
B. Tierpflegerin
C. Medienkauffrau
D. Journalistin
E. Arzthelferin

138) Welchen Beruf übt diese Person aus?

A. Bauingenieur
B. Rechtsanwalt
C. Musiker
D. Fachinformatiker
E. Personalberater

139) Welchen Beruf übt diese Person aus?

A. Verlagskauffrau
B. Tierpflegerin
C. Medienkauffrau
D. Journalistin
E. Arzthelferin

140) Welchen Beruf übt diese Person aus?

A. Bauingenieur
B. Rechtsanwalt
C. Musiker
D. Fachinformatiker
E. Personalberater

Rechnen mit Hindernis

Bearbeitungszeit 5 Minuten

Im Folgenden müssen Sie Namen in Zahlenwerte umwandeln und damit bestimmte Rechnungen durchführen.

Bei der Umrechnung der Namen zählt:

¬ jeder **Konsonant** 1 Punkt

¬ jeder **Vokal** 2 Punkte

¬ jeder **Umlaut** 3 Punkte

Ist der untere Namenswert kleiner als der obere, muss er von diesem abgezogen werden. Ansonsten addieren Sie beide Namenswerte.

Hierzu ein Beispiel

Aufgabe	*Antwort*
1) Martin:	**Zu 1)** Martin: 8
Hans:	Hans: 5
=	=3

Namenswert Martin: 1 + 2 + 1 + 1 + 2 + 1 = 8

Namenswert Hans: 1 + 2 + 1 + 1 = 5

8 – 5 = 3 (großes Ergebnis – kleines Ergebnis)

Aufgabe	*Antwort*
2) Hans:	**Zu 2)** Hans: 5
Martin:	Martin: 8
=	=13

1 + 2 + 1 + 1 = 5 (Hans)

1 + 2 + 1 + 1 + 2 + 1 = 8 (Martin)

8 + 5 = 13 (großes Ergebnis + kleines Ergebnis)

Beginnen Sie bitte jetzt mit den Aufgaben: Berechnen Sie jeweils das richtige Ergebnis. Sie haben dafür **5 Minuten** Zeit.

141) Frank:
Bauer:

142) Spott:
Oscar:

143) Maria:
Arnold:

144) Lars:
Öder:

145) Zoe:
Carl:

146) Ernst:
Mai:

147) Karen:
Tai:

148) Klaus:
Mayer:

149) Olaf:
Haupt:

150) Fritz:
Opfer:

151) Helge:
Mika:

152) Kim:
Wenz:

153) Petra:
Hans:

154) Adam:
Kempe:

155) Perle:
Peter:

156) Harm:
Lauf:

157) Mira:
Franz:

158) Erika:
Tina:

159) Rosie:
Utz:

160) Hans:
Meyer:

161) Bernd:
Klein:

162) Groß:
Josef:

163) Ahle:
Ampel:

164) Theo:
Hügel:

165) Stoss:
Davor:

166) Hans:
Wolf:

167) Sven:
Sand:

168) Dana:
Wald:

169) Erika:
Ahring:

170) Mayer:
Ingrid:

171) Meyer:
Mike:

172) Eva:
Kraus:

173) Münch:
Maren:

174) Silke:
Enzo:

175) Lisa:
Theo:

176) Görtz:
Mia:

177) Ute:

Berge:

178) Elisa:

Rohr:

179) José:

Breit:

180) Joe:

Bruno:

181) Klug:

Kai:

182) Jim:

Georg:

183) Christa:

Ulf:

184) Mahler:

Udo:

185) Björn:

Ali:

Verschlüsselte Zeichen *Bearbeitungszeit 15 Minuten*

Zu jedem folgenden Aufgabenblock erhalten Sie eine Code-Tabelle, die mehreren Ausgangszeichen bestimmte Codezeichen zuweist.

Um eine Aufgabe zu lösen, müssen Sie zuerst die vorgegebenen Ausgangszeichen mithilfe der Code-Tabelle in Codezeichen umwandeln.

Anschließend überprüfen Sie die Aufgabenreihe – Stelle für Stelle, von links nach rechts: Immer dann, wenn Sie einem soeben erhaltenen Codezeichen begegnen, notieren Sie bitte das Nachbarzeichen links davon. So erhalten Sie schließlich eine weitere Zeichenfolge als Lösungsreihe.

Hierzu ein Beispiel

Code-Tabelle

Ausgangszeichen:	g	h	i	j
Codezeichen:	a	b	c	d

Aufgabe

1) Wie lautet die Lösungsreihe?

¬ Aufgabenreihe: **a 2 c d a 5**

¬ Gegebene Ausgangszeichen: **i, jg**

____

Antwort

2 c

Die Ausgangszeichen „i" und „jg" werden mithilfe der Code-Tabelle in die Codezeichen „c" und „da" entschlüsselt. In der Aufgabenreihe steht vor dem Codezeichen „c" eine „2" und vor „da" ein „c". Die Lösungsreihe lautet somit „2 c".

Bitte beginnen Sie nun mit der Bearbeitung: Tragen Sie jeweils die Lösungsreihe ein. Sie haben dafür **15 Minuten** Zeit.

Code-Tabelle A

Ausgangszeichen:	o	p	q	r	s
Codezeichen:	a	b	c	d	e

186) Wie lautet die Lösungsreihe?

¬ Aufgabenreihe: **a c f p e r l**

¬ Gegebene Ausgangszeichen: **q, s**

____

187) Wie lautet die Lösungsreihe?

¬ Aufgabenreihe: **a d c d f d**

¬ Gegebene Ausgangszeichen: **r**

____

188) Wie lautet die Lösungsreihe?

¬ Aufgabenreihe: **e b c o b e o**

¬ Gegebene Ausgangszeichen: **p**

____

189) Wie lautet die Lösungsreihe?

¬ Aufgabenreihe: **x o a p b r s**

¬ Gegebene Ausgangszeichen: **o, p**

____

190) Wie lautet die Lösungsreihe?

¬ Aufgabenreihe: **o p n q r e s u e**

¬ Gegebene Ausgangszeichen: **p, s**

____

Code-Tabelle B

Ausgangszeichen:	p	q	f	x	v	r	m	y	h	u	j	k	t
Codezeichen:	a	b	c	d	e	f	g	h	i	j	k	l	m

191) Wie lautet die Lösungsreihe?

- Aufgabenreihe: **e r j g a o d j v h s d r o k e j**
- Gegebene Ausgangszeichen: **p, jv**

192) Wie lautet die Lösungsreihe?

- Aufgabenreihe: **m j a d h g f s u z t o s d n j**
- Gegebene Ausgangszeichen: **q, v, u**

193) Wie lautet die Lösungsreihe?

- Aufgabenreihe: **w a f f s g a f k v h d a k i s h r z p h**
- Gegebene Ausgangszeichen: **pr, j**

194) Wie lautet die Lösungsreihe?

- Aufgabenreihe: **a o p c i j k d e g r s t h f g n b l m**
- Gegebene Ausgangszeichen: **x, m, k, t**

195) Wie lautet die Lösungsreihe?

- Aufgabenreihe: **f h l b w a q m y d x e r c k h g i k a**
- Gegebene Ausgangszeichen: **p, y, t**

Code-Tabelle C

Ausgangszeichen:	1	m	a	l	n	6	0	8	9	t	o	ö	7	p	d
Codezeichen:	g	e	l	w	1	ö	m	5	i	j	a	0	9	r	q

196) Wie lautet die Lösungsreihe?

¬ Aufgabenreihe: **t 1 4 9 0 c 9 n s h b q q m a c b m y x k x ö 4 5 m k x p 3 n x b n**

¬ Gegebene Ausgangszeichen: **n, 6, t, d**

197) Wie lautet die Lösungsreihe?

¬ Aufgabenreihe: **5 j a 0 9 r g w e o 1 ö m q g e o 1 ö m i l j a ö m 5 i l 0 w q 1**

¬ Gegebene Ausgangszeichen: **1, m, a, 60**

198) Wie lautet die Lösungsreihe?

¬ Aufgabenreihe: **j 5 f 5 3 7 l 1 l 7 1 5 3 j r l 1 j q q**

¬ Gegebene Ausgangszeichen: **a, n, 8, p**

199) Wie lautet die Lösungsreihe?

¬ Aufgabenreihe: **w e 5 y 2 u 1 i a 3 b n e 5 c d n b v 1 i 8 a e q k e 5 d 0 1**

¬ Gegebene Ausgangszeichen: **n9, ö, m8, o, d**

200) Wie lautet die Lösungsreihe?

¬ Aufgabenreihe: **e k c v p l a ö 4 v j 9 y m h i s l q n ü 1 f m ü m w i g e ü**

¬ Gegebene Ausgangszeichen: **9, d, 7, 0**

Zahlenliste wiedergeben

Einprägezeit 5 Minuten

Prägen Sie sich die vorliegende Zahlenliste gut ein. Anschließend müssen Sie die Zahlen aus dem Kopf wiedergeben.

Zum Einprägen haben Sie **5 Minuten** Zeit. Hierbei dürfen Sie sich keine Notizen machen.

Zahlenliste

32	87	85	16	54	36
40	70	90	25	58	47
56	73	5	27	62	48
64	77	2	92	66	7
74	81	9	95	30	20

! *Hinweis*

Bei dieser Aufgabe ist keine Unterbrechung notwendig, bitte beginnen Sie direkt mit den Antworten!

Decken Sie dafür diese Seite ab.

Zahlenliste wiedergeben *Bearbeitungszeit 4 Minuten*

Tragen Sie bitte alle Zahlen der soeben vorgelegten Liste ein. Die Reihenfolge spielt dabei keine Rolle.

201) ______	211) ______	221) ______
202) ______	212) ______	222) ______
203) ______	213) ______	223) ______
204) ______	214) ______	224) ______
205) ______	215) ______	225) ______
206) ______	216) ______	226) ______
207) ______	217) ______	227) ______
208) ______	218) ______	228) ______
209) ______	219) ______	229) ______
210) ______	220) ______	230) ______

Lösungen: Konzentration und Merkfähigkeit

1) 2	31) 5	61) 0907
2) 4	32) 3	62) 0203
3) 3	33) 1	63) 0408
4) 3	34) 1	64) 0305
5) 4	35) 3	65) 0304
6) 3	36) 3	66) 0306
7) 3	37) 3	67) 0309
8) 3	38) 3	68) 0609
9) 1	39) 1	69) 0808
10) 3	40) 2	70) 0909
11) 3	41) A	71) 1007
12) 4	42) C	72) 0804
13) 3	43) B	73) 0605
14) 5	44) A	74) 0409
15) 4	45) D	75) 0905
16) 5	46) D	76) 0101
17) 5	47) C	77) 0607
18) 2	48) B	78) 0809
19) 1	49) D	79) 0201
20) 1	50) C	80) 0404
21) 5	51) A	81) 0107
22) 3	52) D	82) 0906
23) 4	53) B	83) 0603
24) 1	54) C	84) 0806
25) 5	55) B	85) 0207
26) 5	56) A	86) 0406
27) 2	57) C	87) 1008
28) 4	58) A	88) 0602
29) 3	59) A	89) 0904
30) 4	60) D	90) 0108

91) 0810
92) 0601
93) 0405
94) 0206
95) 0103
96) 0910
97) 0102
98) 0610
99) 0803
100) 0204
101) 0708
102) 0908
103) 0110
104) 0701
105) 0805
106) D
107) B
108) E
109) C
110) E
111) C
112) A
113) B
114) D
115) A
116) D
117) C
118) C
119) A
120) E
121) B
122) A
123) E
124) B
125) D
126)
127)
128) siehe Erklärung
129)
130)
131) C
132) B
133) B
134) E
135) E
136) E
137) D
138) D
139) C
140) C
141) 14
142) 13
143) 16
144) 12
145) 10
146) 1
147) 2
148) 14
149) 13
150) 13
151) 1
152) 9
153) 2
154) 13
155) 14
156) 11
157) 12
158) 2
159) 4
160) 12
161) 13
162) 12
163) 13
164) 14
165) 13
166) 10
167) 10
168) 1
169) 16
170) 15
171) 1
172) 12
173) 14
174) 1
175) 12
176) 2
177) 12
178) 3
179) 13
180) 12
181) 10
182) 11
183) 5
184) 3
185) 2
186) a p

187) a c f
188) e o
189) o p
190) r u
191) g o
192) m n
193) w g f a
194) k e f b l
195) f w q k k
196) t b q x
197) r w 1 q g 1 i a i
198) j f 7 l 1 7 1 j r l
199) w u i n v 8 e k d
200) j y h l f ü w
201) 32
202) 87
203) 85
204) 16
205) 54
206) 36
207) 40
208) 70
209) 90
210) 25
211) 58
212) 47
213) 56
214) 73
215) 5
216) 27
217) 62
218) 48
219) 64
220) 77
221) 2
222) 92
223) 66
224) 7
225) 74
226) 81
227) 9
228) 95
229) 30
230) 20

„n/m"-Test (Aufgaben 1–40)

Zu 1) m m m *n* m m *n* m m m m m m m m m m m m m *2*
Zu 2) m m *n* *n* m m *n* *n* m m m m m m m m m m m m *4*
Zu 3) m m m m m m m *n* m *n* m *n* m m m m m m m m *3*
Zu 4) m m m m m m m m m m m *n* *n* *n* m m m m m m *3*
Zu 5) m m m m m m m m m m m m m m *n* *n* m *n* m *n* *4*
Zu 6) m m m m m m m m m m *n* m m m m *n* m *n* m m *3*
Zu 7) m m m m m m m m *n* m *n* m *n* m m m m m m m *3*
Zu 8) m m m m m m *n* m m *n* m m m *n* m m m m m m *3*
Zu 9) m *n* m m m m m m m m m m m m m m m m m m *1*
Zu 10) m *n* m *n* m *n* m m m m m m m m m m m m m m *3*
Zu 11) m m m m m *n* m *n* m *n* m m m m m m m m m m *3*
Zu 12) m m m m m m m m m *n* m m *n* *n* *n* m m m m m *4*

Zu 13)	m	m	m	m	m	m	m	m	m	m	m	m	m	m	m	*n*	*n*	m	*n*	m	*3*
Zu 14)	*n*	m	*n*	*n*	*n*	*n*	m	m	m	m	m	m	m	m	m	m	m	m	m	m	*5*
Zu 15)	m	*n*	*n*	m	m	*n*	*n*	m	m	m	m	m	m	m	m	m	m	m	m	m	*4*
Zu 16)	m	m	m	*n*	*n*	m	*n*	*n*	*n*	m	m	m	m	m	m	m	m	m	m	m	*5*
Zu 17)	*n*	*n*	*n*	m	*n*	m	*n*	m	m	m	m	m	m	m	m	m	m	m	m	m	*5*
Zu 18)	m	*n*	m	m	*n*	m	m	m	m	m	m	m	m	m	m	m	m	m	m	m	*2*
Zu 19)	m	m	*n*	m	m	m	m	m	m	m	m	m	m	m	m	m	m	m	m	m	*1*
Zu 20)	m	m	*n*	m	m	m	m	m	m	m	m	m	m	m	m	m	m	m	m	m	*1*
Zu 21)	m	m	*n*	m	m	*n*	m	m	*n*	m	m	*n*	m	m	m	*n*	m	m	m	m	*5*
Zu 22)	m	m	m	m	m	m	*n*	m	m	*n*	m	m	m	*n*	m	m	m	m	m	m	*3*
Zu 23)	m	m	m	*n*	m	m	m	m	*n*	m	m	m	*n*	m	m	*n*	m	m	m	m	*4*
Zu 24)	m	m	m	m	m	*n*	m	m	m	m	m	m	m	m	m	m	m	m	m	m	*1*
Zu 25)	m	m	*n*	m	m	*n*	m	m	*n*	m	m	m	*n*	m	m	m	m	*n*	m	m	*5*
Zu 26)	m	m	m	m	m	m	m	m	m	m	*n*	m	*n*	m	*n*	*n*	m	*n*	m	m	*5*
Zu 27)	m	m	m	*n*	m	*n*	m	m	m	m	m	m	m	m	m	m	m	m	m	m	*2*
Zu 28)	m	m	m	m	m	*n*	m	*n*	m	*n*	*n*	m	m	m	m	m	m	m	m	m	*4*
Zu 29)	m	m	*n*	*n*	m	*n*	m	m	m	m	m	m	m	m	m	m	m	m	m	m	*3*
Zu 30)	m	m	m	m	*n*	m	m	*n*	m	m	*n*	m	*n*	m	m	m	m	m	m	m	*4*
Zu 31)	m	m	m	m	m	m	m	m	m	m	m	m	m	*n*	m	*n*	m	*n*	*n*	*n*	*5*
Zu 32)	m	m	m	m	m	m	m	m	m	m	m	m	*n*	m	m	*n*	m	m	*n*	m	*3*
Zu 33)	m	m	m	m	m	m	m	m	m	*n*	m	m	m	m	m	m	m	m	m	m	*1*
Zu 34)	m	m	m	m	m	m	m	m	m	*n*	m	m	m	m	m	m	m	m	m	m	*1*
Zu 35)	m	m	m	m	m	m	m	m	m	m	m	m	*n*	*n*	m	m	*n*	m	m	m	*3*
Zu 36)	m	m	m	m	*n*	m	m	m	m	*n*	m	m	m	m	m	*n*	m	m	m	m	*3*
Zu 37)	m	m	*n*	m	*n*	m	*n*	m	m	m	m	m	m	m	m	m	m	m	m	m	*3*
Zu 38)	m	m	m	m	m	m	*n*	m	*n*	m	*n*	m	m	m	m	m	m	m	m	m	*3*

Zu 39) m m m m m m m m m m *n* m m m m m m m m m *1*

Zu 40) m m m m m m m *n* m *n* m m m m m m m m m m *2*

Begriffe wiedererkennen (Aufgaben 41–60)

Zu 41) Zahlen – **A.** Dreizehn

Zu 42) Sportarten – **C.** Handball

Zu 43) Insekten – **B.** Libelle

Zu 44) Berufe – **A.** Dachdecker

Zu 45) Kleidungsstücke – **D.** Sakko

Zu 46) Blumen – **D.** Gerbera

Zu 47) Zahlungsarten – **C.** Kreditkarte

Zu 48) Schulformen – **B.** Gesamtschule

Zu 49) Nutztiere – **D.** Kuh

Zu 50) Vornamen – **C.** Hannah

Zu 51) Emotionen – **A.** Freude

Zu 52) Bäume – **D.** Birke

Zu 53) Reiseziele – **B.** Italien

Zu 54) Jahreszeiten – **C.** Winter

Zu 55) Augenfarben – **B.** graublau

Zu 56) Werkstoffe – **A.** Pappe

Zu 57) Automarke – **C.** Fiat

Zu 58) Städte – **A.** Kempten

Zu 59) Namen – **A.** Meyer

Zu 60) Haustiere – **D.** Hamster

Codierte Wörter (Aufgaben 61–105)

Zu 61) Wie lautet der Code für die Polizei in Dresden? ***0907***

Zu 62) Wie lautet der Code für die Bibliothek in Düsseldorf? ***0203***

Zu 63) Wie lautet der Code für das Rathaus in Kiel? ***0408***

Zu 64) Wie lautet der Code für die Schule in Aachen? ***0305***

Zu 65) Wie lautet der Code für das Schule in Dortmund? ***0304***

Zu 66) Wie lautet der Code für die Schule in Erfurt? ***0306***

Zu 67) Wie lautet der Code für das Schule in Bochum? ***0309***

Zu 68) Wie lautet der Code für die Kindertagesstätte in Bochum? ***0609***

Zu 69)	Wie lautet der Code für die Feuerwehr in Kiel?	*0808*
Zu 70)	Wie lautet der Code für die Polizei in Bochum?	*0909*
Zu 71)	Wie lautet der Code für das Zollamt in Dresden?	*1007*
Zu 72)	Wie lautet der Code für die Feuerwehr in Dortmund?	*0804*
Zu 73)	Wie lautet der Code für die Kindertagesstätte in Aachen?	*0605*
Zu 74)	Wie lautet der Code für die Rathaus in Bochum?	*0409*
Zu 75)	Wie lautet der Code für die Polizei in Aachen?	*0905*
Zu 76)	Wie lautet der Code für das Krankenhaus in Köln?	*0101*
Zu 77)	Wie lautet der Code für die Kindertagesstätte in Dresden?	*0607*
Zu 78)	Wie lautet der Code für die Feuerwehr in Bochum?	*0809*
Zu 79)	Wie lautet der Code für die Bibliothek in Köln?	*0201*
Zu 80)	Wie lautet der Code für die Rathaus in Dortmund?	*0404*
Zu 81)	Wie lautet der Code für das Krankenhaus in Dresden?	*0107*
Zu 82)	Wie lautet der Code für die Polizei in Erfurt?	*0906*
Zu 83)	Wie lautet der Code für die Kindertagesstätte in Düsseldorf?	*0603*
Zu 84)	Wie lautet der Code für die Feuerwehr in Erfurt?	*0806*
Zu 85)	Wie lautet der Code für die Bibliothek in Dresden?	*0207*
Zu 86)	Wie lautet der Code für das Rathaus in Erfurt?	*0406*
Zu 87)	Wie lautet der Code für das Zollamt in Kiel?	*1008*
Zu 88)	Wie lautet der Code für die Kindertagesstätte in Mannheim?	*0602*
Zu 89)	Wie lautet der Code für die Polizei in Dortmund?	*0904*
Zu 90)	Wie lautet der Code für das Krankenhaus in Kiel?	*0108*
Zu 91)	Wie lautet der Code für die Feuerwehr in Leipzig?	*0810*
Zu 92)	Wie lautet der Code für die Kindertagesstätte in Köln?	*0601*

Zu 93) Wie lautet der Code für das Rathaus in Aachen? ***0405***

Zu 94) Wie lautet der Code für die Bibliothek in Erfurt? ***0206***

Zu 95) Wie lautet der Code für das Krankenhaus in Düsseldorf? ***0103***

Zu 96) Wie lautet der Code für die Polizei in Leipzig? ***0910***

Zu 97) Wie lautet der Code für das Krankenhaus in Mannheim? ***0102***

Zu 98) Wie lautet der Code für die Kindertagesstätte in Leipzig? ***0610***

Zu 99) Wie lautet der Code für die Feuerwehr in Düsseldorf? ***0803***

Zu 100) Wie lautet der Code für die Bibliothek in Dortmund? ***0204***

Zu 101) Wie lautet der Code für die Kirchengemeinde in Kiel? ***0708***

Zu 102) Wie lautet der Code für die Polizei in Kiel? ***0908***

Zu 103) Wie lautet der Code für das Krankenhaus in Leipzig? ***0110***

Zu 104) Wie lautet der Code für die Kirchengemeinde in Köln? ***0701***

Zu 105) Wie lautet der Code für die Feuerwehr in Aachen? ***0805***

Figuren einprägen (Aufgaben 106–125)

Zu 106) D.

Zu 107) B.

Zu 108) E.

Zu 109) C.

Zu 110) E.

Zu 111) C.

Zu 112) A.

Zu 113) B.

Zu 114) D.

Zu 115) A.

Zu 116) D.

Zu 117) C.

Zu 118) C.

Zu 119) A.

Zu 120) E.

Zu 121) B.

Zu 122) A.

Zu 123) E.

Zu 124) B.

Zu 125) D.

Kürzesten Weg finden (Aufgaben 126–130)

Zu 126) Startfeld: h1 | Zielfeld: b3

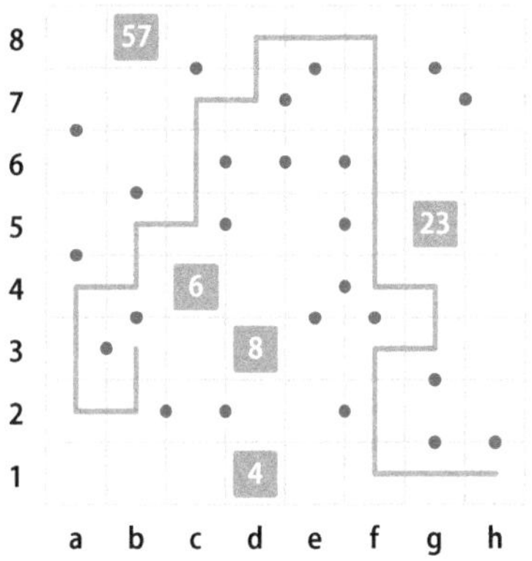

Zu 128) Startfeld: h1 | Zielfeld: h7

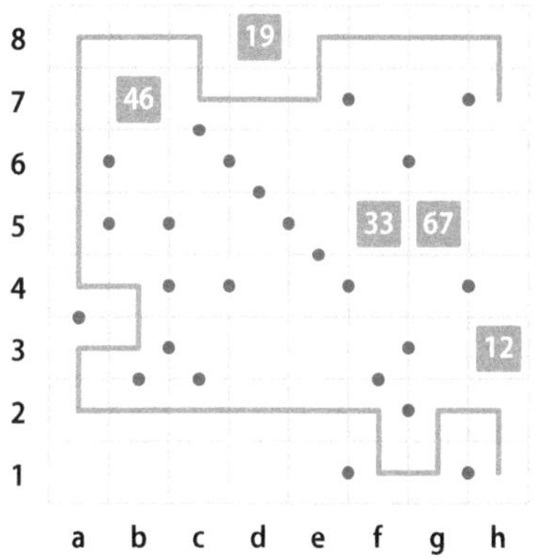

Zu 127) Startfeld: a8 | Zielfeld: h1

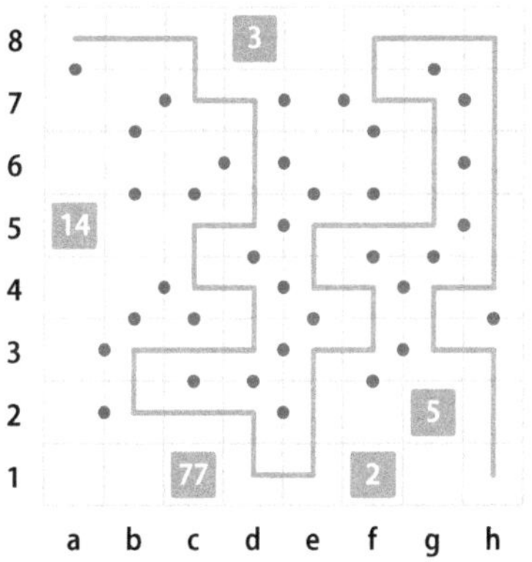

Zu 129) Startfeld: e1 | Zielfeld e8

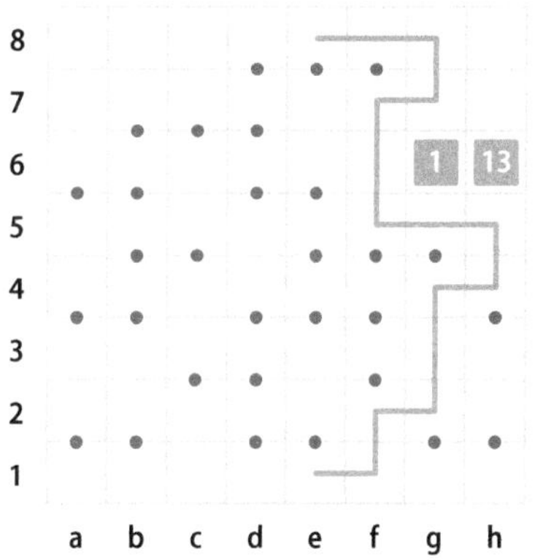

Zu 130) Startfeld: d4 | Zielfeld: d5

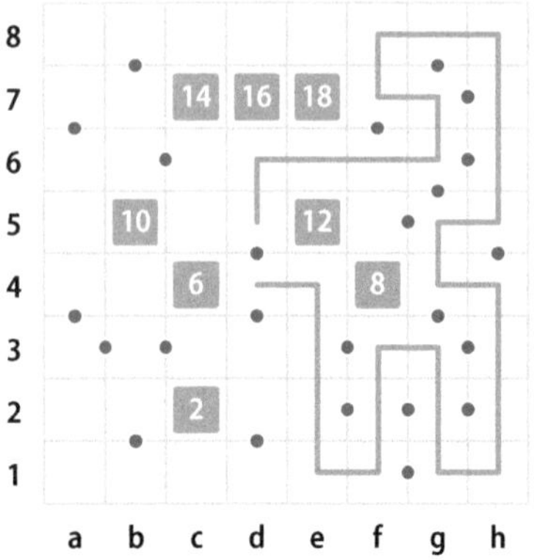

Personendatei merken (Aufgaben 131–140)

Zu 131) **C.** Enrico Felici

Zu 132) **B.** Margot Ebert

Zu 133) **B.** Raimund Breit

Zu 134) **E.** Martin Ecker

Zu 135) **E.** Arzthelferin

Zu 136) **E.** Personalberater

Zu 137) **D.** Journalistin

Zu 138) **D.** Fachinformatiker

Zu 139) **C.** Medienkauffrau

Zu 140) **C.** Musiker

Rechnen mit Hindernis (Aufgaben 141–185)

Zu 141)
1+1+2+1+1=6
1+2+2+2+1=8
6 + 8 = ***14***

Zu 142)
1+1+2+1+1=6
2+1+1+2+1=7
6 + 7 = ***13***

Zu 143)
1+2+1+2+2=8
2+1+1+2+1+1=8
8 + 8 = ***16***

Zu 144)
1+2+1+1=5
3+1+2+1=7
5 + 7 = ***12***

Zu 145)
1+2+2=5
1+2+1+1=5
5 + 5 = ***10***

Zu 146)
2+1+1+1+1=6
1+2+2=5
6 − 5 = ***1***

Zu 147)
1+2+1+2+1=7
1+2+2=5
7 − 5 = ***2***

Zu 148)
1+1+2+2+1=7
1+2+1+2+1=7
7 + 7 = ***14***

Zu 149)
2+1+2+1=6
1+2+2+1+1=7
6 + 7 = ***13***

Zu 150) 1+1+2+1+1=6
2+1+1+2+1=7
6 + 7 = ***13***

Zu 151) 1+2+1+1+2=7
1+2+1+2=6
7 – 6 = ***1***

Zu 152) 1+2+1=4
1+2+1+1=5
4 + 5 = ***9***

Zu 153) 1+2+1+1+2=7
1+2+1+1=5
7 – 5 = ***2***

Zu 154) 2+1+2+1=6
1+2+1+1+2=7
6 + 7 = ***13***

Zu 155) 1+2+1+1+2=7
1+2+1+2+1=7
7 + 7 = ***14***

Zu 156) 1+2+1+1=5
1+2+2+1=6
5 + 6 = ***11***

Zu 157) 1+2+1+2=6
1+1+2+1+1=6
6 + 6 = ***12***

Zu 158) 2+1+2+1+2=8
1+2+1+2=6
8 – 6 = ***2***

Zu 159) 1+2+1+2+2=8
2+1+1=4
8 – 4 = ***4***

Zu 160) 1+2+1+1=5
1+2+1+2+1=7
5 + 7 = ***12***

Zu 161) 1+2+1+1+1=6
1+1+2+2+1=7
6 + 7 = ***13***

Zu 162) 1+1+2+1=5
1+2+1+2+1=7
5 + 7 = ***12***

Zu 163) 2+1+1+2=6
2+1+1+2+1=7
6 + 7 = ***13***

Zu 164) 1+1+2+2=6
1+3+1+2+1=8
6 + 8 = ***14***

Zu 165) 1+1+2+1+1=6
1+2+1+2+1=7
6 + 7 = ***13***

Zu 166) 1+2+1+1=5
1+2+1+1=5
5 + 5 = ***10***

Zu 167) 1+1+2+1=5
1+2+1+1=5
5 + 5 = ***10***

Zu 168) 1+2+1+2=6
1+2+1+1=5
6 – 5 = ***1***

Zu 169) 2+1+2+1+2=8
2+1+1+2+1+1=8
8 + 8 = ***16***

Zu 170) 1+2+1+2+1=7
2+1+1+1+2+1=8
7 + 8 = ***15***

Zu 171) 1+2+1+2+1=7
1+2+1+2=6
7 – 6 = ***1***

Zu 172) 2+1+2=5
1+1+2+2+1=7
5 + 7 = ***12***

Zu 173) 1+3+1+1+1=7
1+2+1+2+1=7
7 + 7 = ***14***

Zu 174) 1+2+1+1+2=7
2+1+1+2=6
7 – 6 = ***1***

Zu 175) 1+2+1+2=6
1+1+2+2=6
6 + 6 = ***12***

Zu 176) 1+3+1+1+1=7
1+2+2=5
7 – 5 = ***2***

Zu 177) 2+1+2=5
1+2+1+1+2=7
5 + 7 = ***12***

Zu 178) 2+1+2+1+2=8
1+2+1+1=5
8 – 5 = ***3***

Zu 179) 1+2+1+2=6
1+1+2+2+1=7
6 + 7 = ***13***

Zu 180) 1+2+2=5
1+1+2+1+2=7
5 + 7 = ***12***

Zu 181) 1+1+2+1=5
1+2+2=5
5 + 5 = ***10***

Zu 182) 1+2+1=4
1+2+2+1+1=7
4 + 7 = ***11***

Zu 183) 1+1+1+2+1+1+2=9
2+1+1=4
9 – 4 = ***5***

Zu 184) 1+2+1+1+2+1=8
2+1+2=5
8 – 5 = ***3***

Zu 185) 1+1+3+1+1=7
2+1+2=5
7 – 5 = ***2***

Verschlüsselte Zeichen (Aufgaben 186–200)

Zu 186) *a p*

Zu 187) *a c f*

Zu 188) *e o*

Zu 189) *o p*

Zu 190) *r u*

Zu 191) *g o*

Zu 192) *m n*

Zu 193) *w g f a*

Zu 194) *k e f b l*

Zu 195) *f w q k k*

Zu 196) *t b q x*

Zu 197) *r w 1 q g 1 i a i*

Zu 198) *j f 7 l 1 7 1 j r l*

Zu 199) *w u i n v 8 e k d*

Zu 200) *j y h l f ü w*

Zahlenliste wiedergeben (Aufgaben 201–230)

Zu 201) *32*

Zu 202) *87*

Zu 203) *85*

Zu 204) *16*

Zu 205) *54*

Zu 206) *36*

Zu 207) *40*

Zu 208) *70*

Zu 209) *90*

Zu 210) *25*

Zu 211) *58*

Zu 212) *47*

Zu 213) *56*

Zu 214) *73*

Zu 215) *5*

Zu 216) *27*

Zu 217) *62*

Zu 218) *48*

Zu 219) *64*

Zu 220) *77*

Zu 221) *2*

Zu 222) *92*

Zu 223) *66*

Zu 224) *7*

Zu 225) *74*

Zu 226) *81*

Zu 227) *9*

Zu 228) *95*

Zu 229) *30*

Zu 230) *20*

Anhang

Tabelle: Maße und Einheiten

Einheit	Einheitenzeichen	Umrechnung
	Länge	
Kilometer	km	1 km = 1.000 m
Meter	m	1 m = 10 dm = 100 cm
Dezimeter	dm	1 dm = 10 cm = 100 mm
Zentimeter	cm	1 cm = 10 mm
Millimeter	mm	1 mm = 1.000 µm
Mikrometer	µm	
	Fläche	
Quadratkilometer	km^2	1 km^2 = 100 ha
Hektar	ha	1 ha = 100 a
Ar	a	1 a = 100 m^2
Quadratmeter	m^2	1 m^2 = 100 dm^2
Quadratdezimeter	dm^2	1 dm^2 = 100 cm^2
Quadratzentimeter	cm^2	1 cm^2 = 100 mm^2
Quadratmillimeter	mm^2	
	Volumen	
Kubikkilometer	km^3	1 km^3 = 1.000.000.000 m^3
Kubikmeter	m^3	1 m^3 = 1.000 dm^3
Kubikdezimeter	dm^3	1 dm^3 = 1.000 cm^3
Kubikzentimeter	cm^3	1 cm^3 = 1.000 mm^3
Kubikmillimeter	mm^3	

Hektoliter	hl	1 hl = 100 l
Liter	l	1 l = 10 dl
Deziliter	dl	1 dl = 10 cl
Zentiliter	cl	1 cl = 10 ml
Milliliter	ml	1 ml = 1.000 µl
Mikroliter	µl	
	Masse	
Tonne	t	1 t = 20 ztr = 1.000 kg
Zentner	ztr	1 ztr = 50 kg
Kilogramm	kg	1 kg = 1.000 g
Pfund	pf	1 pf = 500 g
Gramm	g	1 g = 1.000 mg
Milligramm	mg	1 mg = 1.000 µg
Mikrogramm	µg	
	Zeit	
Jahr	a	1 a = 365 d
Woche	w	1 w = 7 d
Tag	d	1 d = 24 h
Stunde	h	1 h = 60 min
Minute	min	1 min = 60 s
Sekunde	s	1 s = 1.000 ms
Millisekunden	ms	
	Geschwindigkeit	
Kilometer pro Stunde	km/h	1 km/h = 0,2778 m/s
Meter pro Sekunde	m/s	1 m/s = 3,6 km/h

	Kraft	
Newton	N	$1\ N = 1\ kg \times m / s^2$
	Druck	
Bar	bar	1 bar = 100.000 Pa
Pascal	Pa	1 Pa = 0,00001 bar
	Temperatur	
Grad Celsius	°C	$T_{Celsius} = T_{Kelvin} - 273{,}15$
Kelvin	K	$T_{Kelvin} = T_{Celsius} + 273{,}15$

Ausbildungspark Verlag GmbH

Bettinastraße 69 • 63067 Offenbach am Main
Tel. (069) 40 56 49 73 • Fax (069) 43 05 86 02
E-Mail: kontakt@ausbildungspark.com
Internet: www.ausbildungspark.com

Das Vorstellungsgespräch zur Ausbildung

Die häufigsten Fragen, die besten Antworten – sicher zum Ausbildungsplatz

Die Pflichtlektüre fürs Bewerbungsgespräch: Praxisnah und verständlich zeigt dieses Handbuch, wie du dich in deinem Auswahlinterview sicher in Szene setzt. Ohne Standardfloskeln – denn nur individuelle Antworten überzeugen den Personaler!

Das Vorstellungsgespräch zur Ausbildung

378 Seiten

ISBN 978-3-95624-000-3

24,95 €

Der Testtrainer

Geeignet für alle Arten von Eignungs- und Einstellungstests, Fähigkeits- und Intelligenztests.

Testerfolg ist keine Glückssache!
… sondern eine Frage der Übung – mit dem Testtrainer.
Das unverzichtbare Handbuch für Ausbildung, Studium und Beruf zeigt, wie du deine Prüfung souverän meisterst. Geeignet für alle Arten von Eignungs- und Einstellungstests, Fähigkeits- und Intelligenztests.

Testtrainer

548 Seiten

ISBN 978-3-941356-03-0

24,95 €

alle Bücher und Berufe